城市多塔宽幅钢斜拉桥建造关键技术

王明 王军海 孙胜 等 著

中国水利水电出版社
·北京·

内 容 提 要

本书系统介绍了城市多塔宽幅钢斜拉桥的结构特点、施工技术及关键技术难点。本书内容详尽且结构清晰，涵盖多塔斜拉桥结构形式与力学性能分析、大体积混凝土施工及防裂、圆形桥塔施工、宽幅钢箱梁施工、钢桥面沥青铺装及斜拉索施工技术及振动控制等内容。结合西安沣邑大桥等实际工程案例，理论与实践并用，展现了多塔斜拉桥领域最新的研究成果与技术进展。

本书不仅适合桥梁设计与施工领域的专业人士阅读，也为高校相关专业的师生提供学习参考。

图书在版编目（CIP）数据

城市多塔宽幅钢斜拉桥建造关键技术 / 王明等著.
北京 : 中国水利水电出版社, 2025. 3. -- ISBN 978-7-5226-3260-5
Ⅰ. U448.27
中国国家版本馆CIP数据核字第2025XE4298号

书　　名	**城市多塔宽幅钢斜拉桥建造关键技术** CHENGSHI DUOTA KUANFU GANGXIELAQIAO JIANZAO GUANJIAN JISHU
作　　者	王　明　王军海　孙　胜　等著
出版发行	中国水利水电出版社 （北京市海淀区玉渊潭南路1号D座　100038） 网址：www.waterpub.com.cn E-mail：sales@mwr.gov.cn 电话：（010）68545888（营销中心）
经　　售	北京科水图书销售有限公司 电话：（010）68545874、63202643 全国各地新华书店和相关出版物销售网点
排　　版	中国水利水电出版社微机排版中心
印　　刷	天津嘉恒印务有限公司
规　　格	184mm×260mm　16开本　10印张　243千字
版　　次	2025年3月第1版　2025年3月第1次印刷
印　　数	001—500册
定　　价	**98.00元**

凡购买我社图书，如有缺页、倒页、脱页的，本社营销中心负责调换

版权所有·侵权必究

本书编委会

编写人员： 王　明　王军海　孙　胜　张永涛

徐兴双　罗志文　汪志昊　陈爱玖

刘祖军　徐宙元　许艳伟

编写单位： 中铁三局集团有限公司运输工程分公司

华北水利水电大学

前　言

多塔斜拉桥作为现代桥梁工程中的重要发展方向，以其复杂的结构体系、独特的力学性能和显著的经济优势，成为了桥梁设计与施工领域的研究热点。本书以多塔斜拉桥为核心，系统而深入地探讨了这一类型桥梁在结构设计、施工技术、材料性能以及振动控制等方面的关键技术和实践经验。

随着工程领域的快速发展，桥梁的设计和施工不仅要求满足交通需求，还需要兼顾经济效益、环境友好以及施工的可行性与创新性。多塔斜拉桥以其独特的形式和结构优越性在现代桥梁体系中占据了重要地位。然而，与传统桥梁相比，多塔斜拉桥因其复杂的力学特性以及施工过程中涉及的多学科交叉技术，对研究和实践提出了更高的要求。

本书内容详尽且结构清晰，共分为6章：第1章从整体出发，详细介绍了多塔斜拉桥的结构形式、力学性能和设计特点，并以实际工程案例——西安沣邑大桥来深入分析其结构体系和力学性能，为后续研究提供了理论基础；第2章聚焦于承台大体积混凝土施工的温控与防裂问题，从温度应力理论、有限元仿真分析到具体施工技术，提供了系统的解决方案和实践建议；第3章针对多塔斜拉桥圆形桥塔的施工技术，详细介绍了施工工艺、劲性骨架设计及爬模施工，为类似工程的实施提供了宝贵经验；第4章对宽幅钢箱梁的施工技术进行剖析，从施工方案到安装质量控制措施，展示了系统化施工流程和关键技术难点；第5章阐述了钢桥面沥青铺装的特殊性与关键技术，结合实际工程应用总结了施工规划和质量管理要点；第6章着重探讨了斜拉索的施工技术及振动控制，通过索力优化和新型减振技术的引入提升施工质量和结构耐久性。

在本书撰写过程中，作者团队以严谨的科学态度和丰富的工程经验，将理论分析与实际应用相结合，展现了多塔斜拉桥领域最新的研究成果与技术进展。本书不仅适合桥梁设计与施工领域的专业人士阅读，也可供高校相关专业的师生学习参考。

希望这本书能在多塔斜拉桥领域的技术进步、培养创新型技术人才、解决工程实践中的难点等方面带来借鉴意义。同时，衷心感谢所有为本书的编写提供指导和帮助的专家和工程实践者们，是你们的智慧和实践经验赋予了本书生命力。

让我们一同翻开这本书，探索多塔斜拉桥的无限可能！

作者

2024 年 7 月

目 录

前言

第1章 多塔斜拉桥结构形式与力学性能特性 …… 1
1.1 斜拉桥概述 …… 1
1.2 多塔斜拉桥的结构特性 …… 2
1.3 多塔斜拉桥计算——以西安沣邑大桥为例 …… 9
本章参考文献 …… 18

第2章 多塔斜拉桥承台大体积混凝土施工及防裂 …… 21
2.1 大体积混凝土温度裂缝控制理论分析 …… 21
2.2 工程背景 …… 25
2.3 大体积混凝土承台结构有限元仿真分析及施工技术 …… 27
2.4 P2承台温度控制 …… 45
2.5 大体积混凝土桥塔下塔柱结构有限元仿真分析 …… 57
2.6 对后期大体积混凝土浇筑时温控防裂的一些建议 …… 64
本章参考文献 …… 64

第3章 多塔斜拉桥圆形桥塔施工关键技术 …… 65
3.1 主体塔柱的施工方案 …… 65
3.2 内部劲性骨架的设计计算 …… 77
3.3 节段爬模的施工 …… 86
本章参考文献 …… 99

第4章 多塔斜拉桥宽幅钢箱梁施工技术 …… 100
4.1 斜拉桥及钢箱梁的特点 …… 100
4.2 施工方案及关键技术 …… 103
4.3 施工流程 …… 111
4.4 安装质量控制措施 …… 118
本章参考文献 …… 119

第5章 钢桥面沥青铺装 …… 121
5.1 钢桥面铺装概述 …… 121
5.2 沣邑大桥钢桥面铺装应用 …… 122
本章参考文献 …… 133

第 6 章　多塔斜拉桥斜拉索施工技术及振动控制 ································ 134
　6.1　多塔斜拉桥索力优化 ·· 134
　6.2　多塔斜拉桥拉索振动控制 ·· 140
　本章参考文献 ·· 150

第1章 多塔斜拉桥结构形式与力学性能特性

1.1 斜拉桥概述

斜拉桥（cable-stayed bridge）又名斜张桥，是由塔、梁、索和基础组成的桥梁结构，该结构是将主梁用许多拉索直接拉在桥塔上的一种桥梁。斜拉桥的上部结构由承压的塔、受拉的索和承弯的梁体组成。根据桥塔数量可以将斜拉桥分为独塔斜拉桥、双塔斜拉桥和多塔斜拉桥。

多塔斜拉桥与普通斜拉桥类似，主要由主梁、桥塔和斜拉索三大部件构成。这些构件通过不同的组合形式可以形成多样的结构体系。借鉴传统斜拉桥的分类方法，多塔斜拉桥根据桥塔与梁体之间的连接方式，可分为漂浮体系、半漂浮体系和塔梁墩固结体系等。

1.1.1 多塔斜拉桥与传统双塔斜拉桥的区别简析

传统双塔斜拉桥与多塔斜拉桥在力学行为上存在显著差异。对于双塔斜拉桥，当主跨加载时，主跨产生下挠，导致拉索索力增大，桥塔向主跨方向变位。由于边跨主梁刚度有限，拉索索力变化较小，主梁上挠，边锚索由于锚固点约束，索力增量大，限制了桥塔偏移（图1.1-1）。而边跨加载时，边跨主梁下挠，拉索索力增大，桥塔向边跨方向变位，中跨则上挠。

(a) 中跨加载　　　　　(b) 边跨加载

图 1.1-1 双塔斜拉桥结构变形示意图

多塔斜拉桥因塔多跨多，整体刚度较小，受力更加复杂。中塔缺少边锚索固定，加载时中塔位移可能较大，导致中跨挠度增加。相比传统双塔斜拉桥，多塔斜拉桥展现了更大的跨度设计灵活性，具备经济和环境优势。在跨越能力和视觉美观性上，它也优于连续梁桥，适合在复杂环境中使用。

1.1.2 多塔斜拉桥的最新研究

多塔斜拉桥凭借优越的跨越能力与经济性，已成为跨江河桥梁工程中的常见选择。尽管20世纪60年代斜拉桥发展初期已提出多塔斜拉桥的构想，但当时实际应用较少，相关问题逐渐引起专家学者的重视,并开展了深入研究。研究集中在多塔斜拉桥的刚度问题,包括提升刚度的方案对比和机理分析。

专家们主要围绕提高桥梁整体刚度展开研究。如喻梅、李乔、廖海黎等通过建立两塔、三塔、四塔斜拉桥模型分析多塔斜拉桥的结构特性。研究表明,刚度问题是关键,特别是中塔位移控制尤为重要。魏乐永、熊文等基于南京长江五桥(三塔斜拉桥),研究发现通过设置交叉索锚固可以显著提高主梁的竖向挠度柴生波、张瑞琳等基于昆斯费里大桥的研究表明非对称布置交叉索能改善桥梁刚度,减小桥塔受力。李强等以黄茅海大桥为研究背景,进一步证实在中塔设置辅助索或交叉索能够有效提升竖向刚度,且辅助索锚固间距和初拉力对刚度影响较大。陈恒大、姚丝思等得出交叉索作用下中塔抗推刚度的理论公式,并以昆斯费里大桥为依托工程,研究交叉索参数对结构刚度的影响程度及规律。

在动力学性能研究中,多塔斜拉桥的结构体系和抗震性能尤为关键。李冲等以黄茅海大桥为研究背景,提出了墩梁间设置摩擦摆支座、塔梁间设置新型减震耗能抗风支座的横向约束体系,采用非线性时程分析法,分析该横向约束体系对桥梁横向抗震性能的影响。王肖巍等研究还表明,新型加劲索结构能改善桥梁的动力响应,相较于传统斜拉桥具备更好的抗震能力。唐冕等基于 Rayleigh 方法推导的多塔部分斜拉桥基频估算公式表明,结构体系和塔跨数对基频有显著影响,公式误差在可接受范围内,为工程设计提供了简化计算依据。王建国通过反对称半结构简化多塔斜拉桥动力荷载的分析方法,并通过南昌朝阳大桥的案例验证了该方法的合理性。陈晨等以某三塔斜拉桥为背景,建立有限元模型,分析黏滞阻尼器的阻尼系数和阻尼指数对斜拉桥地震响应的影响。Chiyu J、Hongyu W 等进行了 1/100 比例的振动台试验。试验结果表明,合理的伸缩缝间隙大小可以减轻冲击对结构响应的影响。

1.2　多塔斜拉桥的结构特性

多塔斜拉桥的结构特性包括多塔斜拉桥的结构形式特点与其基于该种结构形式特点的受力特征。多塔斜拉桥的主梁形式、桥塔形式、布索形式基本与独塔、双塔斜拉桥相同。通常情况下,斜拉桥的传力路径为:荷载→主梁→拉索→桥塔→墩台→基础(图 1.2-1)。力由拉索与塔、梁之间形成的三角形结构共同承担。多塔斜拉桥因其桥塔数量更多,桥梁的受力会有较大的变化。本节将从 5 个部分分别介绍多塔斜拉桥的各结构形式、整体结构形式与其力学特性。

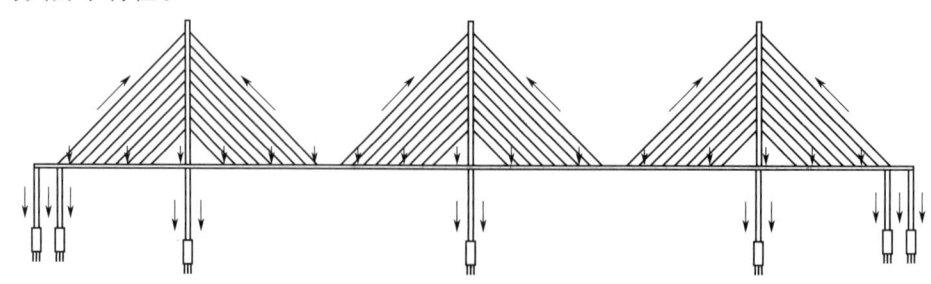

图 1.2-1　斜拉桥的传力路径示意图

1.2.1 多塔斜拉桥主梁形式

作为多塔斜拉桥的重要承重构件，主梁直接承受自重和车辆荷载，并通过斜拉索将荷载传递至桥塔，通常处于压弯受力状态。主梁的构造形式主要包括实体梁式、板式主梁和箱形截面主梁（单箱单室、单箱双室、分离式双箱）（图1.2-2）。其中，实体梁式和板式主梁多用于双索面斜拉桥，具有构造简单、施工方便的特点，特别是斜拉索锚固在实体边梁时，锚固结构简单，能避免锚固点处产生较大横向力流。20世纪80年代以来，随着斜拉桥高跨比的增大，主梁高度逐渐减小，实体板式主梁应运而生。箱形截面主梁则因其抗弯、抗扭刚度大，能够适应不同的索布置方式（稀索、密索、单索面、双索面），成为现代斜拉桥常用的结构形式。该截面形式不仅适用于不同桥宽，还为施工提供了更多选择。

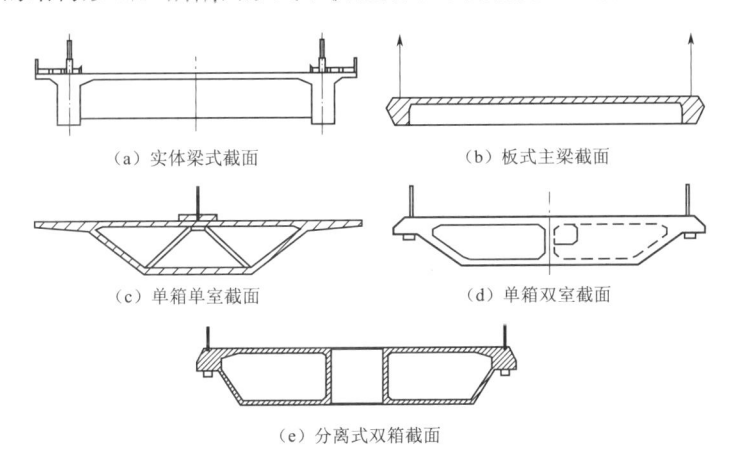

(a) 实体梁式截面
(b) 板式主梁截面
(c) 单箱单室截面
(d) 单箱双室截面
(e) 分离式双箱截面

图1.2-2 主梁截面形式示意图

根据《公路斜拉桥设计规范》（JTG/T 3365-01—2020），多塔斜拉桥主梁应优先采用箱形截面（图1.2-3）。相比于相同宽度的板式截面，箱形截面在抗弯和抗扭性能上更为优越。箱形主梁的高度应根据当地气候条件和风荷载合理确定，对于长度超过400m的桥梁，其主梁高宽比一般为1/9~1/6，而梁高与主跨跨径比宜为1/45~1/35。

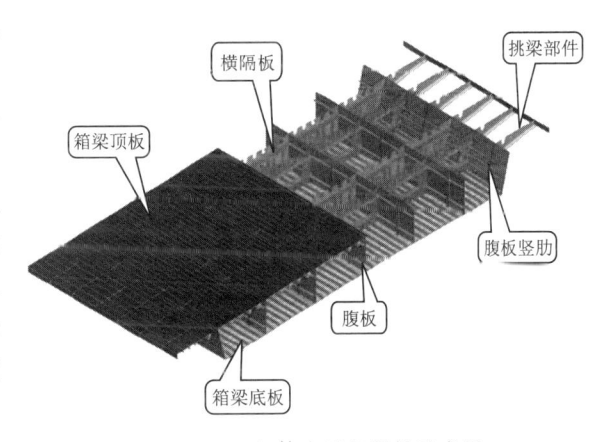

图1.2-3 钢箱主梁各部件示意图

在主梁的斜拉索锚固区，由于局部应力集中、受力复杂，通常设置较大刚度的横向连接系——横隔板，以增强主梁的抗扭、抗剪刚度，缓解应力集中现象，提高整体结构性能。横隔板使主梁成为空间整体结构，增加截面横向刚度，特别是在斜拉索锚固区，横隔板的厚度会根据桥梁跨径和宽度适当加厚。钢箱梁的纵向刚度主要通过U肋提供，U肋通常由钢材或混凝土制成，具有较高强度与刚度，能够承受上部结构荷载并将其均匀传递至横隔板。同时，U肋的存在显著提升了桥梁的纵向刚度，增强了桥梁整体的稳定性和抗震性能。如图1.2-4所示钢箱梁的顶板与底板均按照一定空隙布置U肋。通过将U肋与横隔板相连接，顶板荷载能更为均匀地传递至横隔梁。

1.2.2 多塔斜拉桥桥塔形式

桥塔是多塔斜拉桥的主要受力构件之一，通过斜拉索间接承受主梁的自重和荷载，因此其形式对桥梁整体受力至关重要。

图1.2-4 吊装前的钢箱梁

此外，桥塔也是斜拉桥美学表现的核心，应注重其设计。

桥塔形式必须适合于拉索的布置，传力应简单明确。在恒载作用下，桥塔应尽可能处于轴心受压状态（有部分斜拉桥不设置背索，采用倾斜造型的桥塔，该类桥的桥塔受力更偏向受弯而不是轴心受压）。桥塔沿桥纵向的布置有独柱形、A形、倒Y形等几种，如图1.2-5所示。单柱式主塔构造简单；A形和倒Y形在顺桥向刚度大，有利于承受索塔两侧斜拉索的不平衡拉力。A形还可减小搁置在塔上主梁的负弯矩。而桥塔在横桥方向的布置方式，可分为独柱形、双柱形、门形或H形、A形、宝石形、宝塔形或倒Y形等，如图1.2-6所示。

桥塔的形式应配合主梁形式与布索形式，采用不同的纵桥向布置形式与横桥向布置形式的组合。如纵横向布置均呈独柱形的桥塔，仅适用于单索面斜拉桥。当需要加强横桥向抗风刚度时，则可以配合采用图1.2-6（b）、（h）的形式。图1.2-6（b）~（d）的形式一般适用于双平面索的情况；图1.2-6（e）、（f）和（i）的形式一般适用于双斜索面的斜拉桥上。

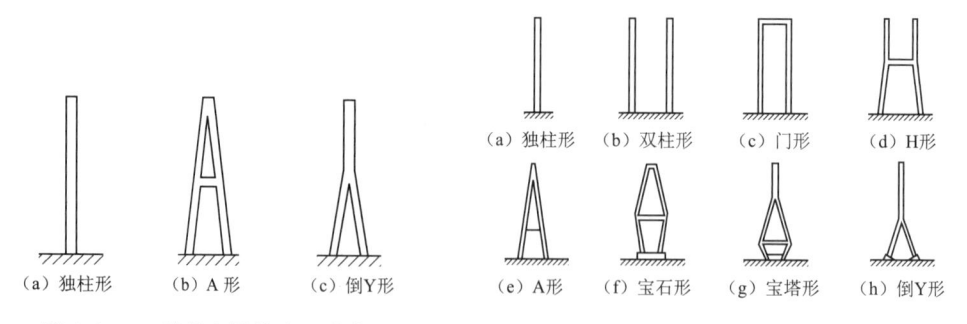

图1.2-5 纵桥向桥塔布置形式
（a）独柱形 （b）A形 （c）倒Y形

图1.2-6 横桥向桥塔布置形式
（a）独柱形 （b）双柱形 （c）门形 （d）H形 （e）A形 （f）宝石形 （g）宝塔形 （h）倒Y形

桥塔作为压弯构件，将荷载通过斜拉索传递至墩台和下部基础。塔内的弯矩主要由索力的水平分量差引起，此外，温差、支座沉降、风荷载、地震等因素也会影响桥塔的受力。桥塔材料可采用钢筋混凝土、全钢或钢-混凝土组合结构。全钢桥塔造价高，适用于强震区或地质条件差的区域。钢-混组合塔既可增强塔锚固区的安全性，又能控制成本和重量，但需要特别处理钢混结合部位。

塔高与主跨径、拉索形式及整体结构相关,塔越矮,拉索倾角越小,主梁支撑效果减弱,需增加拉索钢材量;塔越高,支撑效果增强,但材料和施工难度也随之增加。因此桥塔塔高的设计需考虑桥梁建设的经济性与桥梁性能平衡的问题,对于跨径 400m 以上的斜拉桥塔高与主跨径之比宜采用 1/7～1/3。

索塔的截面形式一般根据桥塔的横向形式与纵向形式的组合来决定,如独柱形一般采用空心圆柱或空心矩形柱,在保证桥塔竖向承载能力的基础上扩大塔柱的外径,提高桥塔的抗弯性能。

1.2.3 多塔斜拉桥拉索形式

多塔斜拉桥拉索的布置主要分为平面索面与空间索面。平面索面的所有拉索在空间上都处于一个平面上。平面索面的布索方式主要有单索面、竖向双索面、斜向双索面三种,如图 1.2-7 所示。

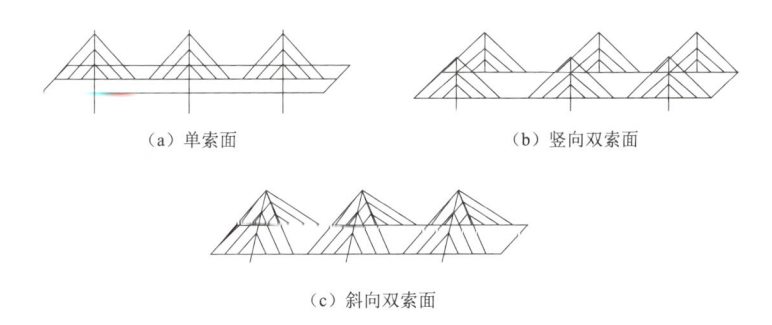

(a) 单索面

(b) 竖向双索面

(c) 斜向双索面

图 1.2-7 平面索面的布索方式

从力学角度来看,采用单索面时,拉索对抗扭不起作用,因此主梁应采用抗扭刚度较大的截面。单索面的优点是桥面上视野开阔且较为经济。而双索面拉索能分担主梁较大部分的扭矩,主梁可采用较小抗扭刚度的截面。至于斜向双索面,它对桥面梁体抵抗风力扭振特别有利(斜向双索面限制了主梁的横向摆动)。倾斜的双索面应采用倒 Y 形、A 形或双子形索塔。

索面形状布置主要有三种基本类型,即辐射形、竖琴形和扇形(图 1.2-8)。它们各自的特点如下:

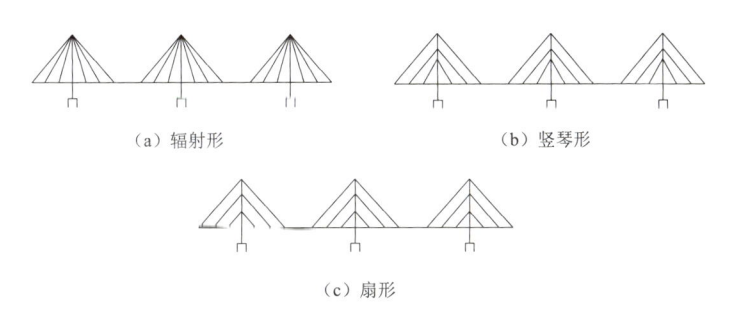

(a) 辐射形

(b) 竖琴形

(c) 扇形

图 1.2-8 索面形状布置示意图

(1) 辐射形布置的斜拉索沿主梁均匀分布，而在索塔上则集中于塔顶一点。由于其斜拉索与水平面的平均相交角度较大，故斜拉索的垂直分力对主梁的支承效果也大，与竖琴形布置相比，可节省钢材 15%～20%，但塔顶上的锚固点构造过于复杂。

(2) 竖琴形布置中的斜拉索呈平行排列，在索数少时显得比较简洁，这种布置可以简化斜拉索与索塔的连接构造。塔上锚固点分散对索塔的受力有利，而缺点是斜拉索的倾角较小，索的总拉力大，故钢索用量较多。

(3) 扇形布置的斜拉索是不相互平行的，它兼有上面两种布置方式的优点，故在设计中获得广泛应用。

索距布置分为"稀索"和"密索"。从全世界第一座建成的斜拉桥-瑞典 Stroemsund 桥（74.7m+183.0m+74.7m）开始，欧洲国家开始了一系列稀索结构的钢斜拉桥。如 1957 年德国杜塞尔多夫北桥。1959 年德国克隆 Severin 桥。随着计算机技术的广泛应用，密索体系的斜拉桥开始出现，解决了过去稀索体系斜拉桥存在的主梁重且配筋多的缺陷。1967 年德国波恩建成的弗瑞德里西-埃伯特桥是单索面密索体系斜拉桥。密索的优势包括：索距小，主梁弯矩小；索力小，锚固点构造简单；锚固点附近应力流变化小，补强范围小；利于悬臂架设且易于更换斜拉索。

斜拉索只能承受拉力，在自重作用下会产生垂度效应，非线性问题比较突出。斜拉索的抗拉刚度不但和自身截面特性有关，还与其自重和所受拉力有关。

1.2.4 多塔斜拉桥结构体系

常规斜拉桥体系内部连接方式的不同主要体现在塔、墩、梁的连接上，即主梁与索塔及各个桥墩之间在竖、纵、横三个方向的连接方式。内部连接方式的改变对于斜拉桥体系的结构受力特性是有影响的。塔与梁、墩既可固结，也可相互分离，其受力特点有所不同。从中衍生出来的是桥梁的多种结构体系，其中包括：塔墩固结、塔梁分离体系（根据主梁在索塔处有无竖向支承，又可分为全飘浮和半漂浮两种体系）；塔墩分离、塔梁固结体系（固结体系）；塔、墩、梁固结体系（刚构体系）。具体如下：

(1) 全漂浮体系。全漂浮体系（图 1.2-9）的特点是塔墩固结、塔梁分离，主梁通过斜拉索悬吊，除两端外无其他支承，属于多跨弹性支承连续梁。这种体系在主跨满载时，塔柱处的主梁截面主梁无负弯矩峰值，受温度、收缩和徐变影响较小，能吸收地震能量，适用于大跨斜拉桥（主跨 400m 以上）。其缺点是在悬臂施工时，需临时固结主梁以抵抗不平衡弯矩，成桥后解除固结时主梁可能出现纵向摆动。此外，斜拉索不能提供横向支承，需设置水平弹性限位装置，防止飓风和地震引起的过大摆动。

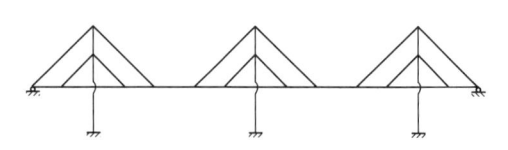

图 1.2-9 全漂浮体系示意图

(2) 半漂浮体系。半漂浮体系（图 1.2-10）的特点是塔墩固结，主梁在塔墩上设有竖向支承，形成多点弹性支承的三跨连续梁。此体系若采用一般支座处理，则无法显著降低负弯矩和次内力。但若在墩顶设置可调节高度的支座或弹簧支承来替代从塔柱中心悬吊下来的拉索（一般称为"零号索"），并在成桥时调整支座反力，则可减少温度、收缩等不利影响,与全漂浮体系相比具有经济和减小漂移的优势。

(3) 固结体系。固结体系(图 1.2-11)的特点是塔梁固结并支承于墩上,主梁的内力与挠度受主梁与索塔弯曲刚度比值影响。该体系的优点是减小主梁中央段的轴向拉力,温度内力较小,但主梁在中孔满载时,墩顶的转角位移会导致塔柱倾斜,增加主梁挠度和边跨负弯矩。此外,巨大的支座承载力需求增加了设计和维护的复杂性。

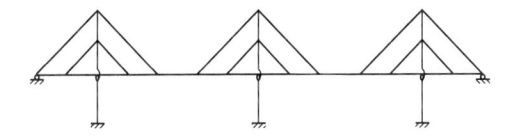

图 1.2-10 半漂浮体系示意图　　图 1.2-11 固结体系示意图

(4) 刚构体系。刚构体系(图 1.2-12)的特点是塔、梁、墩相互固结,形成多点弹性支承的刚构。该体系免除了大型支座,结构刚度好,主梁挠度小。缺点是固结处负弯矩大,截面需加大,同时温度和收缩徐变引起的次内力较大。此体系适合用于独塔斜拉桥,尤其适合高墩场合,以避免附加内力过大。

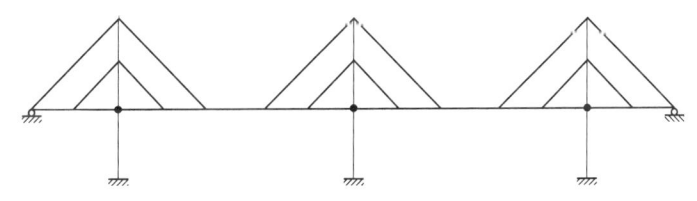

图 1.2-12 刚构体系示意图

1.2.5 多塔斜拉桥力学性能

从多塔斜拉桥的整体力学特性来看,影响桥梁静力性能的主要因素包括主梁、桥塔及斜拉索等主要构件的刚度,以及结构体系和辅助措施的设计。当荷载作用于某一跨时,受载跨的主梁下挠,拉索张力增大,桥塔向受载方向变位,导致相邻跨产生上挠。此外,相邻桥塔会发生反向位移,造成整个结构的相互作用。这种复杂的变形行为由于中间塔缺乏边锚索约束,导致刚度不足,仅能依靠主梁和桥塔来限制变形(图 1.2-13)。

中间跨加载　　　　　　　相邻跨加载

图 1.2-13 多塔斜拉桥结构变形示意图

多塔斜拉桥与双塔斜拉桥的显著区别在于中塔刚度较低,因为中塔没有端锚索的支撑。解决这一问题的措施包括增大主要构件刚度、使用体外加劲索、修建边跨辅助墩或设双排支座。

(1) 增大主要构件刚度。分别增大多塔斜拉体系梁、塔、索的自身强度可以提高结构的整体刚度,如图 1.2-14 所示,其中(a)所示为原始状态,(b)所示为增大主梁自身刚度,(c)与(d)所示为增大抗弯刚度,(e)所示为增大拉索强度。主梁刚度和桥塔刚度是构成斜拉桥纵向刚度的主要因素,提高主梁的刚度可以增大桥梁整体刚度,但是在提高主梁刚度的同时难免会增加主梁的重量，此方式不适用于大跨径斜拉桥。桥塔刚度同样是斜拉桥整体刚度的重要组成部分，合理增加桥塔刚度可以有效减小塔顶位移和跨中下挠，目前常用的方式是将中间桥塔设置为刚性塔。

(a) 原始状态　　　　　　(b) 增大主梁自身刚度

(c) 增大抗弯刚度（一）　　(d) 增大抗弯刚度（二）

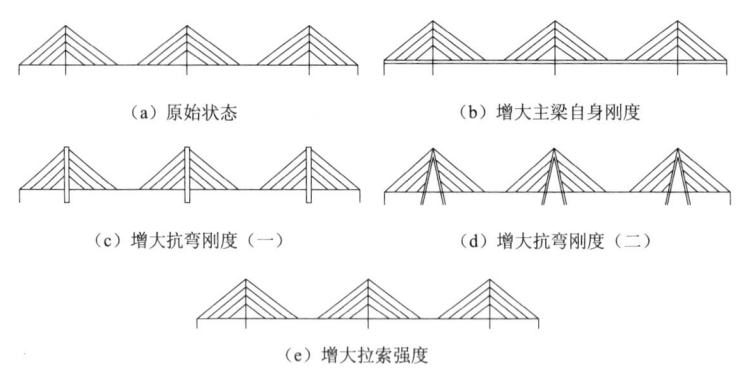

(e) 增大拉索强度

图 1.2-14　增大梁、塔、索的强度

(2) 加劲索体系。主要有水平加劲索、倾斜加劲索、跨中交叉索、下拉索四种，如图 1.2-15 所示。

水平加劲索 [图 1.2-15 (b)] 理念是使各桥塔塔顶纵向偏位保持一致，相当于把端锚索直接作用于各桥塔。倾斜加劲索 [图 1.2-15 (c)]。多塔斜拉桥采用倾斜索加劲时会使边近塔处产生较大的弯矩。跨中交叉索 [图 1.2-15 (d)] 跨中交叉索的加劲机理是使各桥塔共同承担载荷，虽然没有水平索加劲立竿见影，但是其加劲方式简洁明快，更容易被接受。下拉索 [图 1.2-15 (e)] 相当于双塔斜拉桥的端锚索对桥塔的约束。

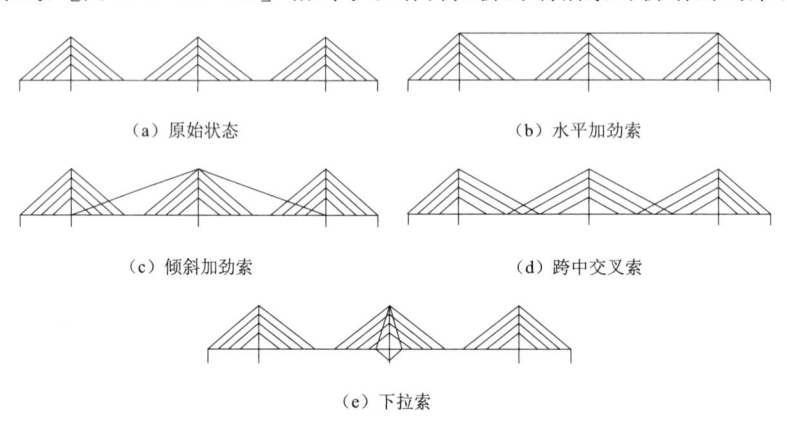

(a) 原始状态　　　　　　(b) 水平加劲索

(c) 倾斜加劲索　　　　　(d) 跨中交叉

(e) 下拉索

图 1.2-15　多塔斜拉桥加劲索体系

(3) 其他措施。优化桥跨布置也是提高桥梁刚度的重要途径，边跨越短，整体结构的刚度越大。在边跨设置辅助墩可以进一步约束中塔和主梁的变形，从而有效提升整体力学性能。刚性铰的使用同样是解决温度引起的纵向变形的有效措施，尤其在长联连续梁桥和大跨度桥梁中能显著释放温度应力，保证桥面平顺性。

多塔斜拉桥作为高次超静定结构，受到温度变化的影响较为显著，尤其是拉索和桥塔在温度作用下的应力变化，可能与活载效应相当，影响桥梁的整体安全性。因此，控制温度效应也是多塔斜拉桥设计中不可忽视的关键因素。

与传统桥梁相比,多塔斜拉桥的动力特性更为复杂,主要体现在跨度大、自振周期长、振动具有三维性且振型耦合、结构频谱密集等方面。桥梁跨度越大,地震波传递顺序影响结构安全性;自振周期较长,如大跨度桥梁的周期可达5s以上,部分桥梁甚至超过10s;桥梁振动呈现三维耦合特性,各结构构件之间的相互作用显著增加了分析的复杂性。此外,频谱密集也使得动力分析时需要考虑更高阶的振型响应,以确保计算精度。

1.3 多塔斜拉桥计算——以西安沣邑大桥为例

1.3.1 沣邑大桥项目概述

沣邑大桥为三塔斜拉桥(图1.3-1),位于西安国际社区灵韵北路,桥面总长526m(87+176+176+87),采用带弹性限位的全漂浮体系,是我国最宽全漂浮体系多塔斜拉桥。

图1.3-1 沣邑大桥

(1)主梁。主梁(图1.3-2)采用全焊钢箱梁,考虑到箱梁顶板的受力复杂,钢箱梁钢材采用桥梁专用的Q345qD,采用双边箱结构,两箱之间设横梁连接。主梁顶面总宽57m,底面总宽43.9m。两边箱室宽9.9m,内外腹板均采用直腹板;箱室外侧的人行道采用悬臂,悬臂长4.25m;箱室内侧间距28.7m,中间车行道范围设置倒T形横梁、中分带范围设工字形横梁相连。截面顶面中间范围设1.5%的双向横坡,两侧人行道范围设1.5%反坡,底板采用平坡。桥面板采用正交异性钢桥面板,车行道范围纵向加劲肋为U肋,人非混行道范围纵向加劲肋为板肋。箱梁底板同样设置U肋,腹板纵向加劲肋均采用板肋。钢箱梁标准节段长为9m,每3m设一道横隔梁。车行道范围横梁为倒T形,中分带范围为工字形,板厚28mm,横梁腹板厚16mm,间距2m设置一对竖向加劲肋与距桥面板700mm处设置一对水平加劲肋。

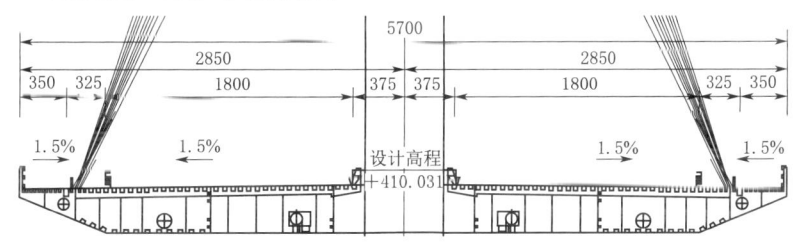

图1.3-2 沣邑大桥主梁截面示意图(单位:mm)

(2) 桥塔。该桥共三个桥塔，采用变截面圆形塔柱（图1.3-3），主塔总高89.27～94.99m，其中桥面以上塔高74.5m。塔顶处塔身外径5m，梁底处塔身外径6m，中间呈线性变化；梁底以下塔身按1∶16坡率线形变化值塔底。主塔采用钢结构-混凝土结构混合塔，其中塔顶及斜拉索锚固区采用钢塔，钢塔总高35m，采用Q345qD钢材；中塔柱及下塔柱采用混凝土塔，混凝土材料为C60；钢混分界位置设钢混结合段。上塔柱塔柱直径5～5.449m，采用焊接圆形截面，塔身壁厚36mm，内侧均布24个T形加劲肋。塔身竖向间隔3m设置一道横隔板，并在隔板处设置斜拉索锚拉板，锚固点位于隔板上方处。钢塔与混凝土塔相接位置设钢混结合段，结合段长度为1.6m，且结合段钢格室内灌注C60高性能混凝土。中塔的混凝土塔柱采用空心圆形截面，塔柱直径5.449～6m，壁厚0.6m，主梁位置设2m厚隔板，桥面以上间隔每20m设置一道隔板提高结构刚度。下塔的混凝土塔柱采用空心圆形截面，塔柱直径由节段顶部6m按1∶16坡率变化至塔底，壁厚1.2m，塔底设1.5m厚实心段。

图1.3-3 沣邑大桥圆形塔柱

(3) 斜拉索。斜拉索（图1.3-4）采用扇形索面布置，全桥共108根，每个桥塔处设计18对。塔上锚固点竖向间距3m，平面投影位于直径为1.65m的圆上。主梁纵向拉索间距均为9m，拉索在主梁上的横向锚固点间距为48.5m。

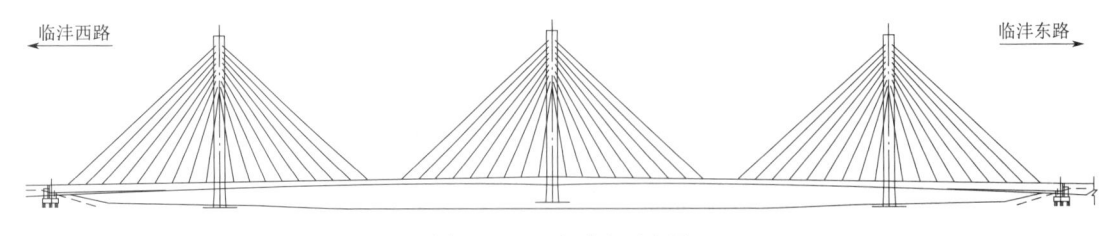

图1.3-4 扇形索面布置

1.3.2 沣邑大桥模型建立

采用桥梁博士系统建立沣邑大桥的受力模型（图1.3-5），模型尺寸为530m（长）×57m（宽）×210m（高），模型共计2766个单元。除了梁端处主梁使用钢筋混凝土构件单元，其余主梁均使用钢构件单元。塔柱下部采用钢筋混凝土单元，塔柱上部采用钢构件单元。拉索单元根据设计图纸资料设置相应的拉力。

1.3.3 沣邑大桥计算结果

（1）一期恒载作用。恒载作用包括一期恒载（结构自重）及二期恒载（桥面铺装）。其中一期恒载作用在主梁上，桥梁的轴力图、剪力图与弯矩图，如图1.3-6～图1.3-8所示，具体数值如表1.3-1所示。中塔的轴力最大为7832.4kN，最大弯矩出现在两塔之间的主梁跨中，为41492.0kN·m。

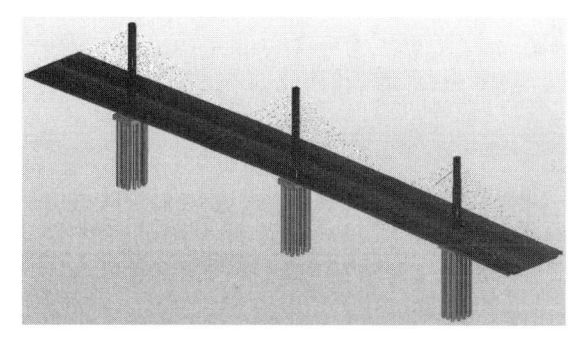

图1.3-5 沣邑大桥受力模型

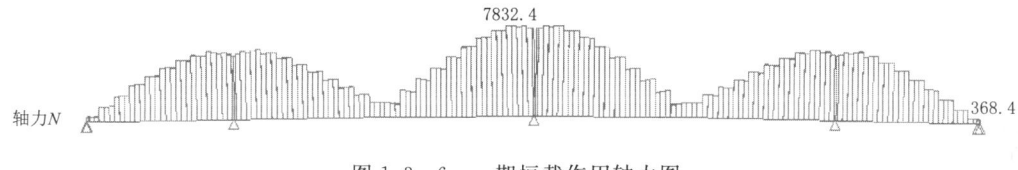

图1.3-6 一期恒载作用轴力图

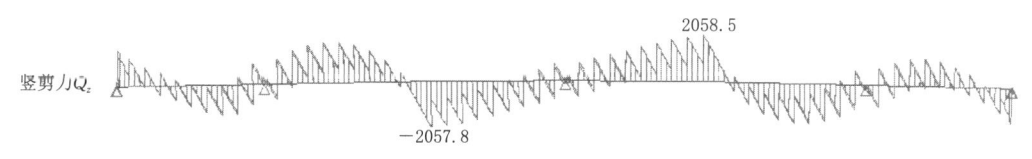

图1.3-7 一期荷载作用剪力图

图1.3-8 一期荷载作用弯矩图

（2）二期恒载作用。在施加完包括铺装、人行道栏杆、指示牌、路灯等二期恒载的作用下，主梁的轴力、剪力与弯矩图如图1.3-9～图1.3-11所示，具体数值如表1.3-1所示。

图1.3-9 二期恒载作用轴力图

图1.3-10 二期恒载作用剪力图

竖弯矩 M_y 图，最小值 −3543.3，最大值 10774.1

图 1.3−11　二期恒载作用弯矩图

表 1.3−1　二期恒载作用轴力、剪力、弯矩表

截面位置	一期恒载 N/kN	一期恒载 Q/kN	一期恒载 M/(kN·m)	二期恒载 N/kN	二期恒载 Q/kN	二期恒载 M/(kN·m)
梁端	428.3	185	−701.2	40.1	−6.9	−25.7
支座 1	426.2	81.9	−581.1	40.1	−44	−52.1
八分点 1	3907.2	−589.4	8760.6	708.7	−172.7	−306.6
桥塔 1 中心线	5484.9	72.6	−11059.2	878.5	−81.6	−3009.8
四分点 1	3977.3	1737.8	13312.5	100.1	300.4	2345.6
无索区中心线 1	1322.6	−810.1	38673.8	−792	−60.6	8734.4
桥塔 2 中心线	7583.6	−151.7	−26445.1	952.8	−9.3	−6651.9
无索区中心线 3	1321.1	811	38726.8	−787.1	101.9	8661.1
四分点 2	4746	−527.1	14810.9	80	−201.8	3073.4
桥塔 3 中心线	5562.6	−118	−9306.1	895.6	51.9	−2988
八分点 2	4412.3	33.6	1731.8	722.1	344.5	−751.1
支座 2	368.4	−132.6	−501.4	40.9	54.6	−58.7
梁端	368.4	−235.7	−660.5	40.9	13.6	−26

在施加一期恒载后可发现在两桥塔之间的主梁与中塔处主梁有较大弯矩，其他地方的弯矩较小。而施加二期恒载后，此时的桥梁受力为桥梁运营阶段无汽车荷载时的受力情况，可以看出桥梁的总体受力更趋向均匀，最大弯矩出现在桥塔与桥台之间为 10774kN·m。

（3）最小汽车荷载作用。在恒载施加完毕后，模拟桥梁进入运营阶段。此时通过单独施加车辆荷载研究大桥在车辆荷载作用下大桥的受力状况及受力特点。施加最小汽车荷载后大桥的受力状况如图 1.3−12～图 1.3−14 所示。由图可以看出最小汽车荷载对桥梁弯矩影响较大，特别是中塔处的主梁弯矩达到 6832.2kN·m。

轴力 N 图，−52.4，−498.9

图 1.3−12　最小汽车荷载作用轴力图

竖剪力 Q_z 图，507.1，−1348.1

图 1.3−13　最小汽车荷载作用剪力图

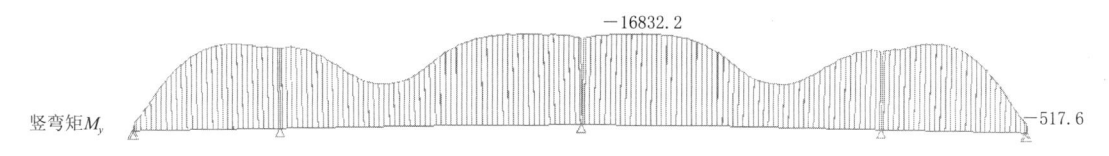

图 1.3-14 最小汽车荷载作用弯矩图

(4) 最大汽车荷载作用。施加最大汽车荷载后大桥的受力状况如图 1.3-15~图 1.3-17 所示。由图可以看出，最大汽车荷载作用下最大弯矩出现在两塔之间的主梁处，最大弯矩值为 6491.6kN·m。与最小汽车荷载作用的结果进行相比，桥梁所受轴力、剪力与弯矩的方向均相反，具体数值如表 1.3-2 所示。

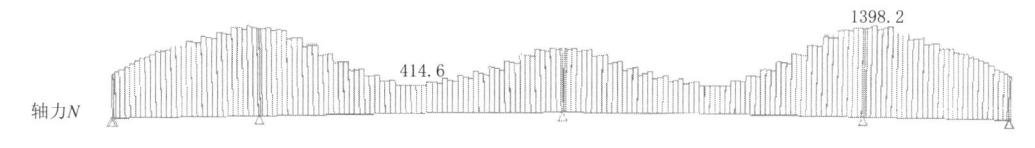

图 1.3-15 最大汽车荷载作用轴力图

图 1.3-16 最大汽车荷载作用剪力图

图 1.3-17 最大汽车荷载作用弯矩图

表 1.3-2 最小、最大汽车荷载作用内力表

截面位置	最小汽车荷载			最大汽车荷载		
	N/kN	Q/kN	$M/(kN·m)$	N/kN	Q/kN	$M/(kN·m)$
梁端	−219.4	−3.4	186.8	259.8	−14	−207.8
支座 1	−219.4	−7.4	185.3	259.8	−26.1	−227.6
八分点 1	−314.8	−40	1800.3	777.9	−129.5	−8847.2
桥塔 1 中心线	−323.1	−27.3	1127.2	1212.2	−21.7	−5966
四分点 1	−434.8	70.1	4170.6	609.8	318.7	−3793.2
无索区中心线 1	−1363.7	−554.3	22480.1	544.4	−63.6	−4919.1
桥塔 2 中心线	−341.9	24.3	−2050.9	1268.1	−3.6	−6259.2
无索区中心线 3	−1350.2	696.3	24375.7	539.3	65.6	5021.0
四分点 2	−449.9	99.9	4108.6	604.8	−311.3	−3041.5

续表

截面位置	最小汽车荷载			最大汽车荷载		
	N/kN	Q/kN	M/(kN·m)	N/kN	Q/kN	M/(kN·m)
桥塔3中心线	-328.2	33	1151.3	1231.1	38	-5990.9
八分点2	-320.2	45.6	1702.6	1080.5	229.8	-4550
支座2	-221	-725.8	181.8	260.5	407.2	-230.1
梁端	-217.6	9.8	186.3	254.7	21.5	-206.5

（5）整体升温作用。施加整体升温后大桥的受力状况如图1.3-18～图1.3-20所示。由图可以看出，整体升温荷载作用下最大弯矩在主梁梁端，最大弯矩值为14554.8kN·m。

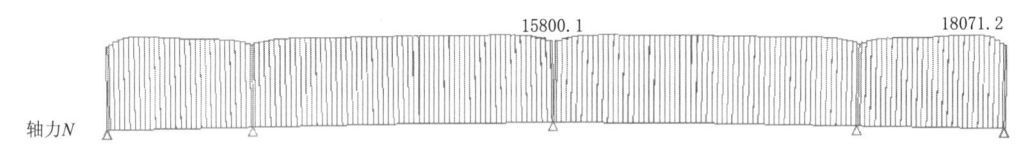

图1.3-18　整体升温作用轴力图

图1.3-19　整体升温作用剪力图

图1.3-20　整体升温作用弯矩图

（6）整体降温荷载作用。施加整体降温后大桥的受力状况如图1.3-21～图1.3-23所示。由图可以看出，整体降温荷载作用下最大弯矩同样出现在主梁梁端，最大弯矩值为1556.5kN·m，与升温作用的弯矩方向相反。升温作用与降温作用的内力对比整理见表1.3-3。

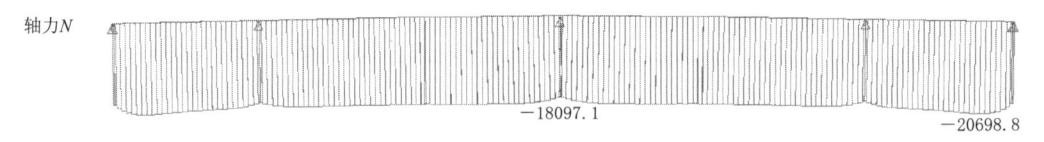

图1.3-21　整体降温作用轴力图

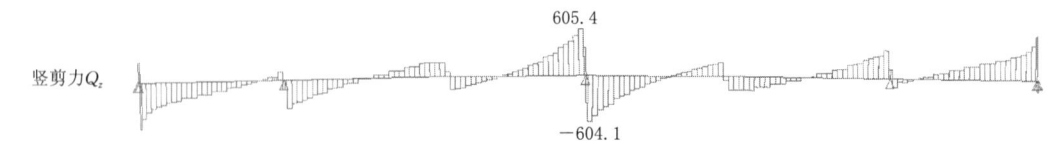

图1.3-22　整体降温作用剪力图

竖弯矩M_y

−3906.4

16670.3

图 1.3-23 整体降温作用弯矩图

表 1.3-3　　　　　　　　　　整体温度作用内力表

截面位置	主梁梯度升温			主梁梯度降温		
	N/kN	Q/kN	M/(kN·m)	N/kN	Q/kN	M/(kN·m)
梁端	1891.2	−3.8	−1556.5	1891.2	−3.8	−1556.5
支座 1	1888.5	−6.5	−9.2	−1596.7	−6.5	−1596.7
八分点 1	2175.8	14.2	11.5	4571.2	135.6	3954.7
桥塔 1 中心线	1975.7	231.7	229	−672.7	231.7	−672.7
四分点 1	2259.9	10.8	8.1	3417.9	10.8	3417.9
无索区中心线 1	2300.3	−53.9	−56.6	385.4	−53.9	385.4
桥塔 2 中心线	2457.6	−2.4	−5.1	−1642.7	−2.4	−1642.7
无索区中心线 3	2305.3	42.9	40.2	16.6	42.9	−16.6
四分点 2	2274.4	−9.9	−12.6	3084	−9.9	3084
桥塔 3 中心线	1989.7	−232.7	−235.4	−902.7	−232.7	−902.7
八分点 2	2215.4	−137.4	−140.1	−3586.4	−137.4	−3586.4
支座 2	1927.7	115.7	113	−1604.9	115.7	−1604.9
梁端	2336.6	−7.3	−1555.8	−1542.1	−7.3	−1542.1

（7）最小疲劳荷载作用。施加最小疲劳荷载后大桥的受力状况如图 1.3-24～图 1.3-26 所示。由图可以看出，最小疲劳荷载作用下较大弯矩出现在桥塔附近的主梁上，最大弯矩值为 1880.0kN·m。

轴力N
−7.7
−75.1

图 1.3-24 最小疲劳荷载作用轴力图

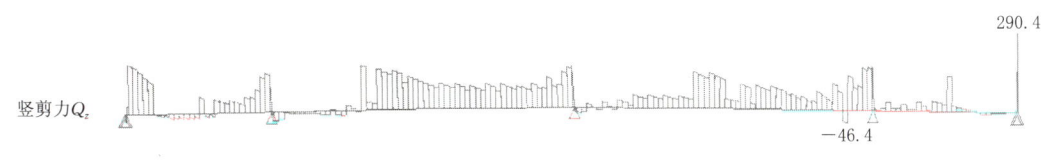

290.4
竖剪力Q_z
−46.4

图 1.3-25 最小疲劳荷载作用剪力图

−1880.0
竖弯矩M_y
02.5

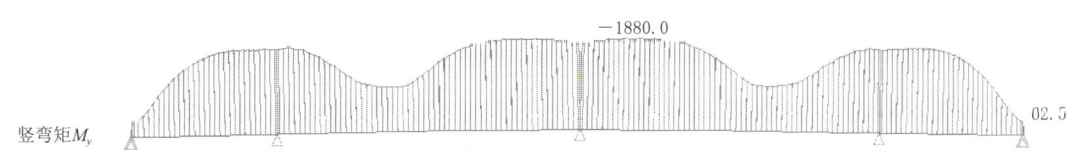

图 1.3-26 最小疲劳荷载作用弯矩图

（8）最大疲劳荷载作用。施加最大疲劳荷载后大桥的受力状况如图1.3-27~图1.3-29所示。由图可以看出，最大疲劳荷载作用下最大弯矩出现两塔中间的主梁上，最大弯矩值为4994.3kN·m。最小与最大疲劳作用的内力对比整理见表1.3-4。

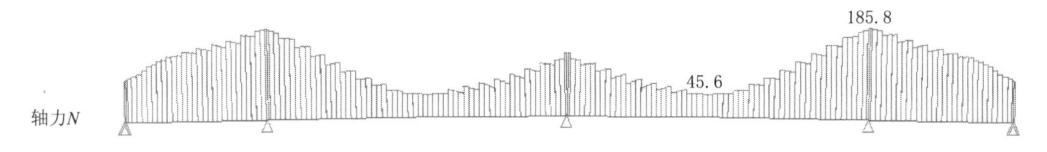

图1.3-27 最大疲劳荷载作用轴力图

图1.3-28 最大疲劳荷载作用剪力图

图1.3-29 最大疲劳荷载作用弯矩图

表1.3-4 最大和最小疲劳荷载作用表

截面位置	最小疲劳荷载作用			最大疲劳荷载作用		
	N/kN	Q/kN	$M/(kN·m)$	N/kN	Q/kN	$M/(kN·m)$
梁端	−8	−23.5	−63.8	81.3	9.4	48.1
支座1	−10.3	−23.7	−271.6	81.1	−283.3	7.6
八分点1	−12.4	31.1	−1738.6	19.8	−41.5	3410.7
桥塔1中心线	−14.9	143.6	−1724.4	10.7	−2.2	2491.3
四分点1	−28.1	−17.1	−1140.2	9.5	−48.8	3173.8
无索区中心线1	−71.4	111.9	−1070.4	−3.8	−27	4823.4
桥塔2中心线	−47	149.6	−1737	23.8	16.2	2335.8
无索区中心线3	−69.2	112.8	−1329.3	−10.4	−93.1	4989.4
四分点2	−28.1	−17.1	−1140.2	9.5	−48.8	3173.8
桥塔3中心线	−15.8	7.5	−1691.7	9.3	10	2510.9
八分点2	−13.7	7.3	−1728.4	17.2	−40.5	3263.1
支座2	−8.2	2.6	−288.7	79.8	−26.7	7.7
梁端	−8.4	−2.3	−62.5	81.2	19.7	49.2

1.3.4 沣邑大桥结构形式与力学性能分析

由上述计算结果可知大桥的各项静力力学性能均满足《公路斜拉桥设计规范》（JTG

3365-01—2020)的要求,在各种作用下桥梁结构的受力均比较适当。对大桥按上述理论进行变参数设计,从两个方面进行变参数分析。

(1) 直接改变桥塔刚度。先对三座桥塔的刚度进行改变,在此模型上将塔的材料由原来的C50混凝土改成C60混凝土,将Q355钢材改成Q390钢材。截面尺寸不变,改变材料性能以增大刚度,索力不改变。以主梁为研究对象,增大刚度后如图1.3-30所示,原模型主梁弯矩如图1.3-31所示,全桥的弯矩分布规律不变,弯矩最大值减少了337.1kN·m,弯矩最小值增大了96.5kN·m。总体上看对桥的内力减少可忽略。

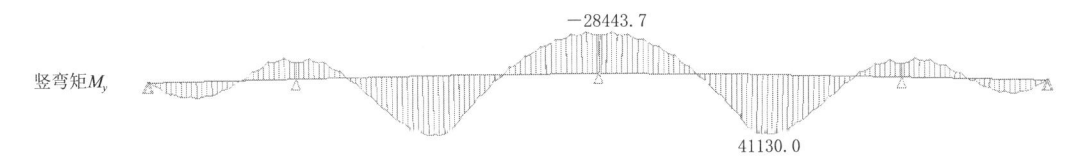

图1.3-30 增大塔刚度主梁弯矩图

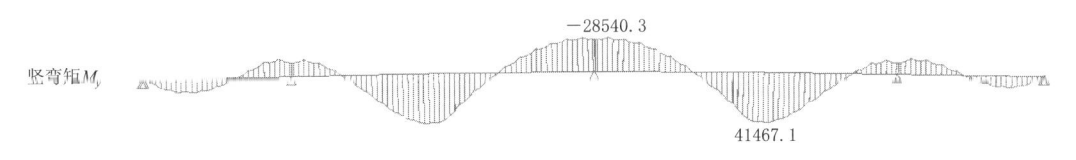

图1.3-31 原模型主梁弯矩图

(2) 直接改变主梁刚度。对主梁的刚度进行改变,将主梁材料从Q355qD改为Q390q钢材。同样以主梁为研究对象。主梁刚度增大后如图1.3-32所示,原模型主梁弯矩如图1.3-33所示,全桥的弯矩分布规律同样不变,弯矩最大值减少了1.1%,为321.3kN·m,而弯矩最小值增大了91.1kN·m。表明材料的增强直接导致桥塔与主梁的强度变大,在同样荷载的情况下,桥塔与主梁分别能承受更多的力。这说明直接增大主梁刚度对桥梁整体受力是有利的,但直接增加主梁与桥塔的刚度对桥梁整体的优化效果并不明显。

图1.3-32 增大主梁刚度主梁弯矩图

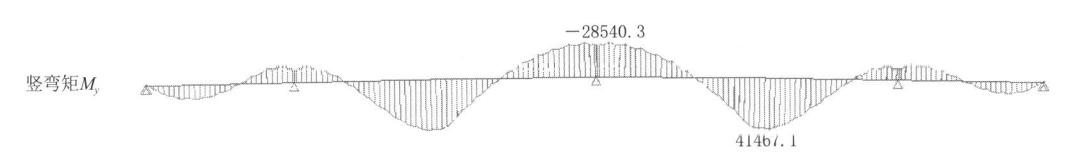

图1.3-33 原模型主梁弯矩图

(3) 改变中塔、边塔刚度比。通过调整中塔刚度,对三塔斜拉桥中塔与边塔刚度比对结构受力性能的影响规律进行分析。先假定三塔刚度相同,钢塔材料为Q355,混凝土塔材料为C50;然后调整中塔材料:钢塔材料为Q390,混凝土塔材料为C60。中塔刚度提高后，主梁的弯矩变化如图1.3-34所示，原模型主梁弯矩如图1.3-35所示，三座桥塔的弯矩变化如图1.3-36、图1.3-37所示。

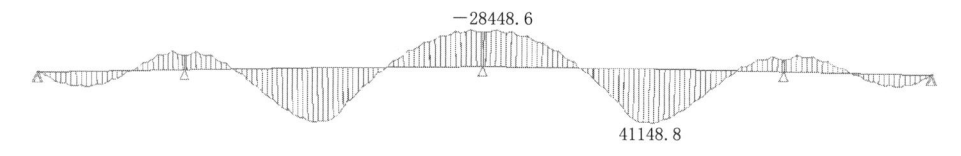

图1.3-34 增大中塔和边塔刚度比主梁弯矩图

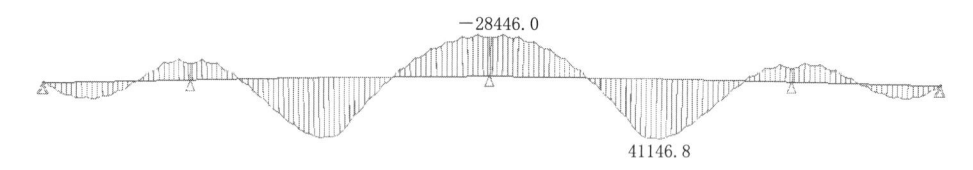

图1.3-35 原模型主梁弯矩图

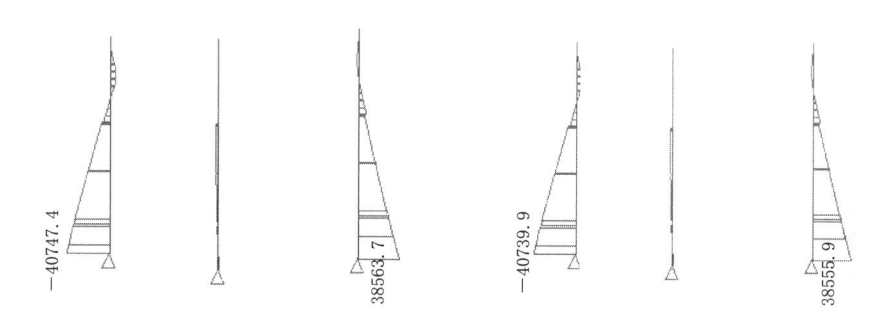

图1.3-36 增大中塔和边塔刚度比三座桥塔的弯矩图

图1.3-37 原模型的三座桥塔弯矩图

可以看出，提高中塔刚度后，主梁、桥塔的弯矩分布规律同样没有明显变化。其中主梁与桥塔的弯矩减小微乎其微，说明本书中改变中塔和边塔刚度比的比值较小，在模型上并未显示出改变中塔和边塔刚度比对桥梁影响的效果。

本章参考文献

[1] 项海帆，等. 高等桥梁结构理论[M]. 北京：人民交通出版社，2013.
[2] 喻梅，廖海黎，李乔，等. 多塔斜拉桥的结构体系研究[J]. 铁道建筑，2015(3)：12-15+19.
[3] 喻梅，廖海黎，李乔. 多塔斜拉桥的桥塔设计构思[J]. 铁道建筑，2010(9)：24-27.
[4] 魏乐永，颜智法，张愉. 张靖皋长江大桥新型组合索塔设计[J]. 公路，2023，68(6)：20-27.
[5] 柴生波，张瑞琳，王秀兰，等. 多塔斜拉桥主跨交叉索设置方式研究[J/OL]. 重庆大学学报：1-14[2024-03-07].
[6] 柴生波，张瑞琳，王秀兰. 交叉索布置方式对多塔斜拉桥力学性能的影响[J]. 科学技术与工程，2021，21(30)：13131-13138.
[7] 李强，凌立鹏，郭昊霖. 拉索布置形式对大跨度三塔斜拉桥竖向刚度的影响研究[J]. 公路，2021，66(10)：135-141.

[8] 陈恒大,姚丝思,邬晓光. 跨中交叉布索的多塔斜拉桥受力机理及参数分析[J]. 铁道科学与工程学报, 2018, 15 (10): 2549-2556.

[9] 陈恒大,姚丝思,邬晓光. 基于变形协调原理的多塔斜拉桥竖向刚度分析[J]. 武汉大学学报(工学版), 2018, 51 (9): 790-797.

[10] SISI Y, BIAO P, LUYAO W, et al. Structural Performance and Reasonable Cross-Ratio of Cross-Cable Multi-Tower Cable-Stayed Bridges [J]. Buildings, 2022, 12 (6): 764-764.

[11] 李冲,杨雷,刘得运,等. 地震作用下多塔斜拉桥横向约束体系研究[J]. 世界桥梁, 2022, 50 (5): 61-66.

[12] 王肖巍,李英民,宋维举. 新型加劲索多塔斜拉桥抗震性能分析[J]. 建筑结构, 2018, 48 (S2): 944-947.

[13] 唐冕,丁千夏,宋旭明. 多塔部分斜拉桥自振频率的实用简化算法[J]. 铁道科学与工程学报, 2018, 15 (11): 2861-2866.

[14] 王建国,杨浩林,陆元春,等. 多塔斜拉桥地震作用简化分析方法[J]. 地震工程与工程振动, 2016, 36 (5): 145-150.

[15] 陈晨,刘金龙,林均岐. 考虑阻尼器极限状态的耗能减震体系斜拉桥抗震性能分析[J]. 地震工程学报, 2023, 45 (5): 1222-1230, 1240.

[16] CHIYU J, HONGYU W, SUIWEN W, et al. Shaking table experiment study of a multi-tower cable-stayed bridge with consideration of seismic pounding effect between the main bridge and approach bridge [J]. Soil Dynamics and Earthquake Engineering, 2024, 176.

[17] 周雨洁,宋旭明,邹卓,等. 混合体系多塔矮塔斜拉桥推倒分析的适用性研究[J]. 地震工程与工程振动, 2022, 42 (2): 181-192.

[18] 鲜荣,李沁峰,马存明. 超大跨多塔跨海斜拉桥施工期抖振响应分析与控制技术研究[J]. 振动与冲击, 2024, 43 (14): 57-65.

[19] 毛伟琦,胡雄伟. 中国大跨度桥梁最新进展与展望[J]. 桥梁建设, 2020, 50 (1): 13-19.

[20] 高宗余,张强,王应良. 组合结构主梁斜拉桥设计进展[J]. 铁道勘察, 2007, 33 (z1): 50-53.

[21] 公路斜拉桥设计规范: JTG/T 3365-01—2020 [S]. 北京: 人民交通出版社, 2020.

[22] 唐平建,汪宏,王鹏. 下拉索对多塔斜拉桥主梁的影响[J]. 重庆交通大学学报(自然科学版), 2011, 30 (6): 1275-1277+1281.

[23] 邓富颢. 多塔斜拉桥新体系及徐变次内力研究[D]. 长沙: 湖南大学, 2019.

[24] 曹珊珊. 多塔斜拉桥的刚度参数变化与安全性研究[D]. 北京: 北京交通大学, 2012.

[25] 蒋望,邵旭东. 多塔斜拉桥索塔优化设计[J]. 中外公路, 2015, 35 (3): 170-173.

[26] 苏满阳,康厚军,丛云跃,等. 不同斜拉索模型对多塔斜拉桥力学性能的影响[J]. 公路工程, 2017, 42 (2): 42-46, 66.

[27] 邬晓光,姚丝思,陈恒大,等. 考虑塔梁影响的交叉索多塔斜拉桥中塔抗推刚度估算公式[J]. 北京工业大学学报, 2018, 44 (4): 577-584.

[28] Ruan, Xin, et al. A site-specific traffic load model for long-span multi-pylon cable-stayed bridges [J]. Structure and Infrastructure Engineering, 2017 (13): 494-504.

[29] YU M, LIAO H, LI Q, et al. Analysis of multi-pylon cable-stayed bridges with intersecting cables [J]. Applied Mechanics & Materials, 2011.

[30] 曹珊珊,雷俊卿,李忠三. 多塔斜拉桥结构体系的现状与发展[C] //中国公路学会桥梁和结构工程分会,嘉绍跨江大桥工程建设指挥部. 中国公路学会桥梁和结构工程分会2011年全国桥梁学术会议论文集. 北京交通大学土木建筑学院, 2011: 6.

[31] 刘喆. 多塔斜拉桥合理结构体系研究[D]. 成都: 西南交通大学, 2021.

[32] 王照伟,陈占力,刘得运,等.大跨度三塔斜拉桥纵向约束体系设计研究[J].世界桥梁,2021,49(4):42-48.
[33] 耿方方,丁幼亮,谢洪恩,等.结构体系对多塔斜拉桥抗震性能的影响分析[J].公路交通科技,2014,31(7):65-71.
[34] 周云岗,杨靖华.多塔斜拉桥力学特性及其关键力学参数研究[J].广州大学学报(自然科学版),2014,13(6):48-53.
[35] 苏潇阳,康厚军,丛云跃,等.不同斜拉索模型对多塔斜拉桥力学性能的影响[J].公路工程,2017,42(2):42-46,66.
[36] 林道锦,李忠三,王仁贵.多塔斜拉桥力学性能研究[J].公路,2013(7):317-320.

第2章 多塔斜拉桥承台大体积混凝土施工及防裂

2.1 大体积混凝土温度裂缝控制理论分析

2.1.1 大体积混凝土概述

大体积混凝土结构具有下列重要特点：

(1) 混凝土是脆性材料，抗拉强度只有抗压强度的 1/10 左右；拉伸变形能力也很小，短期加载时的极限拉伸变形只有 $(0.6 \sim 1.0) \times 10^{-4}$，大约相当于温度降低 6～10℃的变形；长期加载时的极限拉伸变形也只有 $(1.2 \sim 2.0) \times 10^{-4}$。

(2) 大体积混凝土结构断面尺寸比较大，混凝土浇筑以后，由于水泥的水化热，内部温度急剧上升，此时混凝土弹性模量很小，徐变较大，升温引起的压应力并不大，但在日后温度逐渐降低时，弹性模量比较大，徐变较小，在一定的约束条件下会产生相当大的拉应力。

(3) 大体积混凝土通常是暴露在外面的，表面与空气或水接触，一年四季中气温和水温的变化会在大体积混凝土结构中引起相当大的拉应力。

(4) 大体积混凝土结构通常是不配钢筋的，或只在表面或孔洞附近配置少量钢筋，与结构的巨大断面相比，含钢率是极低的。在钢筋混凝土结构中，拉应力主要由钢筋承担，混凝土只承受压应力。在大体积混凝土结构内，由于没有配置钢筋，如果出现了拉应力，就要依靠混凝土本身来承受。

基于上述特点，在大体积混凝土结构的设计中，通常要求不出现拉应力或者只出现很小的拉应力，在施工过程中和运行期间，在大体积混凝土结构中往往会由于温度的变化而产生很大的拉应力，要把这种温度变化所引起的拉应力限制在允许范围以内是颇不容易的。正是由于这个原因，在大体积混凝土结构中往往会出现裂缝。

如图 2.1-1 所示，大体积混凝土内出现的裂缝，按其深度的不同，一般可分为贯穿裂缝、深层裂缝及表面裂缝三类。贯穿裂缝切断了结构断面，可能破坏结构的整体性和稳定性，其危害性是严重的，如与迎水面相通，还可能引起漏水。深层裂缝部分切断了结构的断面，也有一定的危害性。表面裂缝如不扩展，其危害性一般不大；但水坝上游面的表面裂缝，水库蓄水后，压力水进入缝内，表面缝就可能扩展为深层大裂缝甚至贯穿裂缝。处于基础或者老混凝土约束范围以内的表面裂缝，在内部混凝土降温过程中，也可能发展为深层甚至贯穿裂缝。

干缩也是引起混凝土裂缝的一个原因，但大体积混凝土内部湿度变化很小，湿度的变

(a) 贯穿裂缝　　　　　(b) 深层或表面裂缝　　　　　(c) 表面裂缝

图 2.1-1　大体积混凝土结构裂缝类型示意图

化局限在表面很浅范围内，只要加强养护，就不难解决干缩裂缝问题。

大体积混凝土产生裂缝的原因和机理是一个比较复杂的问题。大量的工程实践及相关参考资料表明，大体积混凝土裂缝主要由温差（包括收缩）、材料的弹性模量常数、混凝土的极限拉伸强度、混凝土板的厚度、结构的连续长度、混凝土本身的徐变、约束及地基变形等因素引起。其中水泥水化热产生较大的温度变化及收缩作用，是导致混凝土出现裂缝的主要原因。

2.1.2　大体积混凝土温度及温度应力的变化过程

1. 混凝土温度的变化过程

由于体积庞大，大体积混凝土结构中的温度变化过程大致如图 2.1-2 所示，浇筑温度 T_p 是混凝土刚浇筑完毕时的温度，如果完全不能散热，混凝土处于绝热状态，则温度将沿着绝热温升曲线上升，如图中虚线所示；实际上由于通过浇筑层顶面和侧面可以散失一部分热量，混凝土温度将沿着图中实线而变化，上升到最高温度 T_p+T_r 后，温度即开始下降，其中 T_r 称为水化热温升。上层覆盖新混凝土后，受到新混凝土中水化热的影响，老混凝土中的温度还会略有回升；过了第二个温度高峰以后，温度继续下降。如果该点离开侧面比较远，温度将持续而缓慢地下降，最后降低到最终稳定温度 T_f。如果该点离开表面的距离不到 7m，该点温度在持续下降过程中，受到外界气温变化的影响还会随着时间而有一定的波动，如图中实线所示，最后在 T_f 的上下有周期性的小幅度变化，称为准稳定温度。

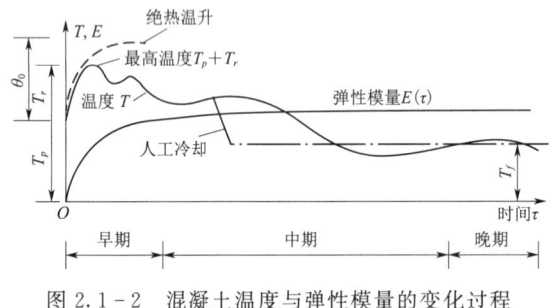

图 2.1-2　混凝土温度与弹性模量的变化过程

2. 混凝土温度应力的变化过程

由于混凝土弹性模量随着龄期而变化，在大体积混凝土结构中，温度应力的发展过程可以分为以下三个阶段（图 2.1-2）：

（1）早期应力。自浇筑混凝土开始，至水泥放热作用基本结束时止，约 1 个月。这个阶段有两个特点：①因水泥水化作用而放出大量水化热，引起温度场的急剧变化；②混凝土弹性模量随着时间而急剧变化。

（2）中期应力。自水泥放热作用基本结束时至混凝土冷却到最终稳定温度时，这个时期的温度应力是由于混凝土的冷却及外界温度变化所引起的，这些应力与早期产生的温度应力相叠加。在此期间，混凝土弹性模量还有一些变化，但变化幅度较小。

（3）晚期应力。混凝土完全冷却以后的运行时期，温度应力主要是由外界气温和水温的变化所引起的，这些应力与早期和中期的残余应力相互叠加形成了混凝土晚期应力。

2.1.3 大体积混凝土温度裂缝的危害

大体积混凝土中可能出现的温度裂缝主要有如下危害：

（1）影响建筑结构物的功能。大体积混凝土结构多为墙体、地下连续墙、筏板、箱形基础等，所以开裂后的主要问题之一就是渗漏，给结构物的使用带来不利影响。结构的裂缝修补、堵漏，不仅花费巨大，而且延长了工程的交付使用时间，极大地降低了结构的使用功能。

（2）降低建筑结构的刚度。裂缝尤其是贯穿性裂缝的出现会使结构的刚度降低，从而影响结构物功能的正常发挥。

（3）影响混凝土的耐久性。裂缝的出现使侵蚀性介质容易进入混凝土内部，使钢筋锈蚀，混凝土腐蚀、碳化，从而损坏混凝土的表面，使混凝土的强度降低，进而影响混凝土的耐久性。

2.1.4 大体积混凝土温度裂缝控制标准

大体积混凝土裂缝的控制标准，可归结为对裂缝宽度的限制。目前各国规范中对最大允许裂缝宽度的规定基本一致。例如，在正常的空气环境中为 0.3mm，在有轻微腐蚀性的介质中为 0.2mm，在有严重腐蚀性的介质中为 0.1mm 等。规范中对裂缝宽度做严格规定的最终目的，基本都是为了保证钢筋不会锈蚀。但是大量的调查及试验表明，裂缝宽度与钢筋锈蚀程度没有直接关系。一些室内工程裂缝宽度超过规范规定 30 多倍时钢筋也没有锈蚀，在潮湿环境中只引起钢筋局部锈蚀且锈蚀程度不大。调查还表明，锈蚀程度和时间也不呈线性关系，特殊情况如高温、高湿、酸碱化学侵蚀等环境除外。

施工中对大体积混凝土的要求是不裂，但是大量工程实践所提供的经验都证明，结构物不可能不出现裂缝，裂缝是材料的一种固有缺陷、固有特征。如果对大体积混凝土裂缝的限制过于严格，就会大大增加施工控制难度，所付出的代价也就越高。大体积混凝土出现的裂缝几乎都是变形裂缝，一般不影响结构的承载力。因此，对大体积混凝土裂缝的控制，应该根据防水、防渗、防气、防辐射、美观及使用要求等实际情况来确定。

混凝土结构所处的环境条件可分为如下四个类别：

（1）一类：室内正常环境。

（2）二类：露天环境，长期处于地下或水下的环境。

（3）三类：水位变动区或有侵蚀性地下水的地下环境。

（4）四类：海水浪溅区、盐雾作用区潮湿、有严重侵蚀性介质作用的环境。

针对上述四类环境条件，并按荷载效应的短期组合和长期组合两种情况，表 2.1-1

表 2.1-1　钢筋混凝土结构构件最大裂缝宽度允许值

环境条件类别	最大裂缝宽度允许值/mm	
	短期组合	长期组合
一类	0.40	0.35
二类	0.30	0.25
三类	0.25	0.20
四类	0.15	0.10

给出了钢筋混凝土结构构件最大裂缝宽度允许值。

2.1.5 控制温度应力、防止裂缝产生的措施

长期以来，国外工程界把温度控制视为防止混凝土裂缝的方法，这种观点有一定道理，但并不全面，应该说，控制温度应力才是防止混凝土裂缝的方法。混凝土裂缝的产生是由于拉应力超过了抗拉强度，而拉应力的产生不但与温差有关，还与约束条件有关。

国内外实际工程经验表明，要在大体积混凝土结构内防止出现危害性裂缝，是有可能实现的，但并不容易，需要精心设计，精心施工。有的工程在施工过程中对温度控制重视不够，出现大量裂缝后被迫停工处理。所以在进行大体积混凝土施工时，应进行温度抗裂计算，分析温度升降产生的温度应力和混凝土收缩应力变化情况，在施工中采取相应的措施，防止出现温度裂缝。

1. 选择合理的结构形式和分缝分块

经验表明，结构形式对温度应力和裂缝的出现具有重要影响。在设计阶段应充分重视结构形式对温度应力和裂缝问题的影响，特别是在寒冷地区，应尽量少用对温度变化很敏感的薄壁结构。

浇筑块尺寸对温度应力有重要影响，浇筑块越大，温度应力也越大，越容易产生裂缝，因此合理的分缝分块对防止裂缝有重要意义。实际经验和理论分析都表明，当浇筑块平面尺寸控制在15m×15m左右时，温度应力比较小，基础约束高度也只有3~4m左右。在气候温和地区，裂缝的可能性较小，但在寒冷地区，由于温差过大，这种尺寸的浇筑块仍然难免出现大量裂缝，需要采取严格的保温措施。

在同一浇筑块内应避免基础过大的起伏，在结构形式上应尽量避免或减缓应力集中。

2. 选择混凝土原材料、优化混凝土配合比

选择混凝土原材料、优化混凝土配合比的目的是使混凝土具有较大的抗裂能力，具体说来，就是要求混凝土的绝热温升较小、抗拉强度较大、极限拉伸变形能力较大、热强比较小、线胀系数较小，自生体积变形最好是微膨胀，至少是低收缩。

(1) 选择水泥。内部混凝土主要考虑抗裂性能好，兼顾低热和高强两方面的要求，一般采用低热矿渣水泥，中热硅酸盐水泥或硅酸盐水泥掺入一定量的粉煤灰。至于外部混凝土，除了抗裂性能外，还要求抗冻融性、耐磨性、抗蚀性、强度较高及干缩较小，因此一般采用较高标号的中热硅酸盐水泥。当环境水具有硫酸盐侵蚀性时，应采用抗硫酸盐水泥。

(2) 掺用混合材料。掺用混合材料的目的在于降低混凝土的绝热温升，提高混凝土抗裂能力。混合材料包括矿渣、粉煤灰、烧黏土等。目前粉煤灰采用较多。

(3) 掺用外加剂。外加剂有减水剂、引气剂、缓凝剂、早强剂等多种类型。减水剂是最常用、最重要的外加剂，它具有减水和增塑作用，在保持混凝土坍落度及强度不变的条件下，可减少用水量，节约水泥，降低绝热温升。引气剂的作用是在混凝土中产生大量微小气泡以提高混凝土的抗冻融耐久性。缓凝剂用于夏季施工，早强剂则用于冬季施工。

(4) 优化混凝土配合比。在保证混凝土强度及流动度条件下，尽量节省水泥，降低混凝土绝热温升。

3. 严格控制混凝土温度

严格控制混凝土温度，减小基础温差、内外温差及表面温度骤降，是防止裂缝的最重要措施。

(1) 降低混凝土浇筑温度。通过冷却拌和水、加冰拌和、预冷骨料等办法降低混凝土出机口温度，采用加大混凝土浇筑强度、仓面保冷等方法减少浇筑过程中的温度回升。

(2) 水管冷却。在混凝土内埋设水管，通低温水以降低混凝土温度。

(3) 表面保温。在混凝土表面覆盖保温材料，以减少内外温差，降低混凝土表面温度梯度。

4. 重视施工前期准备工作

有的工程施工单位在施工前期只重视混凝土制备和浇筑方面的准备工作，而不重视混凝土温度控制方面的准备工作。到了开始浇筑混凝土时，由于制冷厂不能投入运用等原因，混凝土温度控制不能满足设计要求，而早期浇筑的基础部分混凝土正是在温度控制方面最重要的混凝土，其结果是，花钱买了设备，但却没有发挥应有的作用。所以在施工前期，一定要重视混凝土温度控制方面的准备工作，如制冷厂、制冰机的安装调试，冷却水管及保温材料的准备等。

5. 加强施工管理

(1) 提高混凝土施工质量。为了防止裂缝，除了严格控制混凝土温度外，还需要加强施工管理，提高混凝土施工质量。显然，在一个混凝土浇筑块中，混凝土的强度不是均匀的，裂缝总是从强度最低的薄弱处开始。通过在丹江口工地的大量调查，对几百个混凝土浇筑层进行分析，发现裂缝的出现与混凝土的不均匀性有重要关系。当混凝土质量控制不严、混凝土强度离差系数 C_v 大时，裂缝就多。从全国范围来看也是如此，混凝土施工质量较好的工程，裂缝就少，反之，裂缝就多。因此，为了防止裂缝，一定要加强施工管理，提高混凝土施工质量。

(2) 在混凝土浇筑进度安排上，尽量做到薄层、短间歇（5~10d）、均匀上升，避免突击浇筑一块混凝土，然后长期停歇；避免相邻坝块之间过大的高差及侧面的长期暴露，尤其应避免"薄块、长间歇"，即在基岩或老混凝土上浇筑一薄块而后长期停歇，经验表明，这种情况极易产生裂缝。

(3) 尽量利用低温季节浇筑基础部分混凝土。

(4) 加强混凝土养护、防止干缩。

2.2 工 程 背 景

2.2.1 工程概况

沣邑大桥位于西安国际社区灵韵北路，西起沣河西侧堤顶路，向东跨越沣河，止于东侧堤顶路之前，桥梁设计起点桩号 K0+050，设计终点桩号 K0+576，桥面总长 526m。该桥采用三塔斜拉桥，采用带弹性限位的漂浮体系。孔跨分别为：87m、176m、176m、87m，总跨长 526m，桥梁景观布置如图 2.2-1 所示。

图2.2-1 沣邑大桥景观布置图

主梁采用全焊钢箱梁，钢梁主体结构采用Q345qD钢板；采用双边箱结构，两箱之间设横梁连接。顶面总宽57m，底面总宽43.9m。该桥共3个桥塔，主塔采用变截面圆形塔柱，主塔总高89.27~94.99m，其中桥面以上塔高74.5m。主塔采用钢结构-混凝土结构混合塔，其中塔顶及斜拉索锚固区采用钢塔，钢塔总高35m，采用Q345qD钢材；中塔柱及下塔柱采用混凝土塔，采用C60混凝土；钢混分界位置设钢混结合段，结合段长1.6m。

主塔下承台顺桥向×横桥向尺寸为18.2m×22.2m，高5m，平面上在四个角位设5m×3m倒角，承台下布置18根直径2m的钻孔灌注桩，按摩擦桩设计。承台分两次浇筑，第一次浇筑2.5m，第二次浇筑2.5m。混凝土体积较大，为掌握混凝土内部最高温度和内外温差，以便采取措施降低内外温差，防止混凝土结构产生裂纹，需对承台大体积混凝土进行温度测试及控制。

3座桥塔底部为3.5~9.2m不等的实心段，混凝土体积较大，且为C60高强混凝土，为掌握混凝土内部最高温度和内外温差，以便采取措施降低内外温差，防止混凝土结构产生裂纹，需对桥塔大体积混凝土进行温度测试及控制。

2.2.2 采用的技术规范及参考资料

(1)《铁路混凝土工程施工质量验收标准》(TB 10424—2018)。
(2)《大体积混凝土施工标准》(GB 50496—2018)。
(3)《铁路桥涵设计基本规范》(TB 10002.1—2005)。
(4)《铁路桥涵钢筋混凝土和预应力混凝土结构设计规范》(TB 10002.3—2005)。
(5) 施工图设计资料。

2.2.3 仪器设备

施工监控的主要仪器设备见表2.2-1，仪器图片如图2.2-2所示。

表2.2-1 设备仪器表

检测项目	检测仪器名称	数量	测量范围
混凝土入模温度	建筑电子测温仪	1	−30~130℃
混凝土内部温度	混凝土无线测温仪	5	−30~150℃

续表

检 测 项 目	检测仪器名称	数　量	测量范围
大气温度	测温枪	1	50～400℃
进出水口温度	建筑电子测温仪	1	−30～130℃
进出水口流速	流速流量测量仪	1	0.01～4m/s

（a）混凝土无线测温仪 　　（b）测温枪

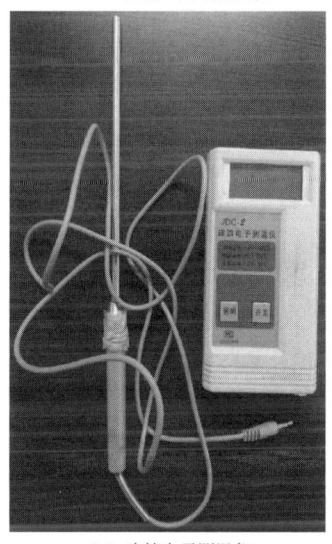

（c）建筑电子测温仪 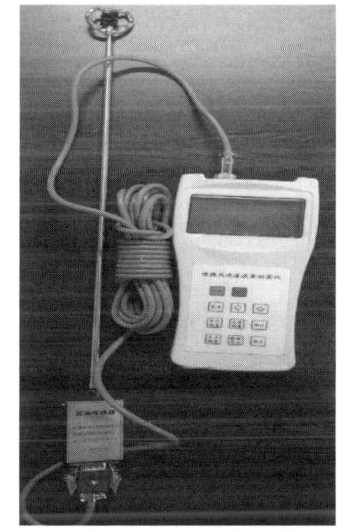　　（d）流速流量测量仪

图 2.2-2　仪器

2.3　大体积混凝土承台结构有限元仿真分析及施工技术

2.3.1　计算模型

沣邑人桥主塔基础承台采用多边形承台，承台顺桥向长 18.2m，横桥向宽 22.2m，厚 5m，平面上在四个角位置设 5m×3m 倒角。采用软件 Midas FEA NX 对承台进行仿真模拟计算分析，为准确模拟热传递，除完整建立承台模型以外，还建立了厚 3m 的地基，单元数 21992 个，其计算模型如图 2.3-1 所示。

2.3.2 结构计算参数

该桥承台采用C40混凝土,比热容为0.929kJ/(kg·℃),热传导率为9.3kJ/(m²·h·℃),弹性模量为3.45×10⁴MPa,泊松比为0.2,线膨胀系数为1×10⁻⁵,容重25kN/m³,水泥3d水化热实测值为317kJ/kg,7d水化热实测值为365kJ/kg。该桥承台采用分层浇筑,第一层浇筑厚度为2.5m,第二层浇筑厚度为2.5m。地基比热容为0.837kJ/(kg·℃),热传导率为7.11kJ/(m²·h·℃),弹性模量为1000MPa,泊松比为0.2,线膨胀系数为1×10⁻⁵,容重24kN/m³。

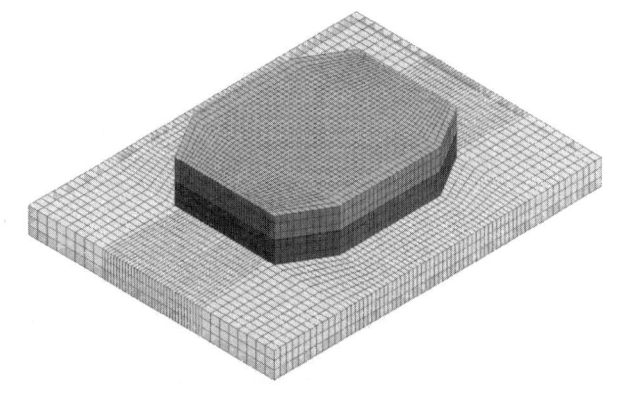

图2.3-1 承台大体积温度计算模型

根据现场情况拟采用大气温度为25℃,混凝土入模温度为25℃进行分析。

布置的冷水管直径取0.045m,其中水的流入温度为20℃,流速为1m/s,对流系数为518kJ/(m²·h·℃)。

混凝土分层浇筑,第一层考虑1d、2d、…、7d等子工况,第二层考虑浇筑1d、2d、3d、5d、7d、…、40d等施工子工况。

2.3.3 温度分布结果

1. 阶段整体温度

根据计算分析,第一层混凝土在浇筑的第3天达到最高温度68.5℃,第二层混凝土在浇筑的第3天达到最高温度70.4℃,模拟仿真结果如图2.3-2~图2.3-5所示。

图2.3-2 第一层温度云图(浇筑第3天)

2. 中心点温度

根据现场情况拟采用环境温度25℃进行计算分析,第一层中心点最高温度达到60.5℃,第二层中心点最高温度达到64.0℃,模拟仿真结果如图2.3-6和图2.3-7所示。

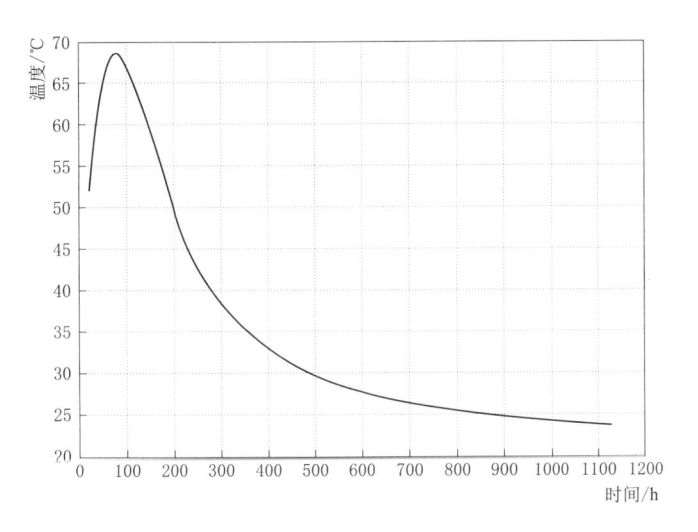

图 2.3-3 第一层最高温度点的温度-时间曲线图

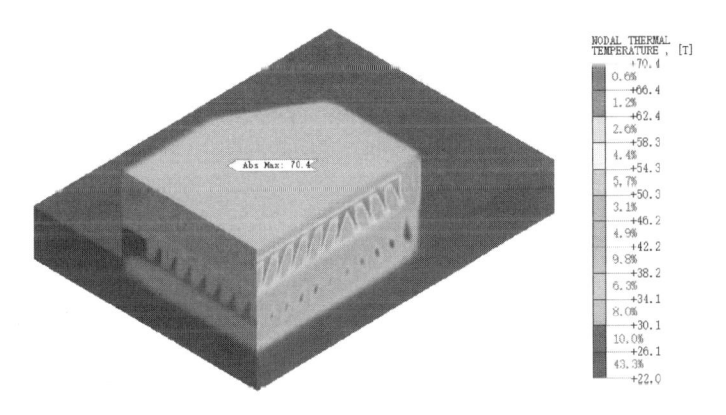

图 2.3-4 第一层温度云图（浇筑第 3 天）

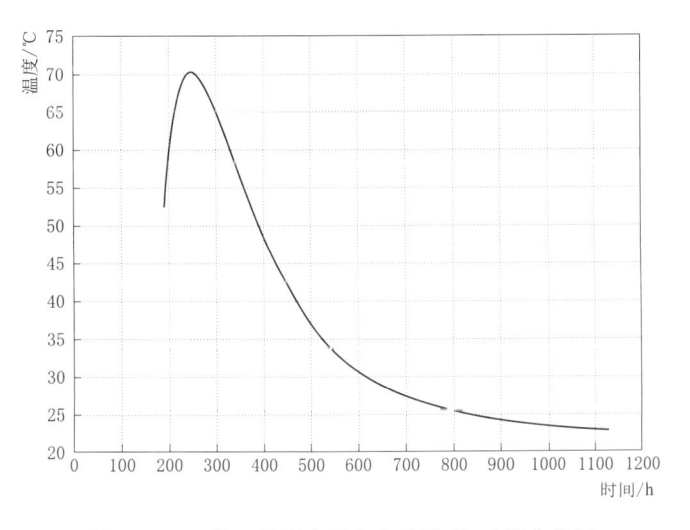

图 2.3-5 第二层最高温度点的温度-时间曲线图

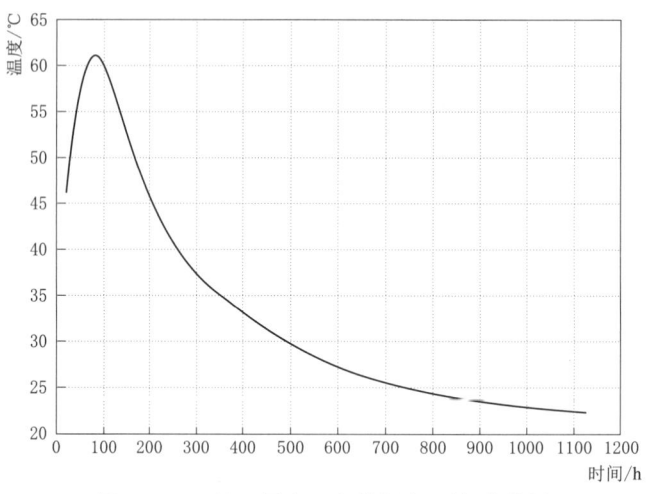

图 2.3-6 第一层中心点的温度-时间曲线图

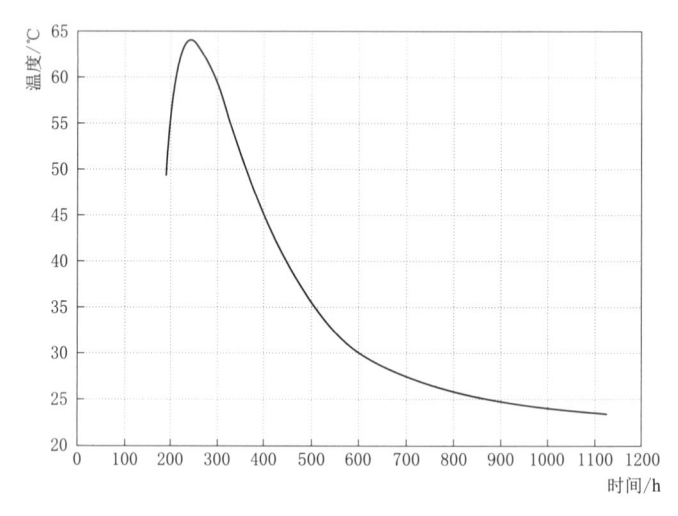

图 2.3-7 第二层中心点的温度-时间曲线图

3. 表面温度

根据现场情况拟采用环境温度 25℃进行计算分析，承台第一层短边中心处表面最高温度 44.9℃，第二层短边中心处表面最高温度 45.0℃，模拟仿真结果如图 2.3-8 和图 2.3-9 所示。

2.3.4 应力结果

1. 阶段整体应力

根据计算分析，第一层混凝土在浇筑 3d 后阶段整体最大拉应力为 4.98MPa，第二层混凝土在浇筑 4d 后阶段整体最大拉应力为 6.64MPa，模拟仿真结果如图图 2.3-10～图 2.3-13 所示。

2. 中心点应力

根据现场情况拟采用环境温度 25℃进行计算分析，两层混凝土中心点应力结果如图 2.3-14 和图 2.3-15 所示。

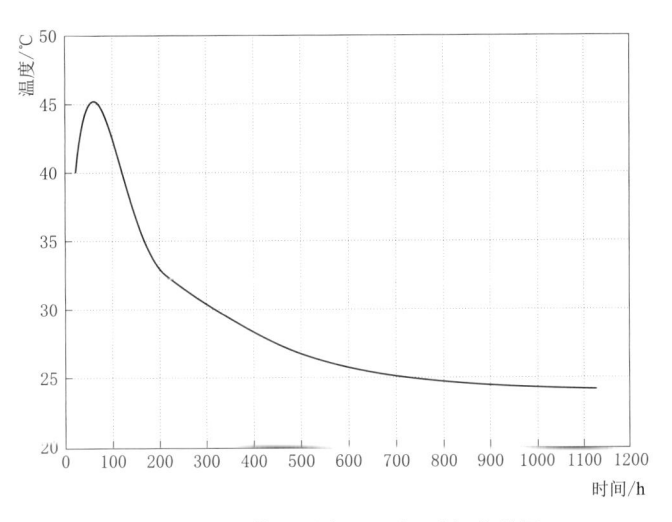

2.3 大体积混凝土承台结构有限元仿真分析及施工技术

图 2.3-8 第一层表面温度-时间曲线图

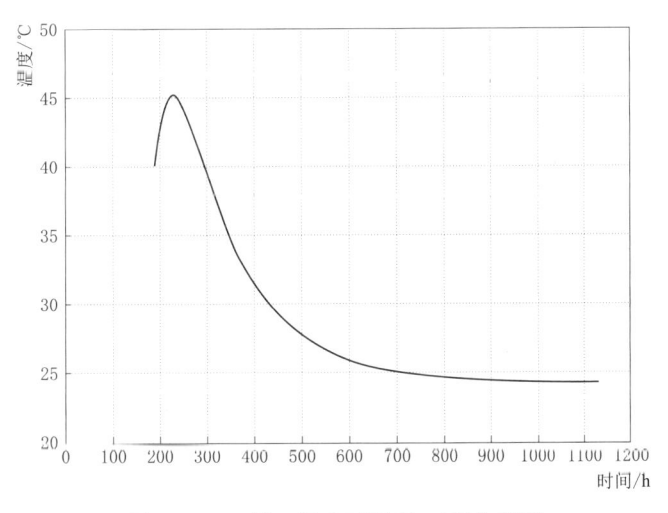

图 2.3-9 第二层表面温度-时间曲线图

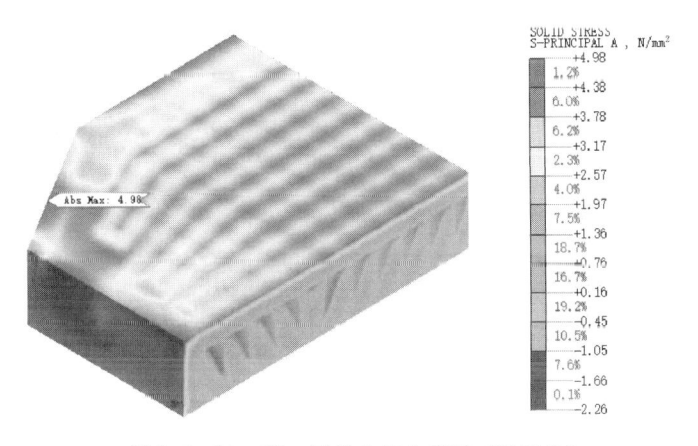

图 2.3-10 第一层承台应力云图（浇筑 3d）

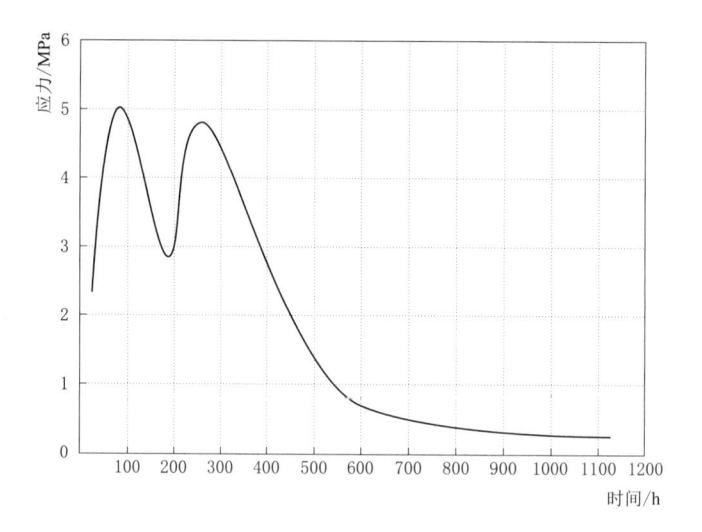

图 2.3-11　第一层承台应力-时间曲线图

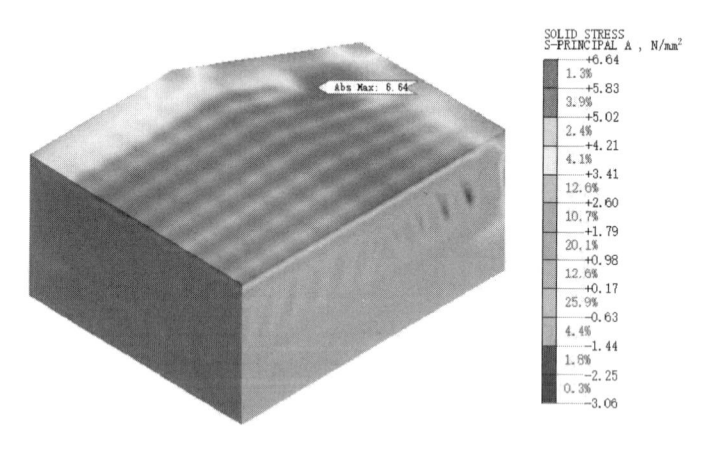

图 2.3-12　第二层承台应力云图（浇筑 4d）

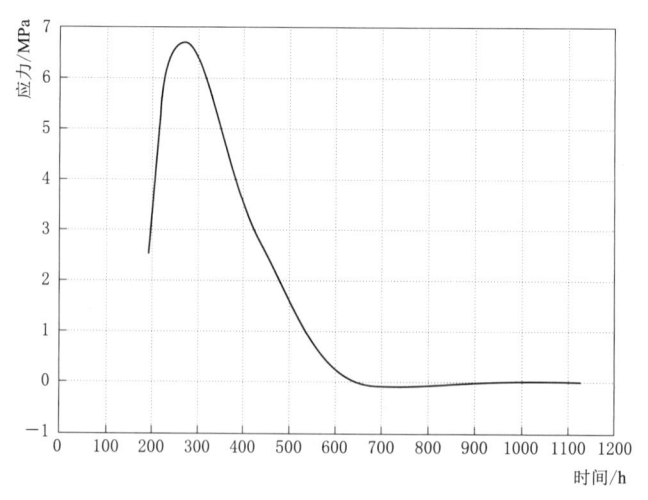

图 2.3-13　第二层承台应力-时间曲线图

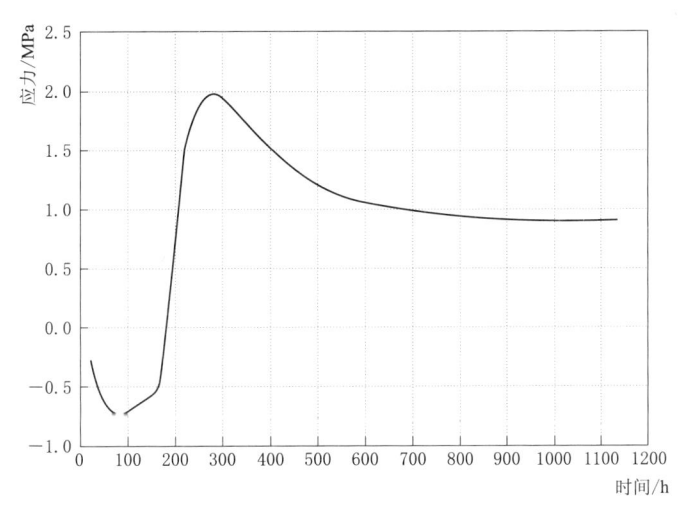

图 2.3-14　环境温度 25℃时第一层中心点的应力

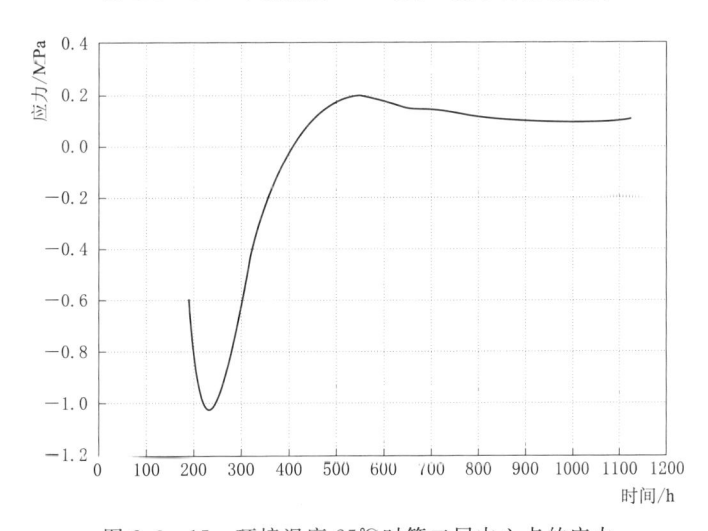

图 2.3-15　环境温度 25℃时第二层中心点的应力

3. 表面应力

根据现场情况拟采用环境温度 25℃进行计算分析,两层混凝土表面应力结果如图 2.3-16 和图 2.3-17 所示。

2.3.5　计算结果及建议

1. 计算结果

(1) 环境温度 25℃时,第一层混凝土在浇筑 3d 后,温度达到最大值 68.5℃,第二层混凝土在浇筑 3d 后,温度达到最大值 70.4℃。

(2) 环境温度 25℃时,第一层混凝土在浇筑 3d 后,与大气接触的侧表面拉应力较大为 4.98MPa,有开裂的风险;第二层混凝土在浇筑 4d 后,第二层与大气接触的侧表面拉应力较大为 6.64MPa,此时第二层混凝土有开裂的风险。

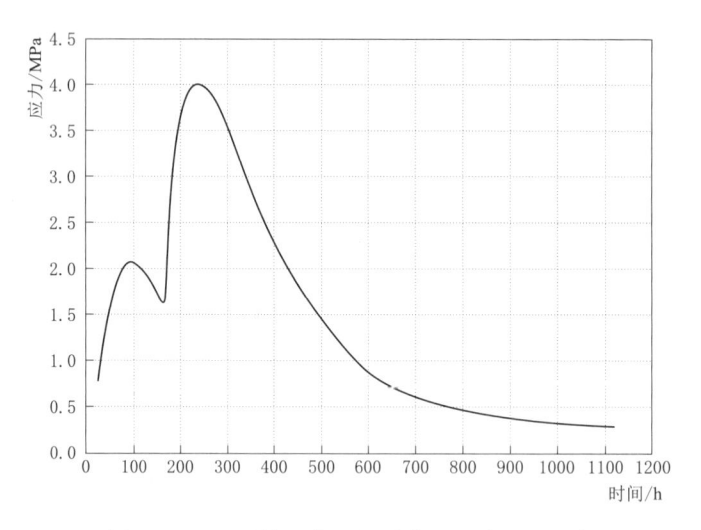

图 2.3-16　环境温度 25℃时第一层表面的应力

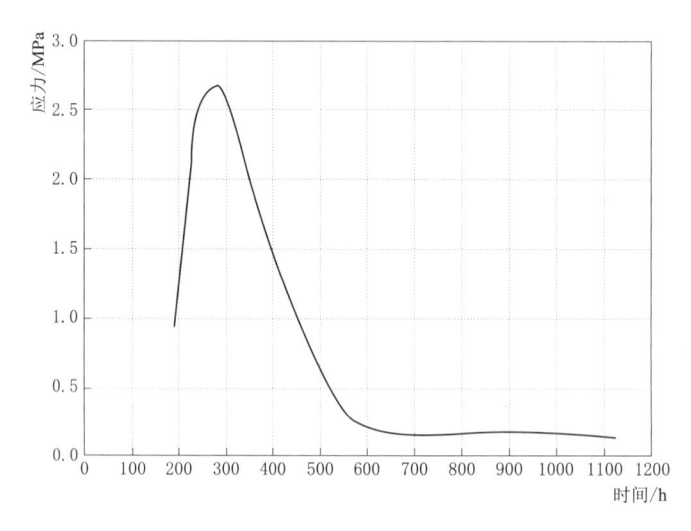

图 2.3-17　环境温度 25℃时第二层表面的应力

2. 建议

（1）由于当地环境温度在9月较高，按现有配合比及环境温度进行计算，得到的中心点温度较高；混凝土表面及内部应力较大，已经超过混凝土的抗拉应力，存在开裂的风险。建议严格控制混凝土入模温度不高于 25℃，冷却水进水温度不高于 20℃，冷却水管直径不小于 0.045m，冷却水流速 1m/s；在应力值较大处，也可考虑增加钢筋网片，减少开裂。

（2）经多种措施仍不能解决问题时，可考虑采用纤维混凝土。

2.3.6　承台温度监控测点布置和测试方式

1. 测点布置方法

按照《大体积混凝土施工标准》（GB 50496—2018）选取测点，布置原则如下：

（1）监测点的布置范围应以所选混凝土浇筑体平面对称轴线的半条轴线为测试区，在测试区内监测点按平面分层布置。

（2）在测试区内，监测点的位置与数量可根据混凝土浇筑体内的温度场的分布情况及温控的要求确定。

（3）在每条测试轴线上，监测点位不宜少于4处，应根据结构的几何尺寸布置。

（4）沿混凝土浇筑体厚度方向，必须布置外表、地面和中心温度测点，其余测点宜按测点间距不大于600mm布置。

（5）保温措施养护效果及环境温度监测点数量应根据具体要求确定。

（6）混凝土浇筑体的外表温度，宜为混凝土外表以内50mm处的温度。

（7）混凝土浇筑体的地面温度，宜为混凝土浇筑体底面上50mm处的温度。

该承台平面形状是竖向对称的，温度测试监控点在1/4承台平面内布置。承台高5m，分两次浇筑，第一次浇筑厚度为2.5m，顺桥向轴线测点为4个（包括中心点），横桥向轴线测点为4个（不包括中心点），厚度方向设5层测点，单个承台共计40个测点；第二次浇筑，厚度为2.5m，顺桥向轴线测点为4个（包括中心点），横桥向轴线测点为4个（不包括中心点），厚度方向设5层测点，单个承台共计40个测点。单个承台两次浇筑共计80个测点。测点平面布置图和厚度方向测点布置图如图2.3-18～图2.3-20所示。

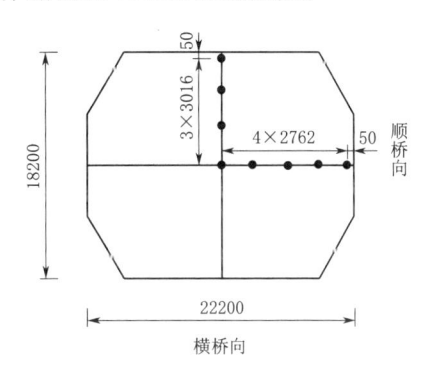

图2.3-18 下承台温度测点平面布置图（单位：mm）

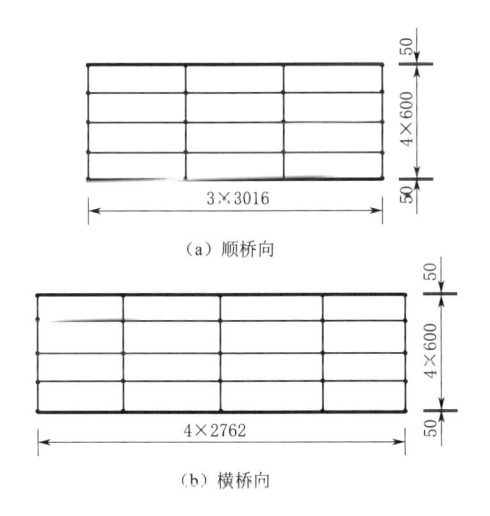

（a）顺桥向

（b）横桥向

图2.3-19 下承台第一次浇筑温度测点沿厚度方向布置图（顺桥向和横桥向，单位：mm）

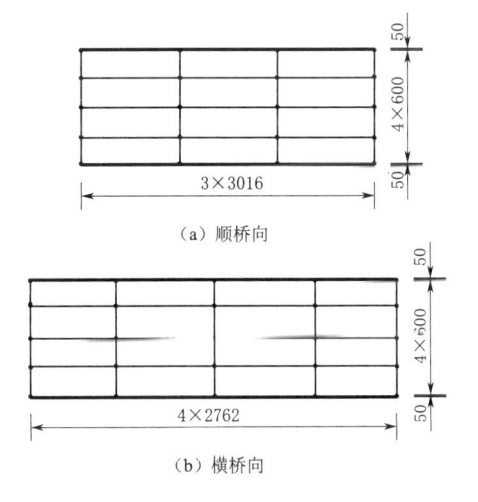

（a）顺桥向

（b）横桥向

图2.3-20 下承台第二次浇筑温度测点沿厚度方向布置图（顺桥向和横桥向，单位：mm）

2. 测试方法

对大体积混凝土进行温度计算，是从理论上掌握大体积混凝土内部温度发展变化情况和温度应力的发展变化情况，实际施工中将会存在一定的差异，主要原因是计算所取用的相关参数及计算模型与大体积混凝土实际施工状态不可能完全一致，这就需要对施工过程进行监测，并将监测结果随时与理论计算及其结果进行比较分析，及时调整参数取值、修正计算模型并采取相应的温控措施，只有这样才能保证计算、分析结果的准确性及可靠性，并依据计算、分析结果完善温控措施，确保温度应力不超过混凝土的抗拉强度，避免出现温度裂缝。

温度监测主要内容如下：

(1) 混凝土温度场测量：承台的温度场是指在现场各种环境因素的影响下，已浇筑承台各部位混凝土的实际温度及温度分布。

(2) 环境体系温度测量：环境体系温度测量包括气温、冷却水温度及流速。在检测混凝土温度变化的同时，还应监测气温、冷却水管进出口水温及流速、混凝土浇筑温度。

温度监测过程中要求如下：

(1) 浇筑块温度场测量：当其中一个测位进入混凝土时，每2h测温一次，并提供信息报表给有关部门（建设方、监理、施工），混凝土浇筑完毕巡测24h后每4h测温一次，混凝土浇筑体内部开始降温后，混凝土浇筑体的里表最大温差连续24h低于19℃时方可结束监测（一般为8～9d）。

混凝土浇筑体的里表温差计算公式：

$$\Delta T_{1(t)} = T_{m(t)} - T_{b(t)}$$

式中 $\Delta T_{1(t)}$ ——龄期为 t 时，混凝土浇筑体的里表温差，℃；

$T_{m(t)}$ ——龄期为 t 时，混凝土浇筑体内的最高温度，可通过温度场计算或实测求得，℃；

$T_{b(t)}$ ——龄期为 t 时，混凝土浇筑体内的表层温度，可通过温度场计算或实测求得，℃。

测试工程中描绘出各点的温度变化曲线和断面的温度分布曲线，发现温控数值异常时应及时预警，采取有效措施控制温差。

(2) 大气温度测量：与混凝土温度同步观测。

(3) 通水冷却过程温度测量与浇筑块温度场测量过程同步进行。

(4) 承台混凝土全部浇筑完毕后，根据温度场及应力场的预测计算结果，结合与监测结果的对比分析，确定终止测量时间。

(5) 每次观测完成后及时填写温度监测记录表。

3. 测试仪器及安装

(1) 采用SH-TW80混凝土无线测温仪测量混凝土内部温度，如图2.3-21所示。该仪器一次可测八通道，并能通过无线网络即时上传测温数据，可通过手机、电脑随时随地查看测温数据。该仪器性能稳定，误差小。其性能指标主要包括以下几项。测温范围：-30～150℃；测量精度：±0.3℃；测温点数：每台仪器8路；可无限扩展通信频率：433MHz（ISM）/GPRS网络（推荐）；传输距离：射频，空旷地1000m。

(2) 温度元件及连线在竖向应沿着钢筋侧面绑扎，在水平方向沿着钢筋底面牵引绑扎固定，避免振捣棒在振捣时直接碰触传感器，如图2.3-22所示。

(3) 上述布设方式若存在困难时，可考虑焊接等边角钢进行保护，避免混凝土直接砸在测温原件上，如图2.3-23所示。

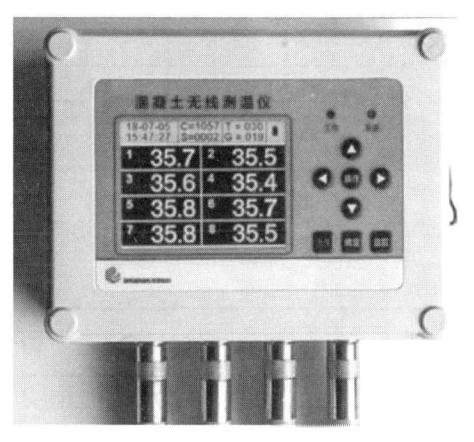

图 2.3-21 混凝土内部测温元件

（4）对布设的测温元件进行编号，在混凝土浇筑前认真检查核对，元件编号记录各测温点的温度量测记录。具体编号安排如下：

分别对每一层的测点进行编号，以 s 表示顺桥向，h 表示横桥向，O 表示每层的中心测点。如 1-s11 为第一层沿顺桥向靠近侧面边缘的测点，1-h11 为第一层沿横桥向靠近侧面边缘的测点，1-O1 为第一层中心测点，具体测点编号示意图如图 2.3-24～图 2.3-27 所示。将同一层的 8 个测点连接到同一个混凝土无线测温仪上，每层具体编号及对应通道见表 2.3-1 和表 2.3-2 所示。

图 2.3-22 温度元件安装实景图

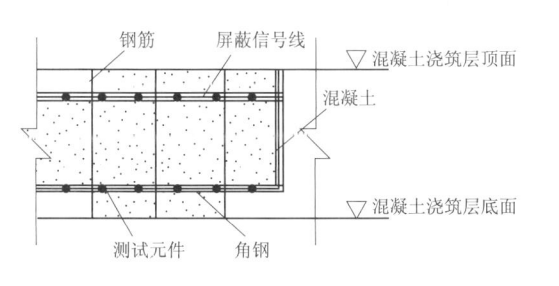

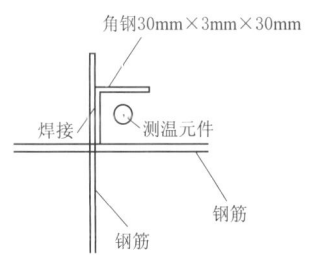

图 2.3-23 温度元件安装示意图

（5）除了量测混凝土内部温度外，还需要对冷却水管的进水温度、出水温度以及冷却水流速进行测试。对冷却水温度的测量可以采用建筑电子测温仪（测温范围-30～130℃，测量误差≤±0.5℃）进行测量。流速可以采用便携式流速流量测算仪（流速 0.01～4m/s）进行测量。

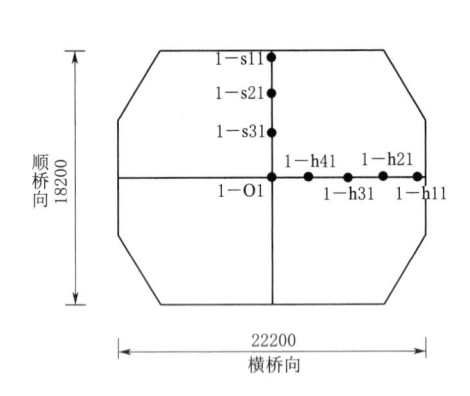

图 2.3-24 一次浇筑测点编号平面布置图（单位：mm）

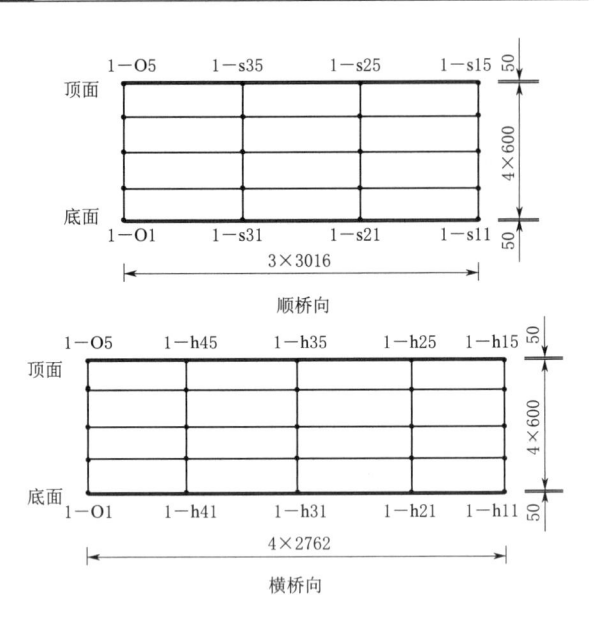

图 2.3-25 第一次浇筑测点编号立面布置图（单位：mm）

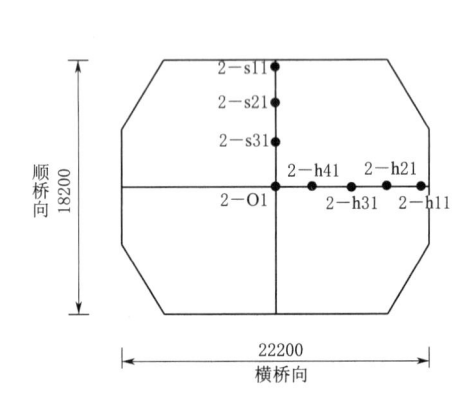

图 2.3-26 第二次浇筑测点编号平面布置图（单位：mm）

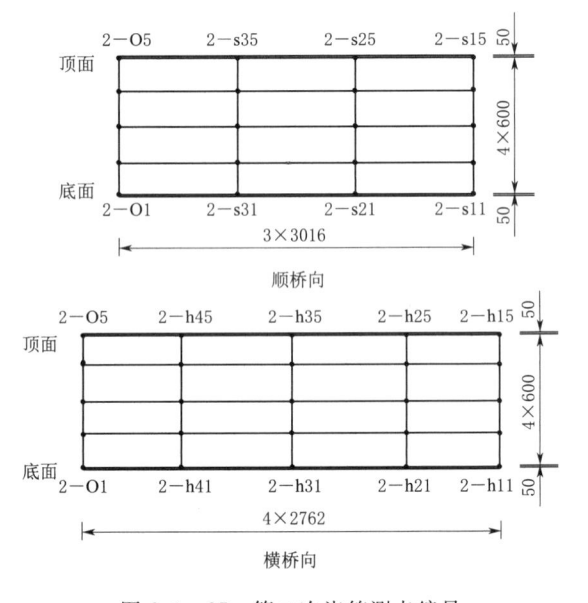

图 2.3-27 第二次浇筑测点编号立面布置图（单位：mm）

2.3.7 温控标准

（1）混凝土内部最高温度：控制混凝土内部最高温度，保证最高温度不超过70℃。

（2）入模温度：混凝土的入模温度应不超过25℃，在入模温度基础上的温升值应不超过50℃。

表 2.3-1　　　　　　　　　　　　第一次浇筑测点编号及通道表

通道层数	测点编号							
	1	2	3	4	5	6	7	8
	通道编号							
第一层	1-s11	1-s21	1-s31	1-O1	1-h11	1-h21	1-h31	1-h41
第二层	1-s12	1-s22	1-s32	1-O2	1-h12	1-h22	1-h32	1-h42
第三层	1-s13	1-s23	1-s33	1-O3	1-h13	1-h23	1-h33	1-h43
第四层	1-s14	1-s24	1-s34	1-O4	1-h14	1-h24	1-h34	1-h44
第五层	1-s15	1-s25	1-s35	1-O5	1-h15	1-h25	1-h35	1-h45

表 2.3-2　　　　　　　　　　　　第二次浇筑测点编号及通道表

通道层数	测点编号							
	1	2	3	4	5	6	7	8
	通道编号							
第一层	2-s11	2-s21	2-s31	2-O1	2-h11	2-h21	2-h31	2-h41
第二层	2-s12	2-s22	2-s32	2-O2	2-h12	2-h22	2-h32	2-h42
第三层	2-s13	2-s23	2-s33	2-O3	2-h13	2-h23	2-h33	2-h43
第四层	2-s14	2-s24	2-s34	2-O4	2-h14	2-h24	2-h34	2-h44
第五层	2-s15	2-s25	2-s35	2-O5	2-h15	2-h25	2-h35	2-h45

（3）混凝土内、外表面温差：混凝土块体内部平均温度与表面温度之差为内外温差。为防止混凝土内外温差过大引起表面裂缝，施工中需控制混凝土内外温差小于25℃。

（4）混凝表面与大气温差：混凝土表面大气温差应小于20℃。

（5）降温速率：控制降温速率可使混凝土内部温度应力得到及时释放，对减少裂缝具有重要意义，混凝土降温速率应不大于2℃/d。

2.3.8　承台施工温度控制措施

1. 原材料温控措施

当施工期间大气温度较高时，为尽量降低混凝土出机温度，可以采取以下措施进行控制：

（1）保证水泥有足够时间降温。水泥提前入罐，水泥应放置至充分冷却后使用，确保拌和前的水泥温度不高于60℃。

（2）掺和料采用循环仓使用方法，使用时选择进场时间较长的掺和料仓。

（3）减少砂石料的含泥量以及石子针片状含量，使其满足《建设用砂》（GB/T 14684—2022）和《建设用卵石、碎石》（GB/T 14685—2022）国标中Ⅰ类或Ⅱ类技术指标要求。控制骨料温度在28℃以内，站内砂石仓采用封闭式料仓，避免阳光直射。砂石料站内提前存料，含水率较低，这样就可以提高单方相对用水量，利用地下水温度低的特点，降低混凝土出机温度。当气温较高时，采用搭凉棚、堆高骨料、底层取料和用凉水喷淋骨料等方法降低骨料温度，或用冰水拌和混凝土。

(4) 采用地下水,水温一般控制在 12～15℃ 之间。

(5) 推迟混凝土凝结时间,尽量推迟水化热温峰。

(6) 利用温度较低时段施工。避免在温度超过 30℃ 的条件下浇筑混凝土。

(7) 减少混凝土在运输和浇筑过程中的温度回升。施工时应加快运输和浇筑速度,在混凝土输送容器、管道外用帆布或草席遮阳并经常洒水降温。

(8) 避免模板和新浇筑混凝土受阳光直射,入模前的模板与钢筋温度以及附近的局部气温不超过 40℃,仓面降温可采取喷雾或洒水措施,以防止表面阳光照射出现龟裂。

2. 分层浇筑

当设计没有特殊要求时,可以将大体积混凝土水平分层多次浇筑成型。两层之间浇筑时间差应避开混凝土产生水化热的高峰时间,混凝土水化热产生的高峰时间一般在混凝土终凝以后 3～5d,两层浇筑间隔时间应控制在 7d。

在浇筑过程中,应避免中午阳光直射,造成水分蒸发,表面形成硬壳,从而引起开裂与冷缝;应注意表面保湿,定期喷洒水雾,但不能喷水过多,以免影响混凝土水胶比;浇筑完成后,在混凝土初凝前应注意表面喷水雾保湿。两层之间应在强度达到规范要求后进行凿毛,并设置抗剪力钢筋。

3. 布置冷却水管措施

(1) 冷却水管的布置方式。

为减少混凝土内部水化热,降低承台混凝土内外温差,尽量避免承台混凝土开裂,采取在承台混凝土内设冷却水管通水降温的措施。冷却水管网按照冷却水由热中心区域(承台中间部位)流向边缘区的原则分层分区置,每层冷却管的进、出水口相互错开;由于主塔承台混凝土规模庞大,根据承台混凝土浇筑的施工顺序,冷却管布置分为 3 个区域:沿承台纵横轴线分为 3 个区域,每区域内布置 1 套独立的冷却水管,承台冷却水管布置方案图如图 2.3－28 所示。

主塔承台冷却水管采用壁厚 4mm、内径 45mm 的圆钢管,冷却水管接头采用钢丝软管,保证冷却水管插入钢丝软管长度不少于 10cm,采用铁丝拧紧,拧紧铁丝数量不少于两道,确保连接处冷却水管不发生漏水。

沿第一层承台竖向布置两层水平冷却水管网,管网间垂直间距为 1.0m,同一管网内水管间的水平间距为 1.0m,最外层水管距离混凝土最近边缘 0.75m 左右;管网的进出水口需垂直引出混凝土顶面 0.5m 以上,同一层水管网的垂直进出水口要相互错开至少 1.0m,不同层水管网的进出水口也应相互错开至少 1.0m,以便进行区分。

布管时,冷却水管应与承台主筋错开;若错开有困难,可适当移动水管位置。

冷却管应与钢筋骨架或架立钢筋绑扎牢靠,以防水管变形或接头脱落。冷却管网安装完成后,应将进出水管与总管、水泵接通,进行通水试验。冷却管网应分区分层编号,每一层管网的进出水管均应编号登记。冷却管网的编号规则如下:

第一层水管(距离承台底面 0.75m):1 区、2 区、3 区的进、出水管便后分别为 S1－1－in、S1－1－out、S1－2－in、S1－2－out、S1－3－in、S1－3－out。

第二层水管(距离承台底面 1.75m):1 区、2 区、3 区的进、出水管便后分别为 S2－1－in、S2－1－out、S2－2－in、S2－2－out、S2－3－in、S2－3－out。

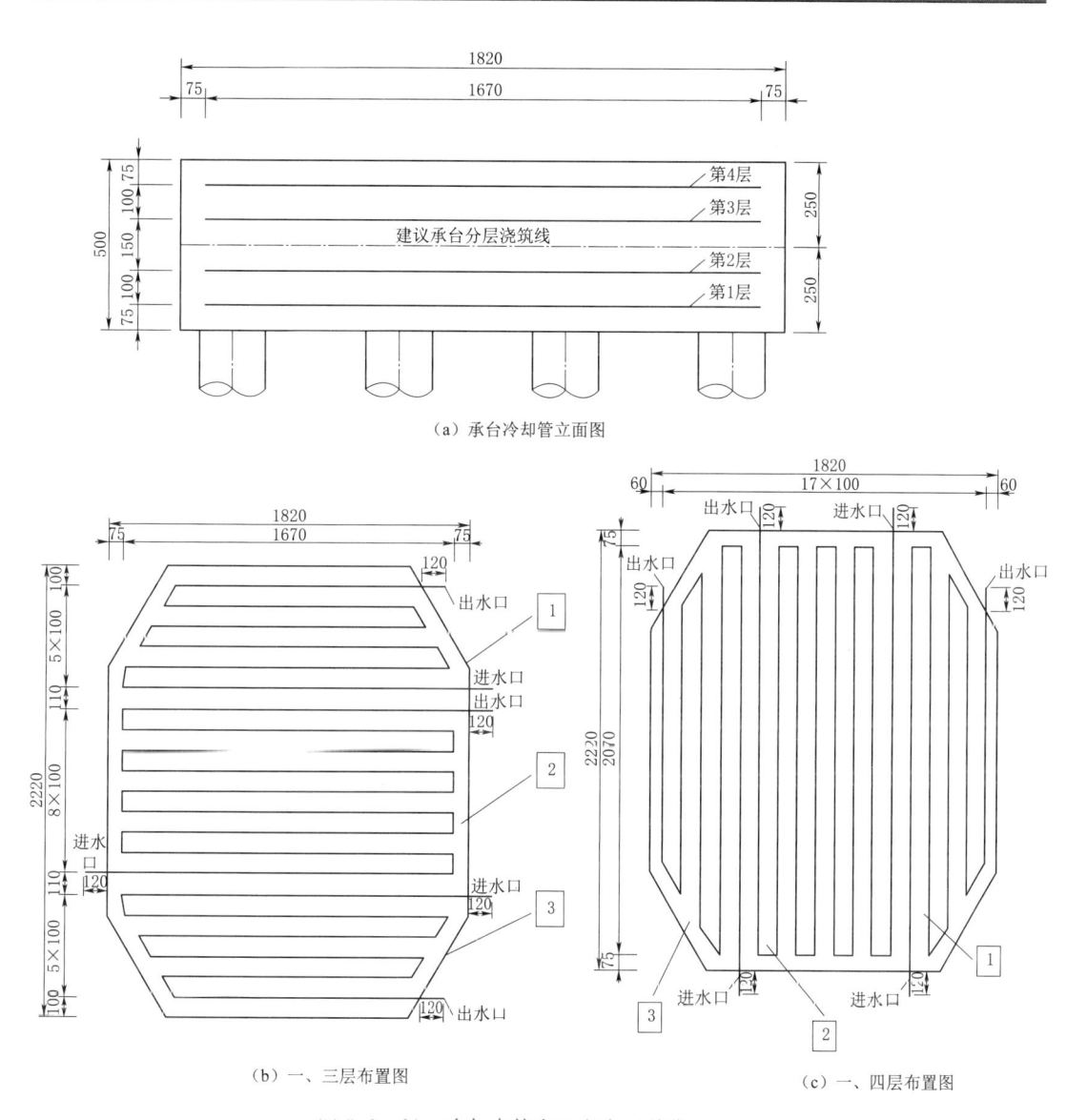

2.3 大体积混凝土承台结构有限元仿真分析及施工技术

(a) 承台冷却管立面图

(b) 一、三层布置图

(c) 一、四层布置图

图 2.3-28 冷却水管布置方案 (单位：mm)

第三层水管（距离承台顶面 1.75m）：1 区、2 区、3 区的进、出水管便后分别为 S3-1-in，S3-1-out，S3-2-in，S3-2-out，S3-3-in，S3-3-out。

第四层水管（距离承台顶面 0.75m）：1 区、2 区、3 区的进、出水管便后分别为 S4-1-in，S4-1-out，S4-2-in，S4-2-out，S4-3-in，S4-3-out。

冷却系统安装完成后，进行试通水，对接头缝隙进行处理，保证密封、通畅。

(2) 冷却水管的使用控制。

设置两个体积大于 $10m^3$ 的蓄水箱子，分别作为进、出水使用，冷却水箱布置示意图如图 2.3-29 所示。建议将两水箱相连接，循环使用冷却水。若进水温度与混凝土内部最高温度之差大于 25℃时需要补充冷水，必要时补充热水以满足进水温度与混凝土最高温度之差小于 25℃。

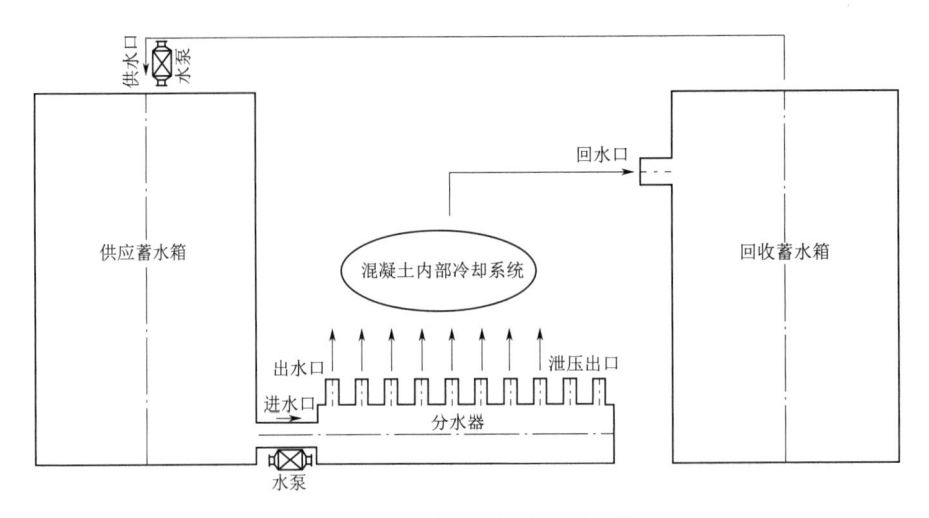

图 2.3-29 冷却水箱布置示意图

(3) 冷却水管的相关要求。

1) 通过冷却水循环,降低混凝土内部温度,减小混凝土浇筑块内部与混凝土浇筑块表面的温差,控制混凝土内外最大温差(混凝土浇筑块内最高温度与混凝土浇筑块的外表最低温度之差,其中混凝土浇筑块的外表温度为混凝土外表以内50mm处的温度),按规范要求小于25℃;同时控制最大降温速率(混凝土浇筑内各点每天降温温差的最大值),小于2.0℃/d。

2) 通过测温点的实际测量值,掌握内部各测点温度变化,以便及时调整冷却水的流量,以做到可以及时的控制温差。用水泵抽水,保证冷却水口有足够的压力,进出水管的水温相差在5~10℃之间,应将出水口水温尽量控制在40℃以下。在进出水口温差较大时,可采取倒换进出水口,使混凝土均匀降温。冷却水与内部混凝土的温差不应大于25℃(采用大型储水箱,利用出水温度调整进水温度)。承台从浇筑至浇筑完混凝土后,半个月内需不间断注水,所用水不宜立即循环使用。

3) 水管被混凝土覆盖后开始通水,各层依次通水。冷却管通水时间可根据实际监测情况而定。浇筑至温峰前建议通最大水流速度(1.5m/s),尽量削减混凝土温峰;温峰过后(以现场测温数据为准)适当减小水流速度(1.0m/s)防止混凝土降温过快造成温度应力累积而引起开裂。上层混凝土浇筑后,为避免前一层混凝土的温度回升,对前一层混凝土进行二次通水,当混凝土内部最高温度降到45℃以下可停止二次通水。

4) 冷却水管初始入口水温可取18~20℃。降温阶段入口水温可适当提高至25℃,但是还需要结合实际测量温度进行调节。

5) 混凝土浇筑体内部开始降温后,混凝土浇筑体里表最大温差连续24h低于19℃时方可结束监测(一般为8~9d),具体根据温差变化情况进行适当延长调整。

6) 通水期间的水源和流量,中途不得发生停水事故。

7) 为保证冷却效果,现场成立3~4人的专门班子,专人负责,并配备检修人员。

8) 待冷却水管停止水冷却并养护完成后,先用空压机将水管内残余水压出并吹干冷却水管,然后用压浆机向水管压注水泥浆(与承台混凝土同标号),以封闭管路。

4. 混凝土养护措施

混凝土养护包括湿度和温度两个方面，结构表层混凝土的抗裂性和耐久性在很大程度上取决于施工养护过程中的温度和湿度养护，因为水泥只有水化到一定程度才能形成有利于混凝土强度和耐久性的微结构。为保证养护质量，对混凝土表面进行潮湿养护。

（1）加强混凝土表面覆盖保温、洒水养护，减少混凝土表面散热量，缩小混凝土表面与外界环境温度的差值（不宜超过+20℃）。混凝土浇筑完毕待初凝后立即采用保温材料（土工布或塑料薄膜加草袋或较厚的毡布或一层塑料薄膜加两层土工布保温）进行保温、保湿养护，使其始终保持湿润状态。在承台的四周，采取保温材料覆盖模板进行养护。

（2）在湿养护的同时，还要控制混凝土的温度变化。可根据温度监测结果进行适当调整和延长养护时间，保证混凝土内表温差及气温与混凝土表面的温差在控制范围内。如果处于较大的风速环境下，混凝土浇筑后应立即覆盖，避免塑性开裂。混凝土初凝后尽早开始湿养护，此外应保持不间断洒水避免表面干湿循环。

（3）在接近最大温差时，可通过增加覆盖物厚度，并且采用热水养护的方法，不要频繁喷淋凉水来降低表面温度，这样反而导致内外温差更大。

（4）待混凝土强度大于10MPa，且内外温差不应大于20℃时，方可拆除模板。拆除模板过程中，应重视保护结构，确保表面完整性。拆除模板时及拆除后，还需继续实施保温措施，同时进行洒水养护，水温与混凝土表面温度差控制在20℃以内。

（5）在大体积混凝土达到拆模条件下，可适当延迟拆模时间，把模板作为保温养护的措施，可先松动模板连接螺栓但并不立即拆除模板，使混凝土在拆模前进行温度缓冲，减少因收缩产生微裂缝。

（6）混凝土开裂机理表明由于混凝土中骨料和水泥浆本身就存在微裂缝，在大体积混凝土内外温差、环境，以及大体积混凝土表面的温差和混凝土水泥浆干缩的因素下更易造成混凝土的开裂，因此对于大体积混凝土浇筑后应及时进行保温和保湿，建议及时在混凝土表面喷水保证混凝土表面的湿度。

5. 施工控制

影响混凝土开裂的原因很复杂，往往不是单一因素造成的。混凝土施工的各个环节对于控制早期裂缝、减小后期开裂倾向、实现设计的混凝土结构耐久性是至关重要的。

（1）混凝土浇筑前，应对钢筋、预埋件、冷却水管网和测温元件进行详细的检查，并做好记录，符合设计及规范要求后方可浇筑混凝土。基坑内的杂物、积水和钢筋上的污垢应清理干净。

（2）浇筑过程中对生产出来的混凝土进行检查监控，按规范的要求进行坍落度试验、制作混凝土试块，并观察混凝土的和易性，符合要求才能使用。

（3）浇筑和振捣。混凝土按规定厚度、顺序和方向进行浇筑，控制入仓坍落度不超过180mm，加强搅拌，在混凝土初凝前，须及时进行二次振捣，振捣密实。要正确进行混凝土拌和物的振捣，振动棒垂直插入，快插慢拔，振捣深度超过每层的接触面10~20cm，保证下层在初凝前再进行一次振捣，同时振动棒的移动间距不大于其作用半径的1.5倍。振捣时插点均匀，成行或交错式前进，以免过振或漏振，避免用振捣棒横拖赶动混凝土拌和物，以免造成离下料口远处砂浆过多而开裂。每一次振动时间约20~30s，以免欠振或过振。振捣过程中，严禁钢筋被振捣，导致混凝土流动，振动完毕后，边振动边徐徐拔出振动棒。混凝土应振捣密实，混凝土不再下沉、不再冒气泡、表面开始泛浆。

（4）在浇筑混凝土过程中，要指派专人对各项施工流程进行随时检查，尤其是模板、支架等位置，应避免出现变形、位移等现象。一旦发生上述问题，须马上暂停浇筑，并做好处理。

（5）须及时将网片状钢筋压入混凝土表面，避免混凝土开裂。

（6）控制混凝土浇筑间歇期。混凝土浇筑间歇期一般控制在7d，原则上不宜超过10d。

6. 现场监测异常的应对

大体积混凝土的温度应力和防裂问题是一个十分复杂的问题，外界温度和湿度、施工条件、温控程序、原材料变化等都会引起温度应力的变化，只有通过温控监测，才能更准确地了解结构的质量与抗裂状况。如果现场监测温度超出温控标准，可采取下列应对措施：

（1）混凝土配合比试验阶段：应选用中、低热水泥。适当减少每立方米混凝土中的水泥用量。使用粗骨料，尽量选用粒径较大、级配良好的粗骨料；掺加粉煤灰掺合料，可以有效地降低混凝土早期的水化热，同时掺加相应的减水剂、缓凝剂，改善混凝土和易性，降低水灰比，以达到减少水泥用量、降低水化热的目的。

（2）混凝土拌和前：骨料应设防晒措施，砂、石料存储仓实行顶盖+侧面遮挡防晒措施。粗骨料也可以采用低温水进行降温，但是先经过试拌，准确测定粗骨料的含水率，并在总用水量中扣除，确保水灰比的精确度；水泥存放，水泥在拌和站的入机温度不宜大于60℃。拌和混凝土前测量水、水泥、骨料及掺和料的温度，根据经验公式估算拌和后混凝土的温度，如不能满足入模温度要求（入模温度控制在26℃），应采取加冰拌和、对骨料预冷等措施进行试配，直到满足要求为止。

（3）浇筑混凝土前冷却水管布置与密水性检查阶段：冷却水管采用劲性骨架进行固定。在混凝土浇筑前，对循环系统做密水性试验，防止冷却水管漏水。在混凝土浇筑和振捣时，如果发现冷却水管损坏，应及时进行修补加固。

（4）混凝土浇筑后，初次通水或中断后再通水时测量冷却水水温与大体积混凝土内部的温度，如果两者差值小于25℃时，则通冷却水，且混凝土浇筑后即可通水，升温阶段流速为1.5m/s，达到温峰后流量为不大于1.0m/s；降温阶段，可增加入口水温。

（5）混凝土浇筑后，初次通水或中断后再通水时测量冷却水水温与大体积混凝土内部的温度，如果两者差值超过25℃时，则先不通冷却水，给冷却水加热使冷却水水温与大体积混凝土内部的温度两者差值小于25℃。

（6）混凝土浇筑体内部的降温速率大于2.0℃/h时：当混凝土浇筑体内部的降温速率接近2.0℃/h时（暂定为1.8℃/h），可采用冷却水管出来的水进行混凝土表面养护，如果降温速率仍无改善，停止通冷却水，如果停止通冷却水后降温速率仍然大于2.0℃/h，则外表面增加保温措施，建议增加保温层厚度进行养护；承台侧面可采用钢模板表面贴土工布或泡沫板。

(7) 混凝土浇筑块体的内表温差大于25℃时：采用冷却水管出来的水进行混凝土表面养护，如果内表温差仍无改善，则外表面增加保温措施，建议增加保温层厚度进行养护；承台侧面可采用钢模板表面贴土工布或泡沫板。

(8) 混凝土内部最高温度偏高时：可以采取加大冷却水通水流量、降低冷却水温度的措施，但注意冷却水温度控制在比混凝土中心温度低15～25℃。

(9) 冷却水进出水口温差大于10℃时：冷却水循环利用，使用从冷却水管出口排出来的水。

(10) 大体积混凝土浇筑后，承台混凝土表面应定期检查，必要时浇水保湿养护，浇水时间宜安排当天上午日出后的气温上升时段。养护水的温度与混凝土表面温度差不宜大于15℃，保湿养护时间不少于14d。

2.4 P2承台温度控制

2.4.1 P2承台第一次浇筑混凝土温度控制

P2承台于2022年10月22日16:00开始第一次浇筑，从2022年10月22日18:00开始进行混凝土温度监测，到2022年10月27号12:00结束监测，共计6d。各层测点混凝土内部中心温度与最高温度随时间变化情况结果、混凝土内部最高温度与表面温度差值随时间变化情况如图2.4-1～图2.4-10所示。

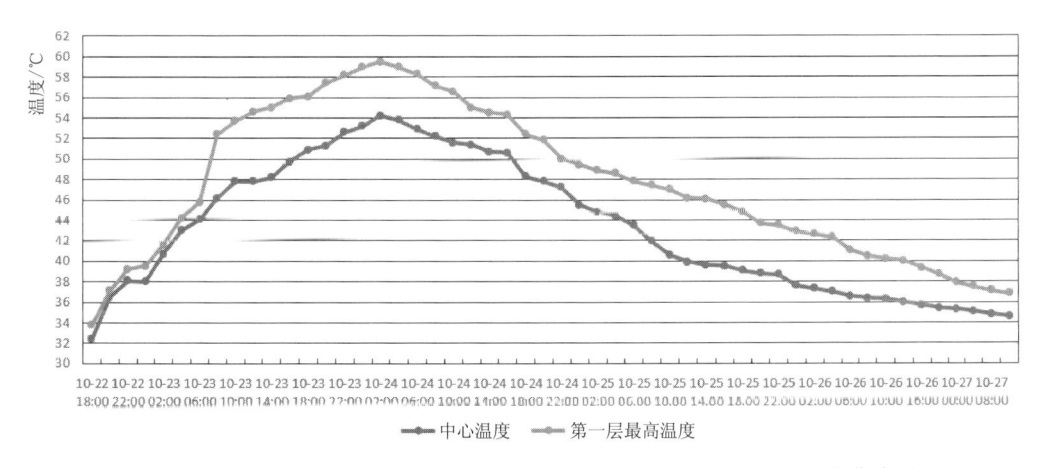

图2.4-1 P2承台第一层测点混凝土中心温度与最高温度随时间变化曲线图

由图2.4-1和图2.4-2可知：①P2承台第一层测点在混凝土浇筑完成30h后达到最高温度59.5℃，小于最高温度控制值70℃，升温速率为0.86℃/h；②P2承台第一层测点在混凝土浇筑完成后，内部最高温度与顺桥向表面温度差均小于25℃，其中最高为24.7℃，符合温度控制要求。

由图2.4-3和图2.4-4可知：①P2承台第二层测点在混凝土浇筑完成30h后达到最高温度69.1℃，小于最高温度控制值70℃，升温速率为1.14℃/h。②P2承台第二层测点在混凝土浇筑完成后，内部最高温度与顺桥向表面温度差基本小于25℃，受环境温度变化

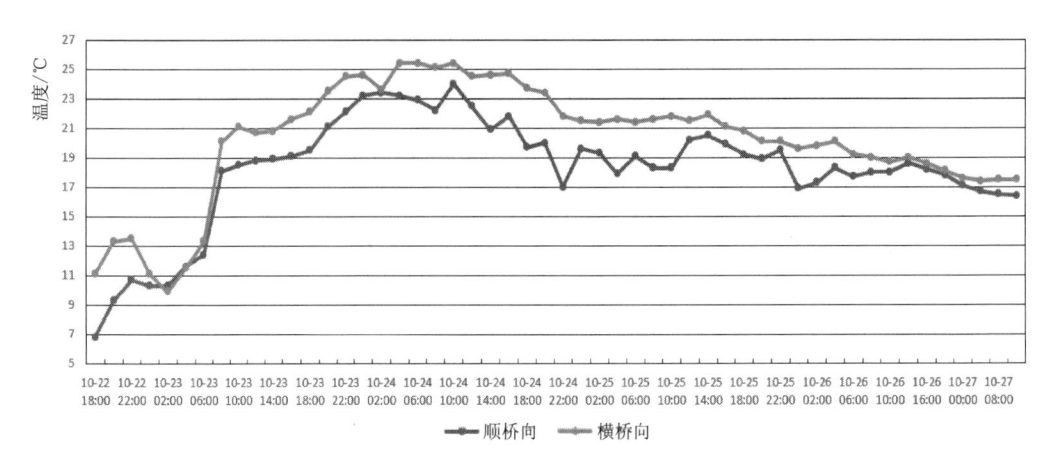

图 2.4-2 P2 承台第一层测点混凝土内部最高温度与顺桥向表面温度差随时间变化图

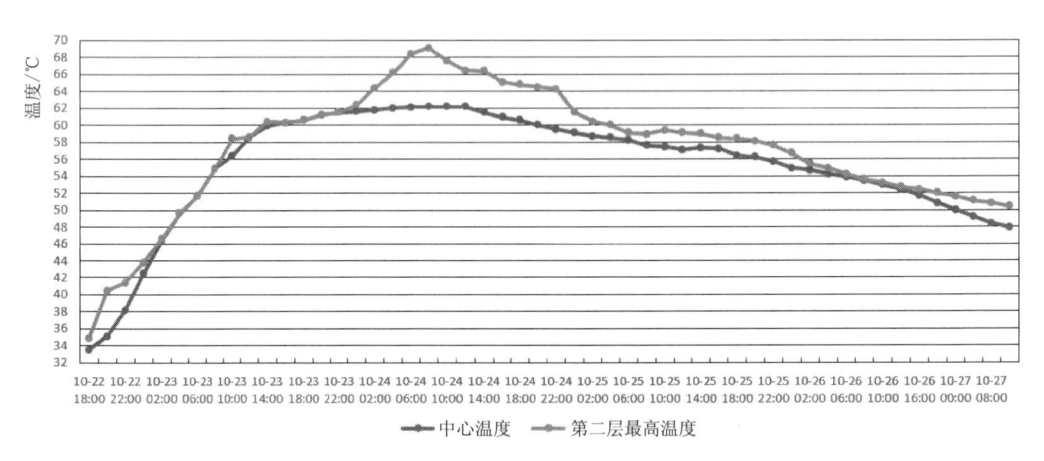

图 2.4-3 P2 承台第二层测点混凝土中心温度与最高温度随时间变化曲线图

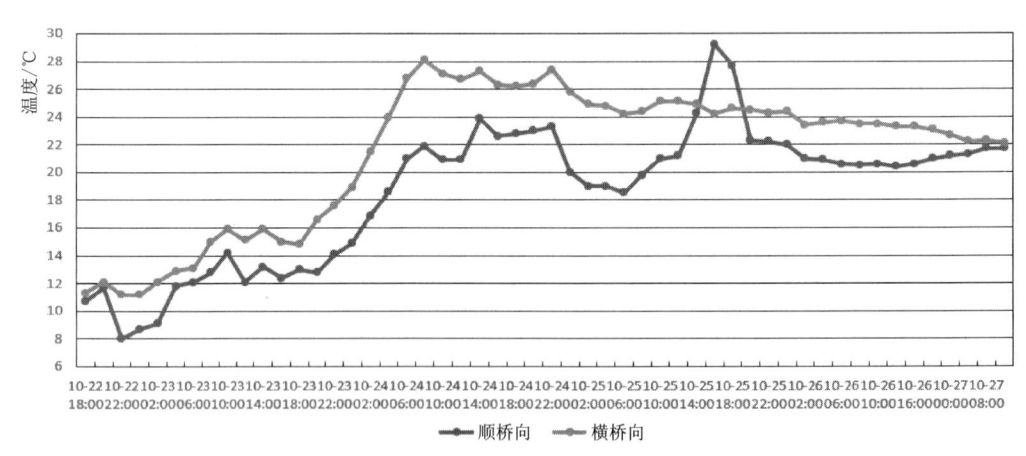

图 2.4-4 P2 承台第二层测点混凝土内部最高温度与表面温度随时间变化曲线图

影响部分时间段高于 25℃，其中最高为 29.2℃；混凝土内部温度与表面温度差值随着大气温度变化而出现上下波动，符合常规情况。

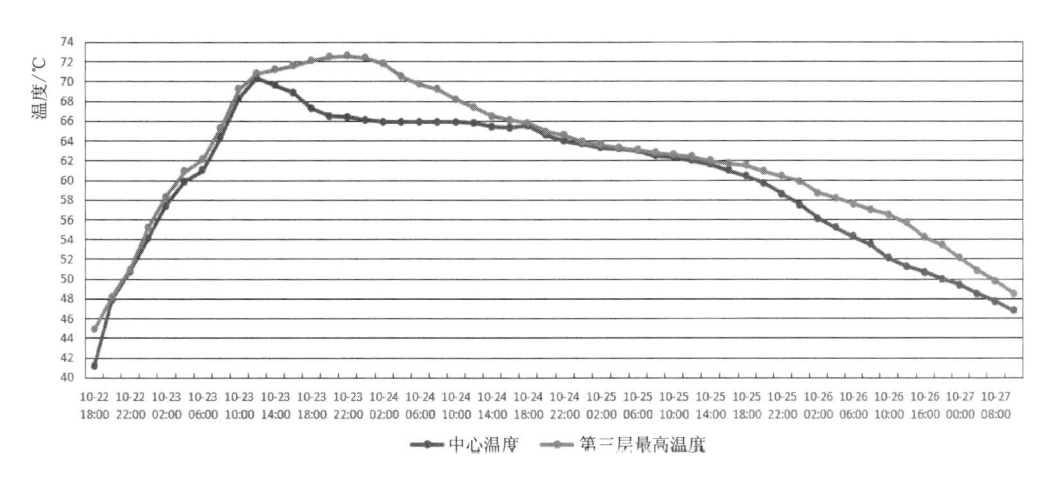

图 2.4-5 P2 承台第三层混凝土中心温度与最高温度随时间变化曲线图

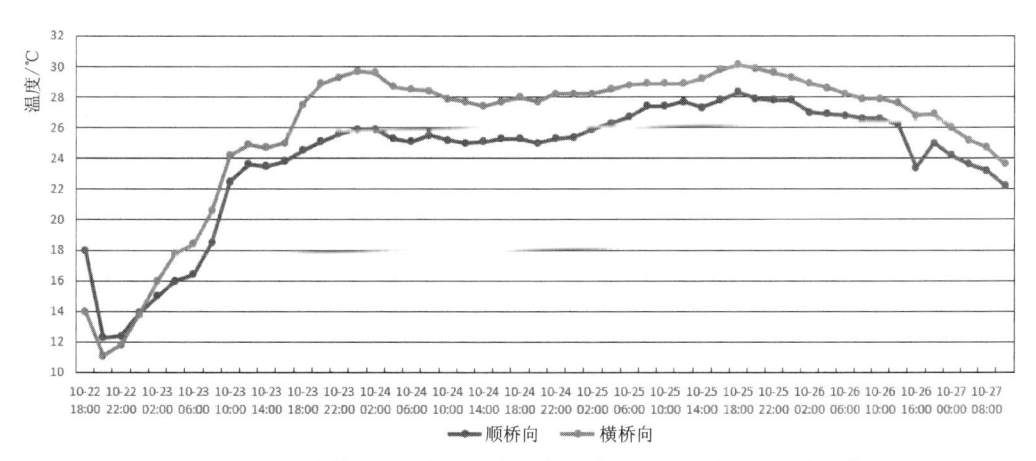

图 2.4-6 P2 承台第三层混凝土内部最高温度与表面温度随时间变化曲线图

由图 2.4-5 和图 2.4-6 可知：①P2 承台第三层测点在混凝土浇筑完成 30h 后达到最高温度 72.6℃，接近最高温度控制值 70℃，升温速率为 0.92℃/h。②P2 承台第三层测点在混凝土在浇筑完成后，内部最高温度与顺桥向表面温度差基本小于 25℃，受环境温度变化影响部分时间段高于 25℃，其中最高为 30.1℃；混凝土内部温度与表面温度差值随着大气温度变化而出现上下波动，符合常规情况。

由图 2.4-7 和图 2.4-8 可知：①P2 承台第四层测点在混凝土浇筑完成 30h 后达到最高温度 58.3℃，小于最高温度控制值 70℃，升温速率为 0.50℃/h。②P2 承台第四层测点在混凝土浇筑完成后，内部最高温度与顺桥向表面温度差均小于 25℃，其中最高为 20.3℃，符合温度控制要求。

由图 2.4-9 和图 2.4-10 可知：①P2 承台第五层测点在混凝土浇筑完成 30h 后达到最高温度 54.1℃，小于最高温度控制值 70℃，升温速率为 0.49℃/h。②P2 承台第五层测点在混凝土在浇筑完成后，内部最高温度与顺桥向表面温度差基本小于 25℃，受环境温度变化影响部分时间段高于 25℃，其中最高为 26.9℃；混凝土内部温度与表面温度差值随着大气温度变化而出现上下波动，符合常规情况。

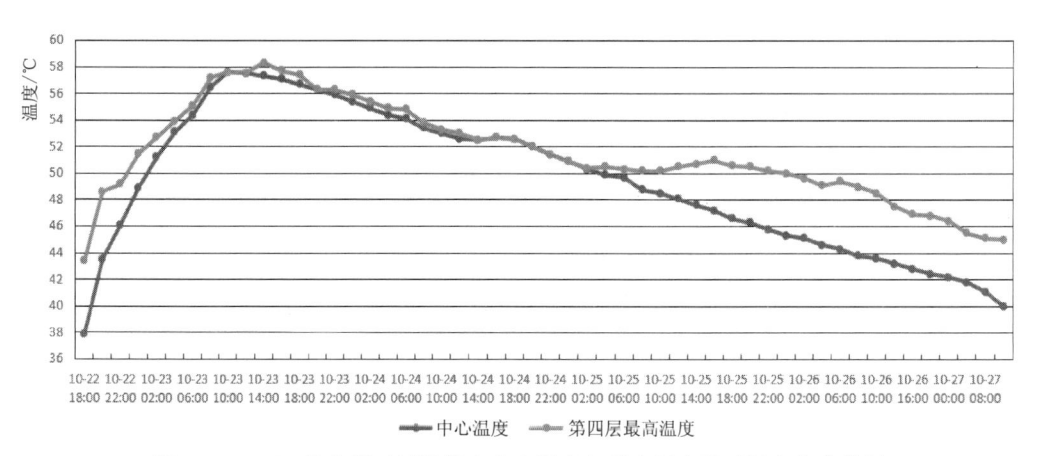

图 2.4-7　P2 承台第四层混凝土中心温度与最高温度随时间变化曲线图

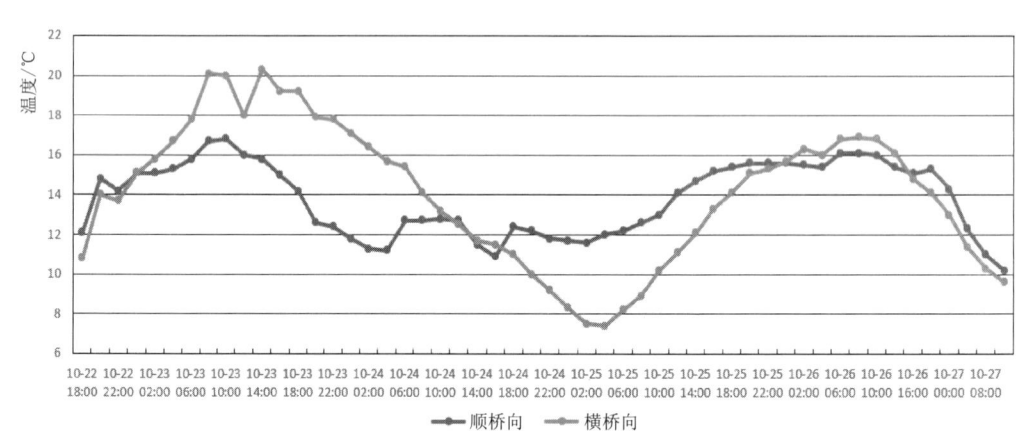

图 2.4-8　P2 承台第四层混凝土内部最高温度与表面温度随时间变化曲线图

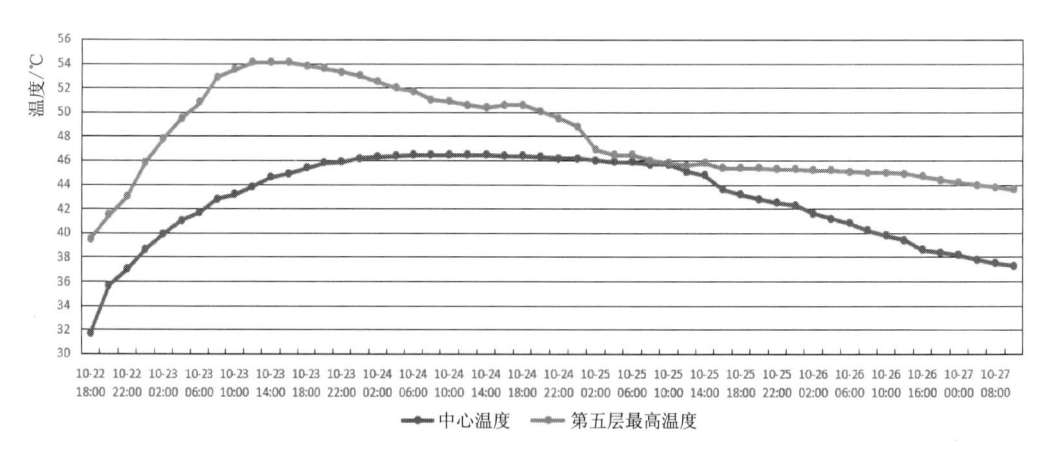

图 2.4-9　P2 承台第五层混凝土中心温度与最高温度随时间变化曲线图

由图 2.4-9 可知采用布置冷水管的温度控制措施可以有效地控制混凝土内部最高温度，各层最高温度均不超过 70℃，且混凝土内部最高温度与表面温度差基本小于 25℃，温控效果较好。

各测位最高温度与表面温度的差值随时间变化图如图 2.4-10 所示。

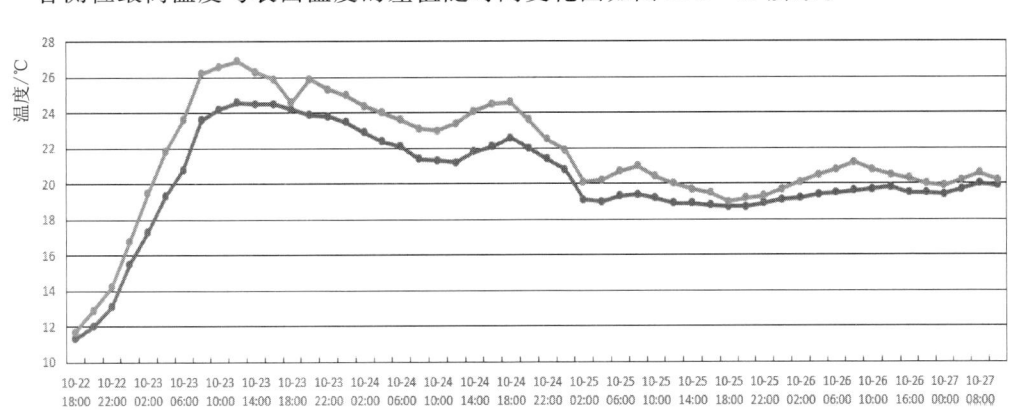

图 2.4-10 P2 承台第五层混凝土内部最高温度与表面温度随时间变化曲线图

由图 2.4-11～图 2.4-15 可知,各测位点混凝土内部最高温度与表面温度差基本小于 25℃,温控效果较好。

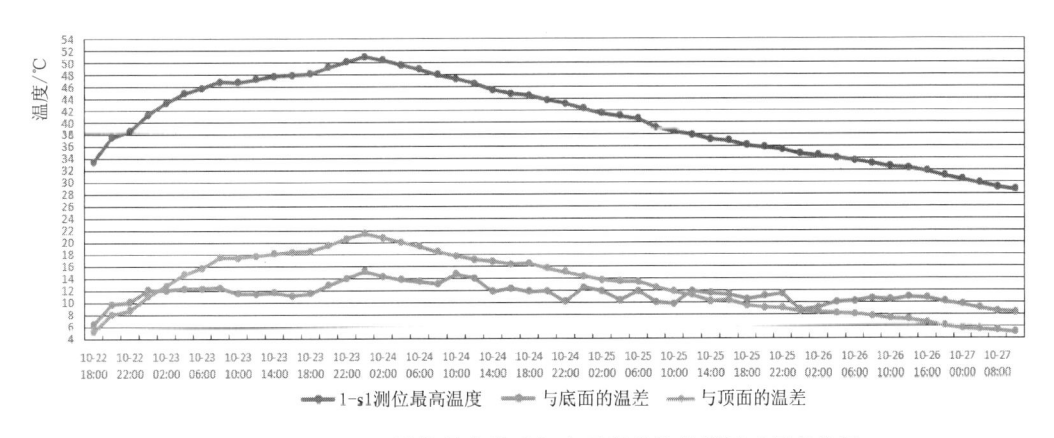

图 2.4-11 1-s1 测位最高温度与表面温度的差值随时间变化图

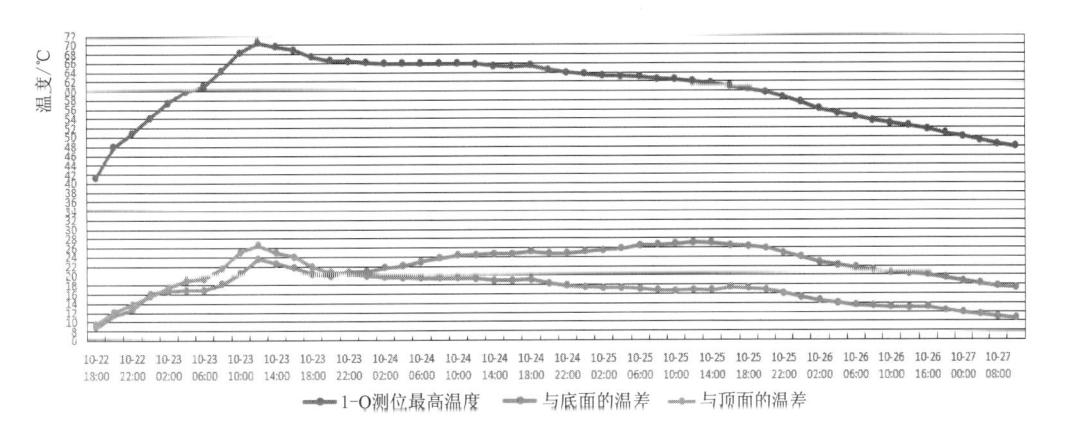

图 2.4-12 1-O 测位最高温度与表面温度的差值随时间变化图

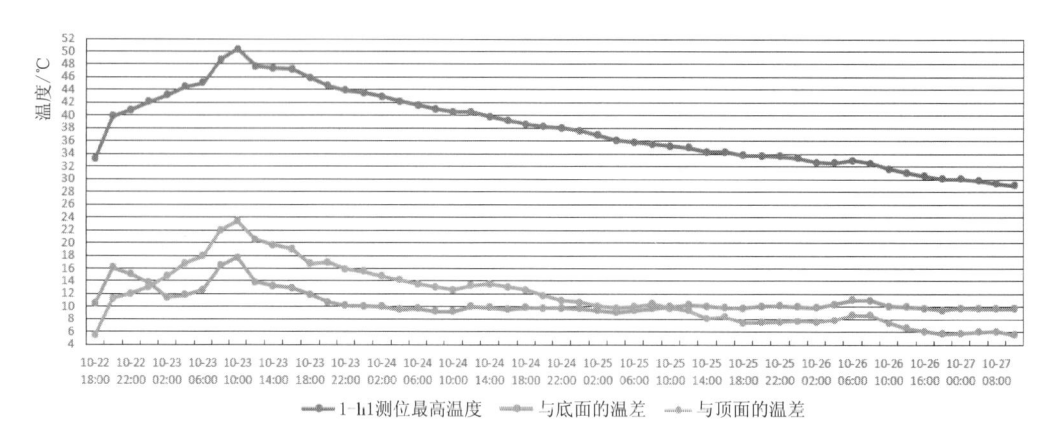

图 2.4-13　1-h1 测位最高温度与表面温度的差值随时间变化图

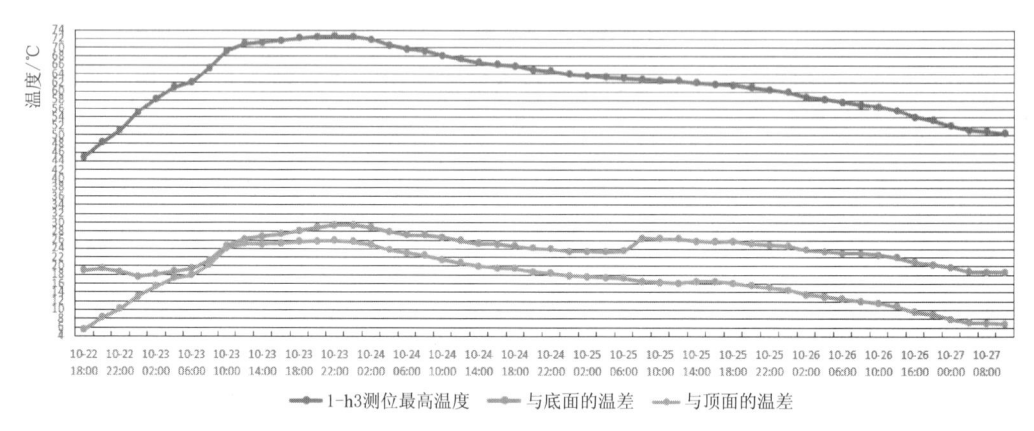

图 2.4-14　1-h3 测位最高温度与表面温度的差值随时间变化图

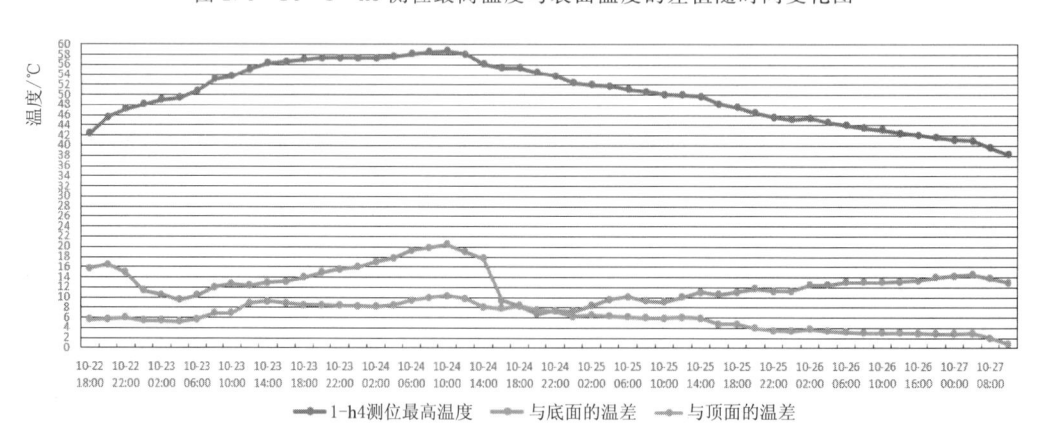

图 2.4-15　1-h4 测位最高温度与表面温度的差值随时间变化图

2.4.2　P2 承台第二次浇筑混凝土温度控制

P2 承台于 2022 年 10 月 21 日 18:00 开始第二次浇筑,从 2022 年 10 月 22 日 18:00 开始进行混凝土温度监测,到 2022 年 10 月 27 日 12:00 结束监测,共计 6d。各层测点混

2.4 P2承台温度控制

凝土内部中心温度与最高温度随时间变化情况结果、混凝土内部最高温度与表面温度差值随时间变化情况如图2.4-16所示。

由图2.4-16和图2.4-17可知：①P2承台第一层测点在混凝土浇筑完成22h后达到最高温度60.3℃，小于最高温度控制值70℃，升温速率为1.17℃/h。②P2承台第一层测点在混凝土浇筑完成后，内部最高温度与顺桥向表面温度差均小于25℃，其中最高为22.7℃；内部最高温度与横桥向表面温度差均小于25℃，其中最高为18.3℃，符合温度控制要求。

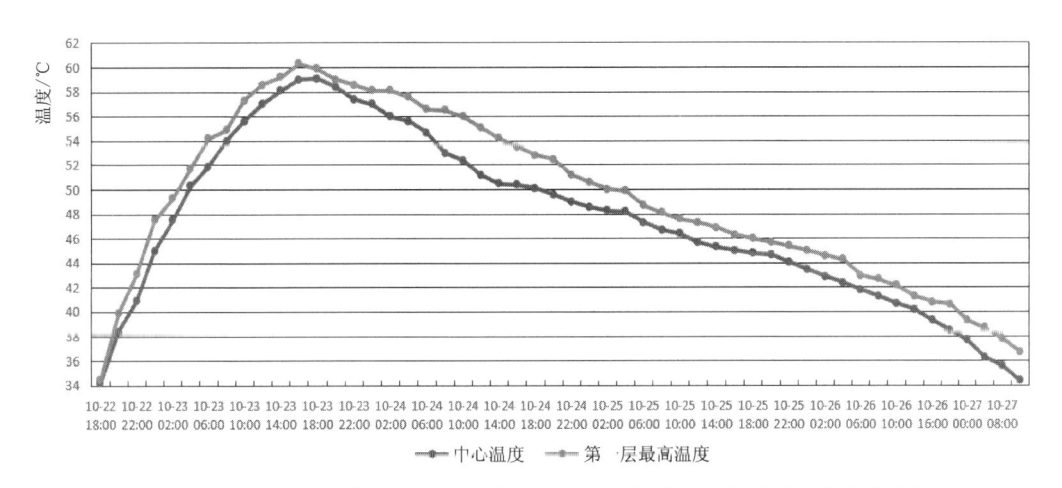

图2.4-16 P2承台第一层测点混凝土中心温度与最高温度随时间变化曲线图

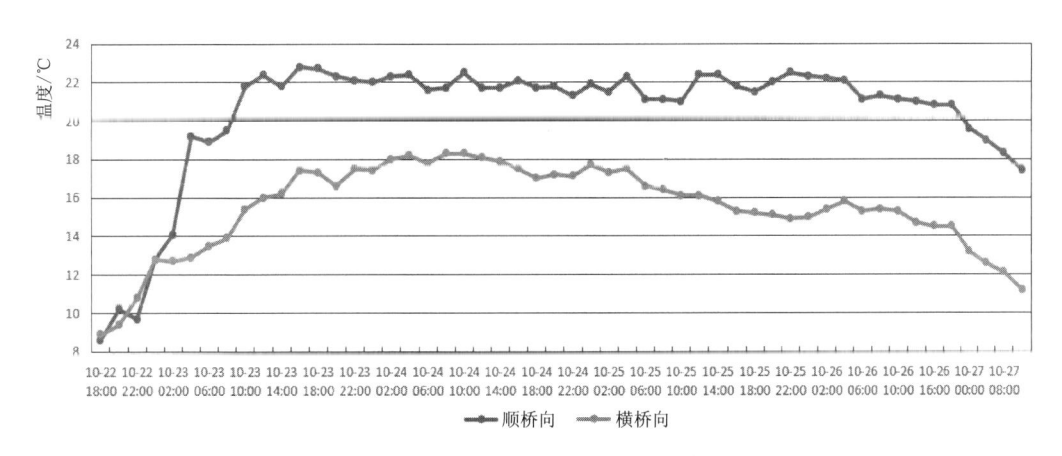

图2.4-17 P2承台第一层测点混凝土内部最高温度与顺桥向、横桥向表面温度差随时间变化图

由图2.4-18和图2.4-19可知：①P2承台第二层测点在混凝土浇筑完成22h后达到最高温度61.1℃，小于最高温度控制值70℃，升温速率为1.40℃/h。②P2承台第二层测点在混凝土浇筑完成后，内部最高温度与顺桥向表面温度差均小于25℃，其中最高为16.5℃；内部最高温度与横桥向表面温度差均小于25℃，其中最高为22.6℃，符合温度控制要求。

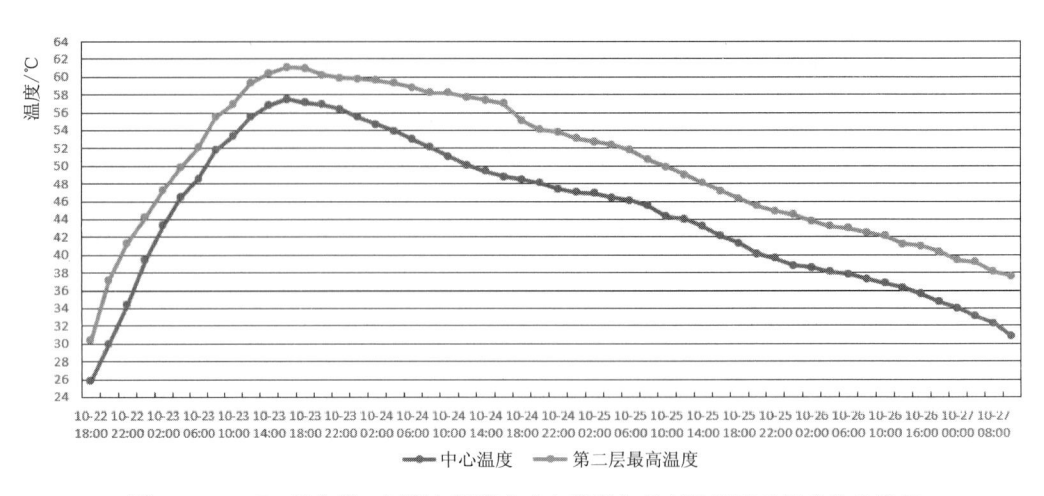

图 2.4-18 P2承台第二层测点混凝土中心温度与最高温度随时间变化曲线图

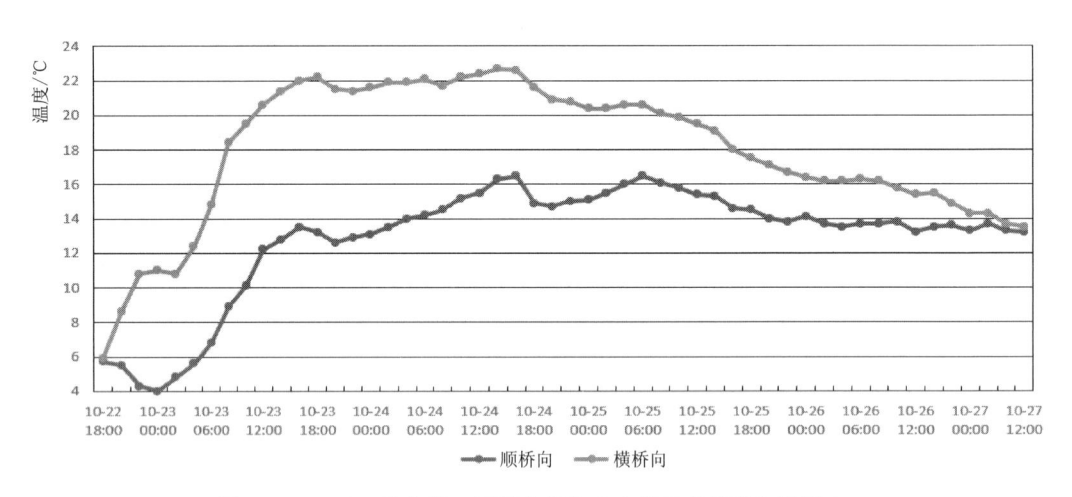

图 2.4-19 P2承台第二层测点混凝土内部最高温度与顺桥向、横桥向表面温度差随时间变化图

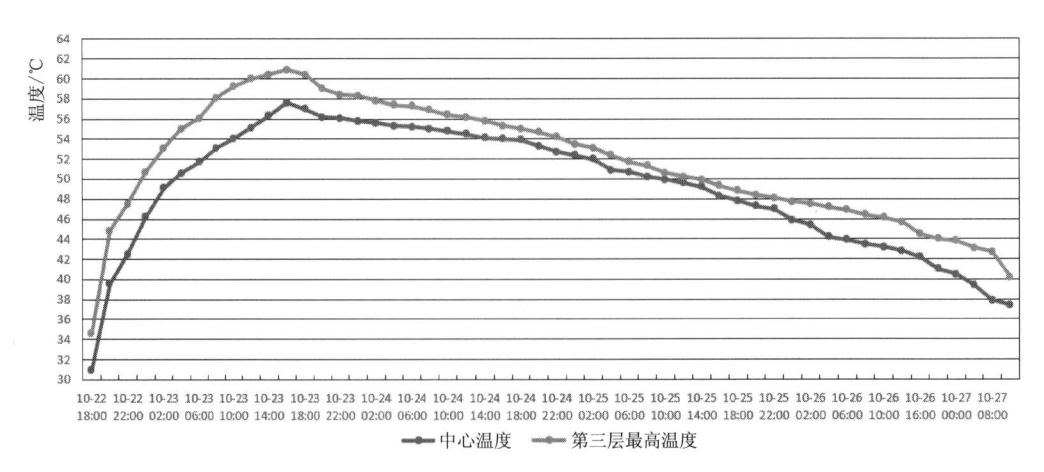

图 2.4-20 P2承台第三层测点混凝土中心温度与最高温度随时间变化曲线图

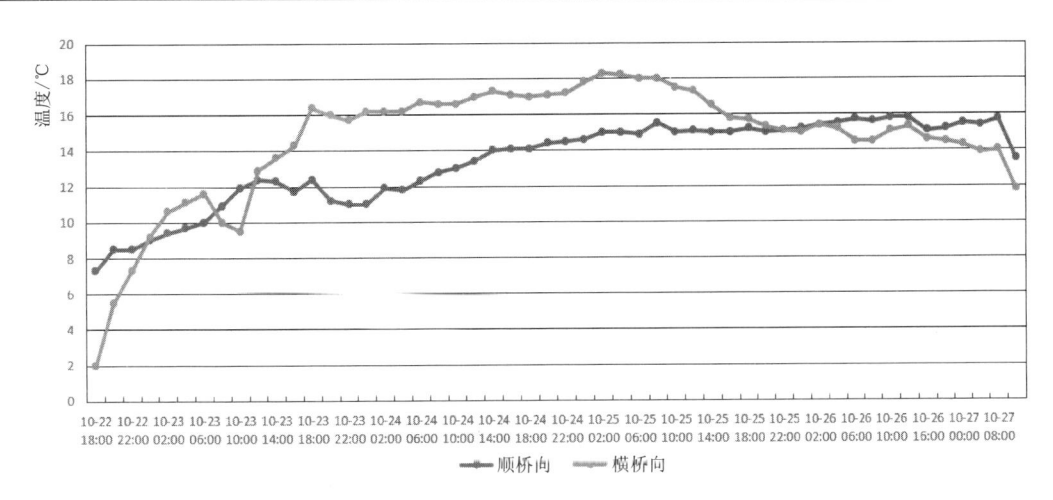

图2.4-21 P2承台第三层测点混凝土内部最高温度与顺桥向、
横桥向表面温度差随时间变化图

由图2.4-20和图2.4-21可知：①P2承台第三层测点在混凝土浇筑完成22h后达到最高温度60.9℃，接近最高温度控制值70℃，升温速率为1.20℃/h。②P2承台第二层测点在混凝土浇筑完成后，内部最高温度与顺桥向表面温度差均小于25℃，其中最高为15.7℃；内部最高温度与横桥向表面温度差均小于25℃，其中最高为18.3℃，符合温度控制要求。

由图2.4-22和图2.4-23可知：①P2承台第四层测点在混凝土浇筑完成22h后达到最高温度62℃，小于最高温度控制值70℃，升温速率为0.73℃/h。②P2承台第四层测点在混凝土浇筑完成后，内部最高温度与顺桥向表面温度差均小于25℃，其中最高为17.1℃；内部最高温度与横桥向表面温度差均小于25℃，其中最高为17.4℃，符合温度控制要求。

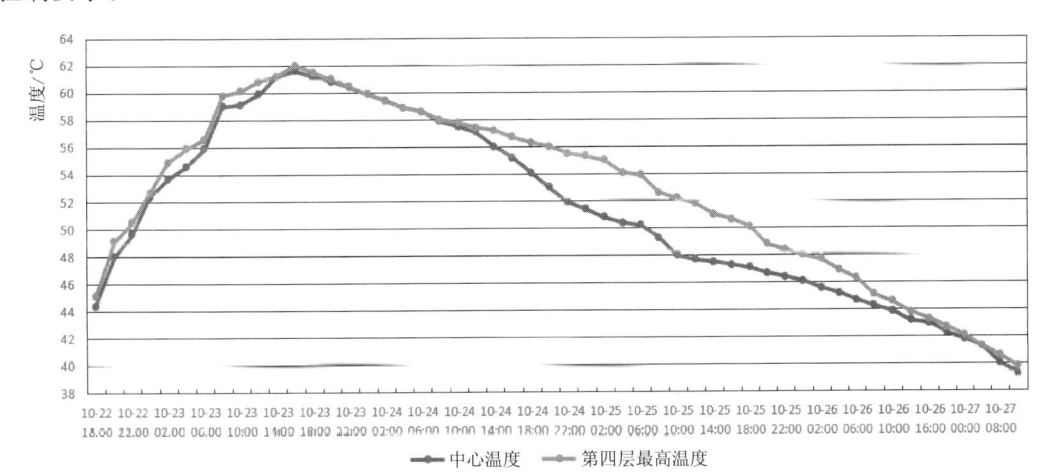

图2.4-22 P2承台第四层测点混凝土中心温度与最高温度随时间变化曲线图

由图2.4-24和图2.4-25可知：①P2承台第五层测点在混凝土浇筑完成24h后达到最高温度55.6℃，小于最高温度控制值70℃，升温速率为0.76℃/h。②P2承台第五层测点在混凝土浇筑完成后，内部最高温度与顺桥向表面温度差均小于25℃，其中最高为

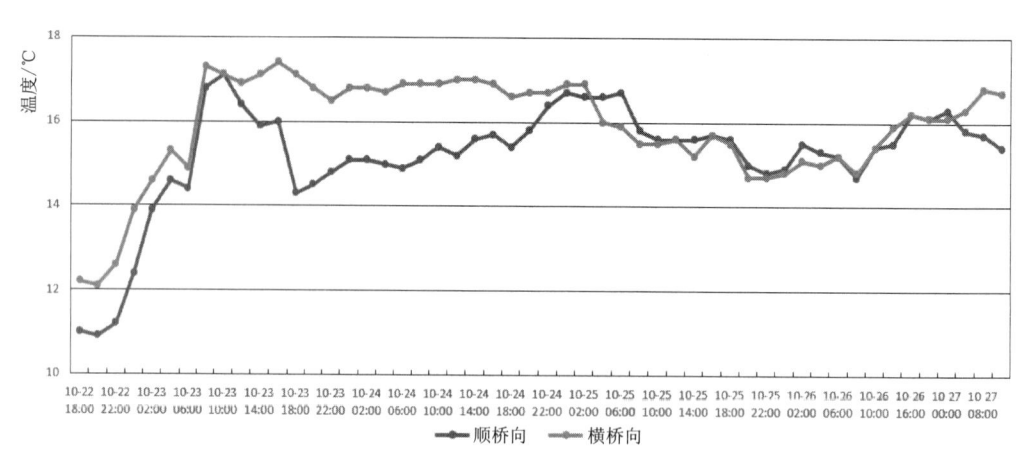

图 2.4-23 P2 承台第四层测点混凝土内部最高温度与顺桥向、横桥向表面温度差随时间变化图

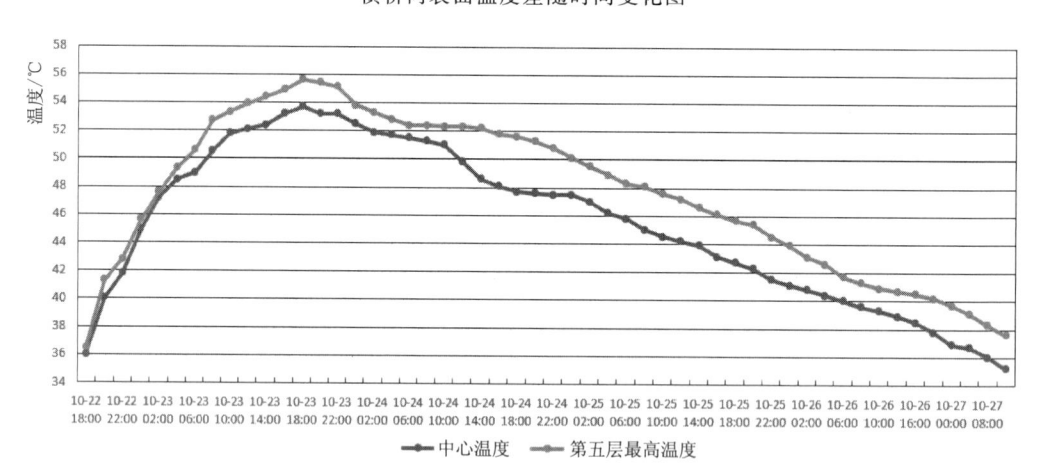

图 2.4-24 P2 承台第五层测点混凝土中心温度与最高温度随时间变化曲线图

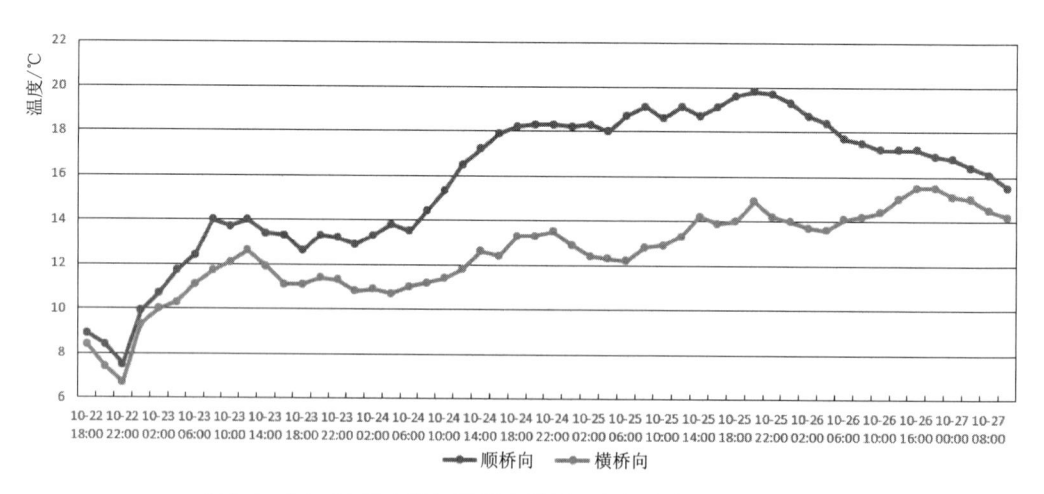

图 2.4-25 P2 承台第五层测点混凝土内部最高温度与顺桥向、横桥向表面温度差随时间变化图

19.8℃；内部最高温度与横桥向表面温度差均小于25℃，其中最高为15.5℃，符合温度控制要求。

综上，采用布置冷水管的温度控制措施可以有效地控制混凝土内部最高温度，各层最高温度均不超过70℃，且混凝土内部最高温度与表面温度差基本小于25℃，温控效果较好。

各测位最高温度与表面温度的差值随时间变化图如图2.4-26～图2.4-30所示。

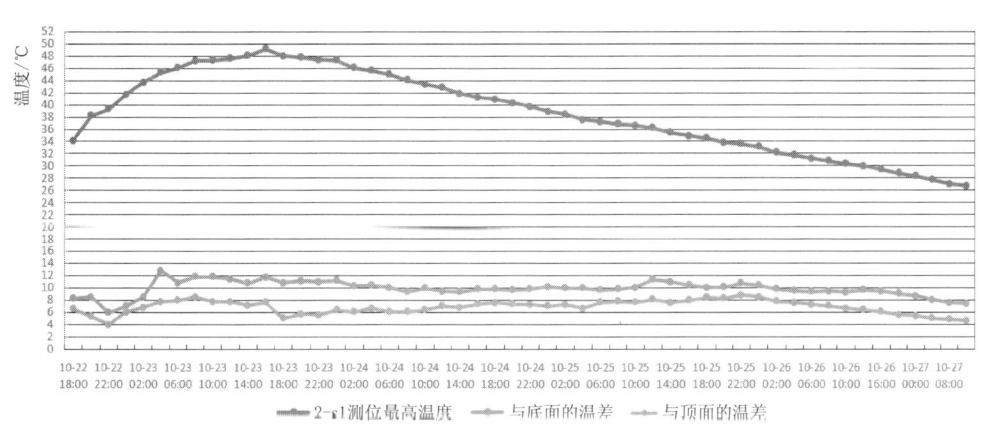

图2.4-26 2-s1测位最高温度与表面温度的差值随时间变化图

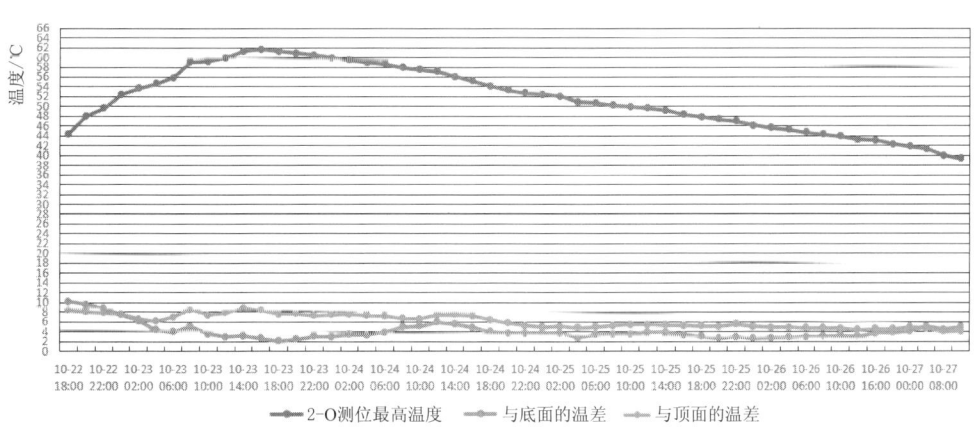

图2.4-27 2-O测位最高温度与表面温度的差值随时间变化图

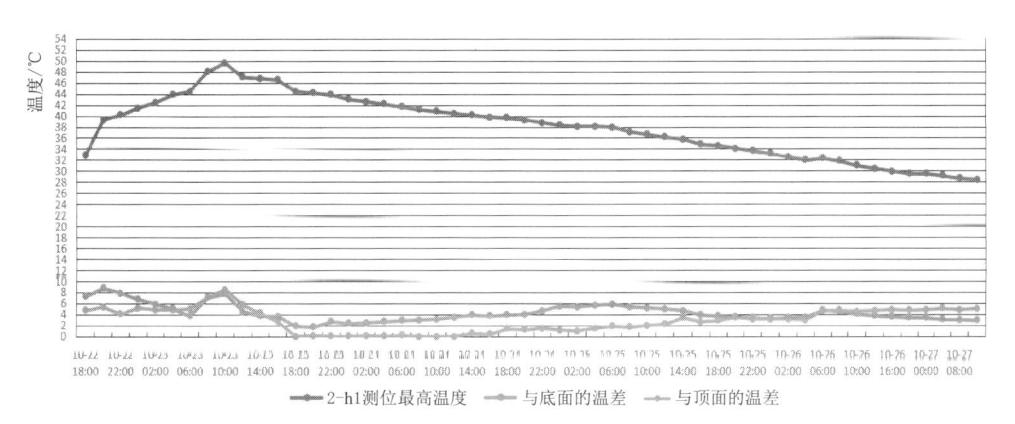

图2.4-28 2-h1测位最高温度与表面温度的差值随时间变化图

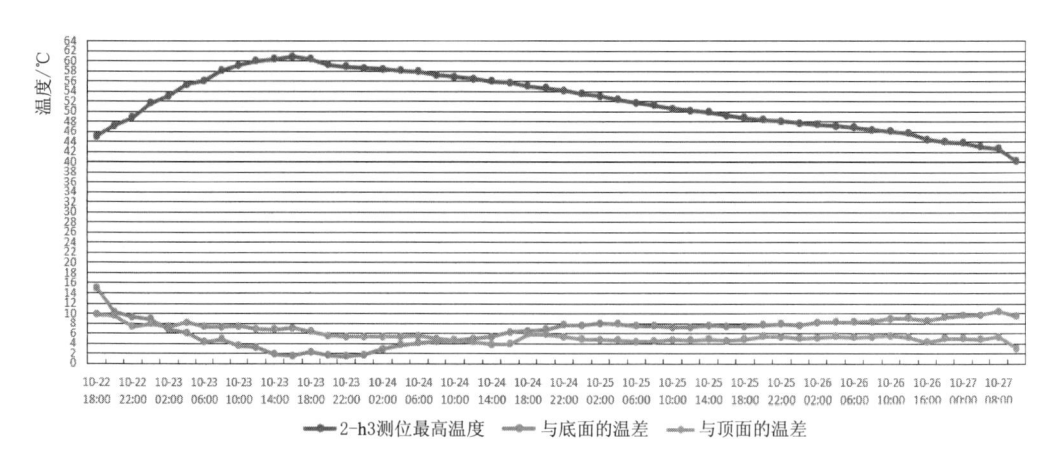

图 2.4-29　2-h3 测位最高温度与表面温度的差值随时间变化图

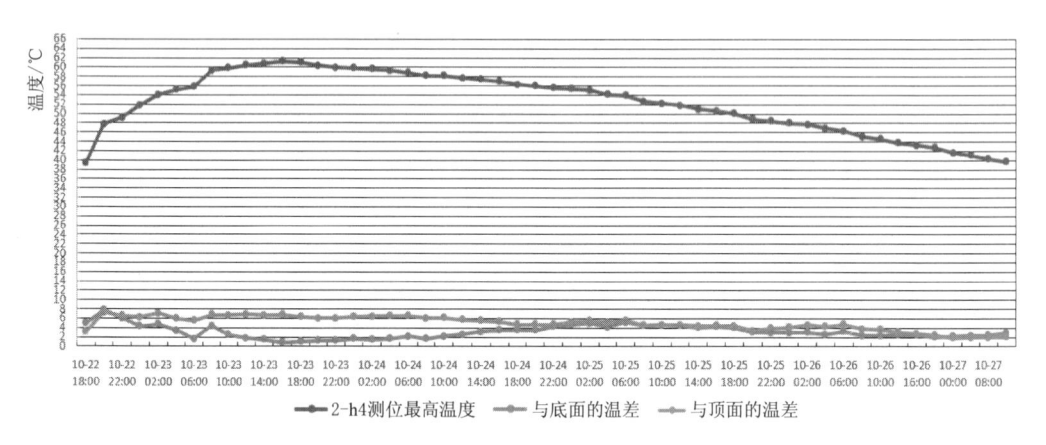

图 2.4-30　2-h4 测位最高温度与表面温度的差值随时间变化图

由图 2.4-26～图 2.4-30 可知，各测位点混凝土内部最高温度与表面温度差基本小于 25℃，温控效果较好。

2.4.3　结论

对上述工作进行总结，得出以下结论：

（1）在科研团队和沣邑大桥建设项目部的相互协调和配合下，沣邑大桥大体积承台混凝土温度监控各项参数（混凝土内部最高温度不超过 70℃，且混凝土内部最高温度与表面温度差基本小于 25℃），在可控范围内，基本符合规范要求，温控效果较好。

（2）沣邑大桥大体积承台混凝土考虑水化热温度的影响，对其全过程进行了温度监控，混凝土拆模后无明显裂缝，表观较好。

（3）冷却水管是非常有效的温度控制措施之一，蛇形布置冷却水管降温效果非常显著。冷却水管需要尽早通水。当浇筑的混凝土覆盖到该层冷却水管时，冷却水管就应当及时通水。同时应尽量保证冷却水管的初始入口水温与此时混凝土内部最高温度的差值控制在 25℃ 以内，如不满足可将冷却水加热后再通水。

(4) 混凝土的配合比是影响混凝土浇筑后内部最高温度的主要因素,在满足强度要求的条件下优化混凝土的配合比能显著降低混凝土内部的最高温度。本承台浇筑的混凝土采用优化后的配合比,较好地降低了混凝土内部的最高温度。

(5) 混凝土浇筑时的入模温度对混凝土内部最高温度有较大影响。本次浇筑时环境温度20.0℃左右,入模温度25.6℃,该入模温度较前期的P4承台降低较多。因此在较高温度的季节里大体积混凝土的浇筑应采取措施(如加冰、风冷、遮阳)降低入模温度。

(6) 加强对混凝土浇筑后的养护。对浇筑后混凝土进行保温、保湿,可以有效降低混凝土内表温差,有利于混凝土的开裂。本次混凝土浇筑后,由于冷却水管的出水口的温水全部流入浇筑混凝土的基坑内,有利于混凝土的保温、保湿。

2.5 大体积混凝土桥塔下塔柱结构有限元仿真分析

2.5.1 计算模型

沣邑大桥P3桥塔塔底实心段高9.2m,采用变截面圆形塔柱,直径由8.121m变化至6.971m,分三层浇筑,第一层浇筑高度为4.6m,第二层浇筑高度为4.5m,余下0.1m与上部空心段一起浇筑。基础承台采用多边形承台,承台顺桥向长18.2m,横桥向宽22.2m,厚5m,平面上在四个角位置设5m×3m倒角。采用软件Midas FEA NX对桥塔进行仿真模拟计算分析,为准确模拟热传递,除建立桥塔实心段模型以外,还建立了厚3m的承台,单元数6800个,计算模型如图2.5-1所示。施工中同时采用水冷却方式控制大体积混凝土温度,两次浇筑共布置8层冷水管,冷水管采用1D单元模拟,单元数为560个,其计算模型如图2.5-2所示。

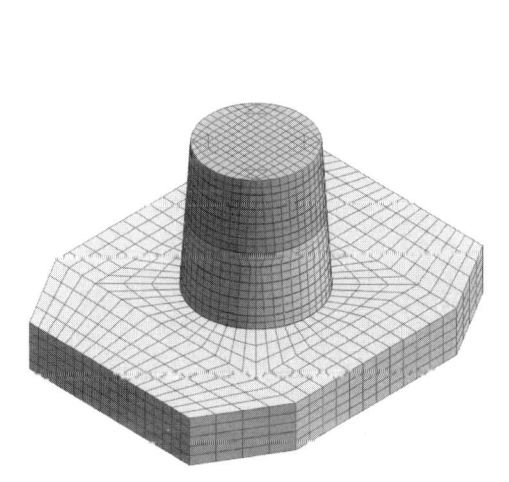

图2.5-1 承台大体积温度计算模型　　　图2.5-2 冷水管计算模型

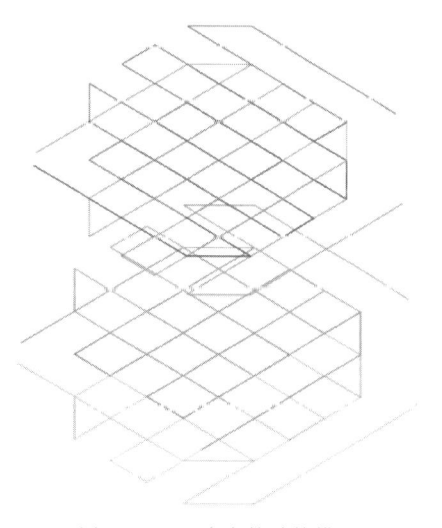

2.5.2 结构计算参数

该桥桥塔采用C60混凝土,经计算比热容为0.931kJ/(kg·℃),热传导率为

8.82kJ/(m²·h·℃)，弹性模量为 $3.45×10^4$MPa，泊松比为 0.2，线膨胀系数为 $1×10^{-5}$，容重 25kN/m³，水泥 3d 水化热实测值为 317kJ/kg，7d 水化热实测值为 365kJ/kg。

承台比热为 0.927kJ/(kg·℃)，热传导率为 8.98kJ/(m²·h·℃)，弹性模量为 $3.45×10^4$MPa，泊松比 0.2，线膨胀系数 $1×10^{-5}$，容重 25kN/m³。

根据现场情况拟采用大气温度为 20℃，混凝土入模温度为 20℃进行分析。

布置的冷水管直径取 0.045m，其中水的流入温度为 20℃，流速为 1m/s，对流系数为 518kJ/(m²·h·℃)。

混凝土分层浇筑，第一层考虑浇筑 1d、2d、…、7d 等子工况，第二层考虑浇筑 1d、2d、…、7d 等施工子工况。

2.5.3 温度分布结果

1. 阶段整体温度

根据计算分析，第一层混凝土在浇筑的第 4 天达到最高温度 65.0℃，第二层混凝土在浇筑的第 4 天达到最高温度 65.1℃，模拟仿真结果如图 2.5-3～图 2.5-6 所示。

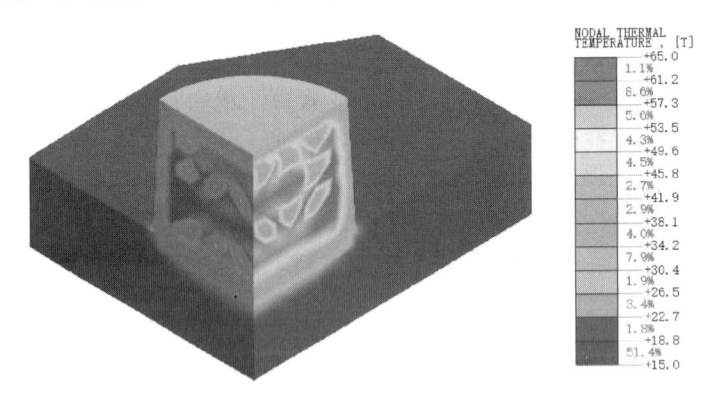

图 2.5-3 第一层温度云图（浇筑第 4 天）

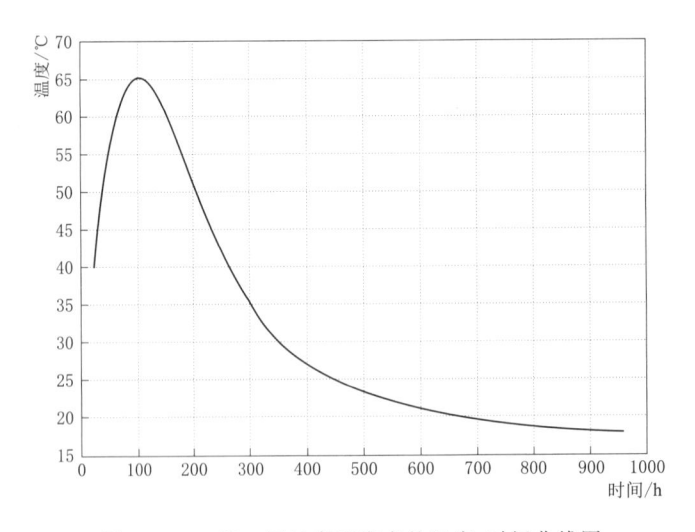

图 2.5-4 第一层最高温度点的温度-时间曲线图

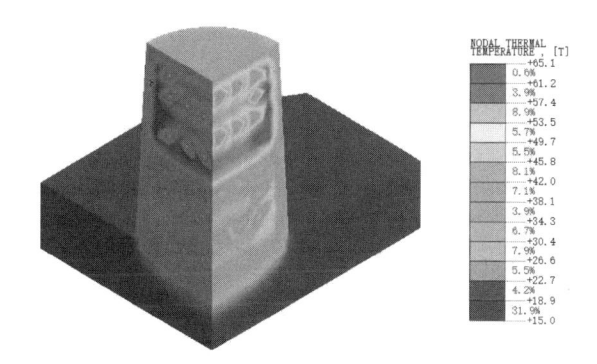

图 2.5-5　第二层温度云图（浇筑第 4 天）

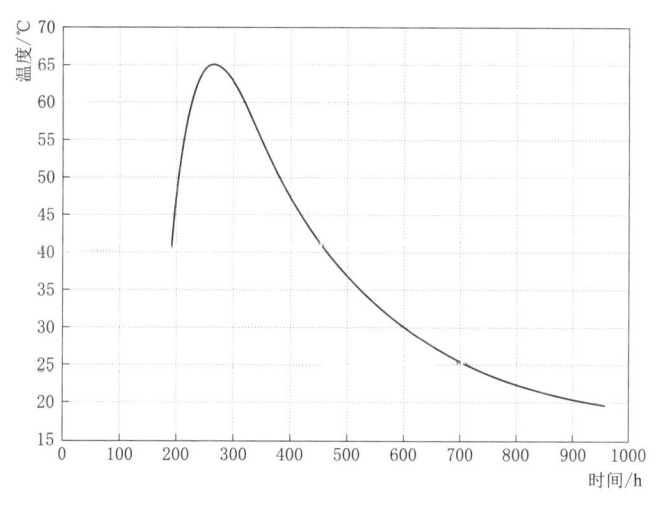

图 2.5-6　第二层最高温度点的温度-时间曲线图

2. 中心点温度

根据现场情况拟采用环境温度 20℃进行计算分析，第一层中心点最高温度达到 55.6℃，第二层中心点最高温度达到 52.4℃，模拟仿真结果如图 2.5-7 和图 2.5-8 所示。

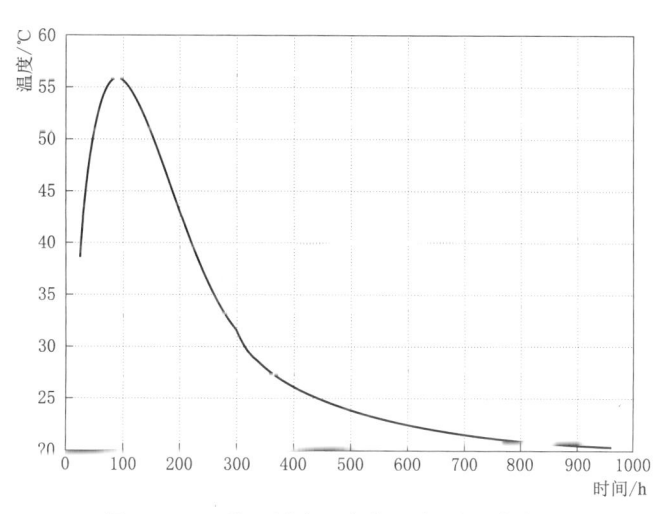

图 2.5-7　第一层中心点的温度-时间曲线图

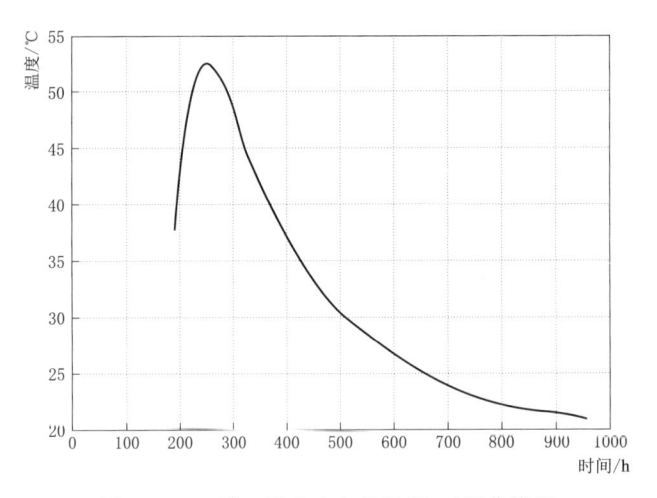

图 2.5-8　第二层中心点的温度-时间曲线图

3. 表面温度

根据现场情况拟采用环境温度 20℃进行计算分析，桥塔第一层高 2.3m 处表面最高温度 40.5℃，第二层高 6.85m 处表面最高温度 40.7℃，模拟仿真结果如图 2.5-9 和图 2.5-10 所示。

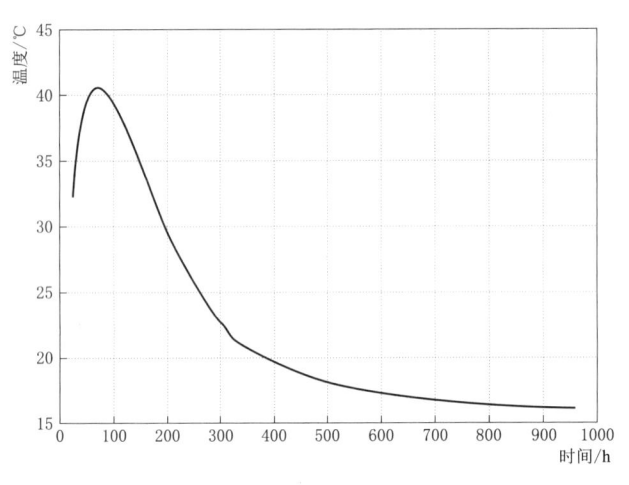

图 2.5-9　第一层表面温度-时间曲线图

2.5.4　应力结果

1. 阶段整体应力

根据计算分析，第一层混凝土在浇筑 4d 后阶段整体最大拉应力为 6.63MPa，第二层混凝土在浇筑 4d 后阶段整体最大拉应力为 7.57MPa，模拟仿真结果如图图 2.5-11～图 2.5-14 所示。

2. 中心点应力

根据现场情况拟采用环境温度 20℃进行计算分析，两层混凝土中心点应力结果如图 2.5-15 和图 2.5-16 所示。

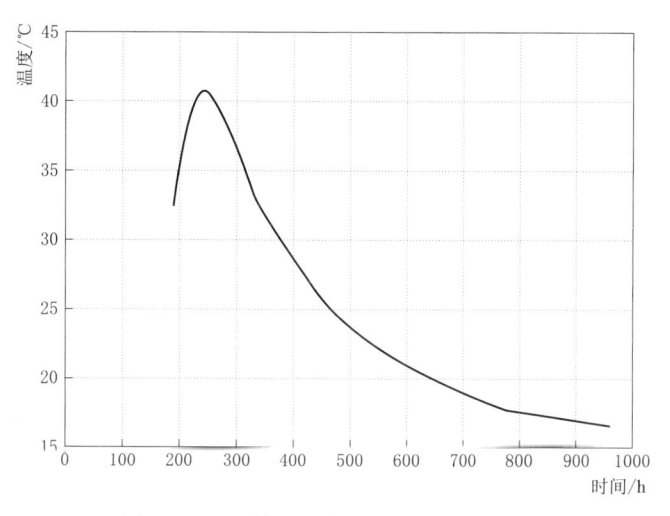

2.5 大体积混凝土桥塔下塔柱结构有限元仿真分析

图 2.5-10 第二层表面温度-时间曲线图

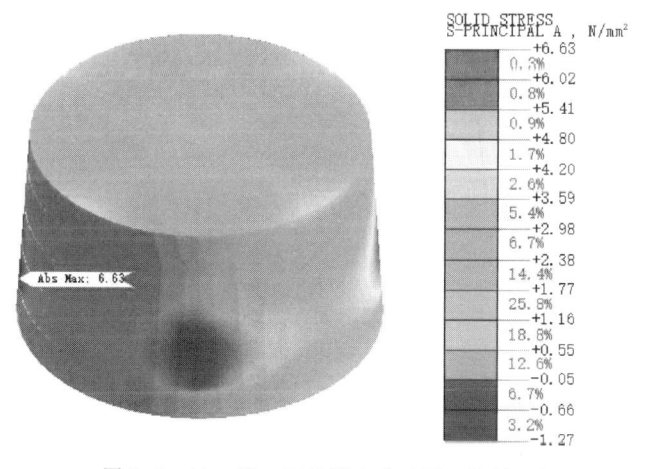

图 2.5-11 第一层桥塔应力云图（浇筑 4d）

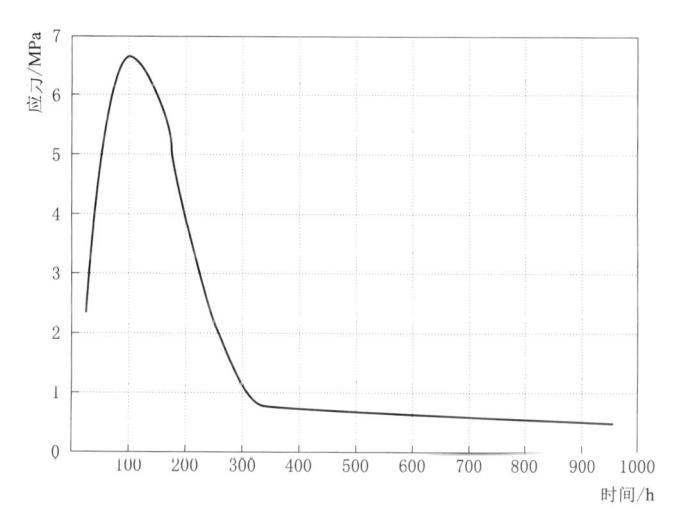

图 2.5-12 第一层桥塔应力-时间曲线图

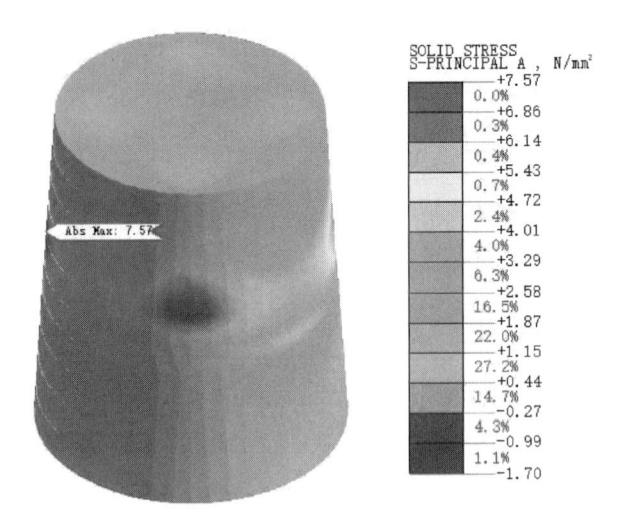

图 2.5-13　第二层桥塔应力云图（浇筑 4d）

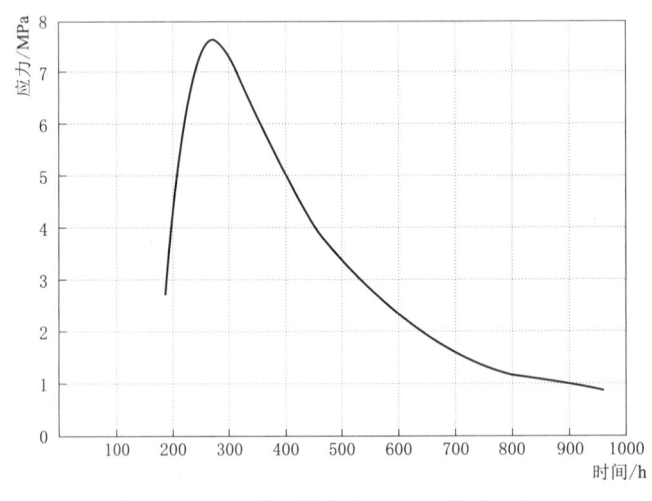

图 2.5-14　第二层桥塔应力-时间曲线图

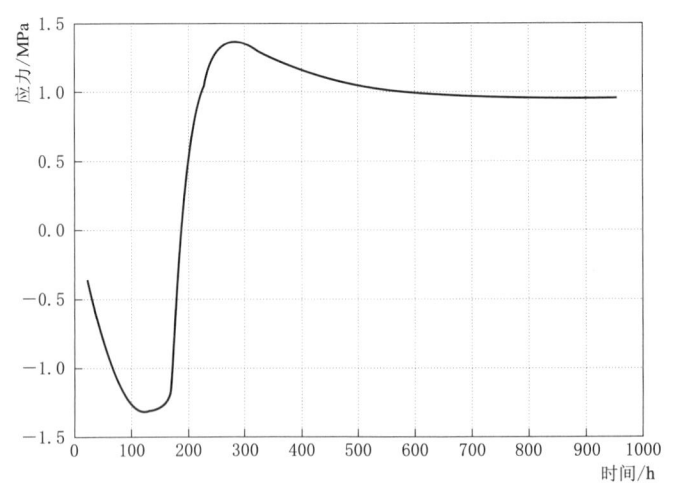

图 2.5-15　环境温度 20℃时第一层中心点的应力

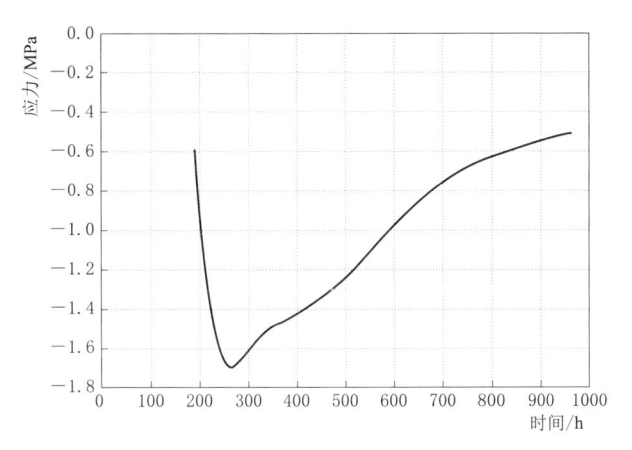

图 2.5-16　环境温度 20℃时第二层中心点的应力

3. 表面应力

根据现场情况拟采用环境温度 20℃进行计算分析，两层混凝土表面应力结果如图 2.5-17、图 2.5-18 所示。

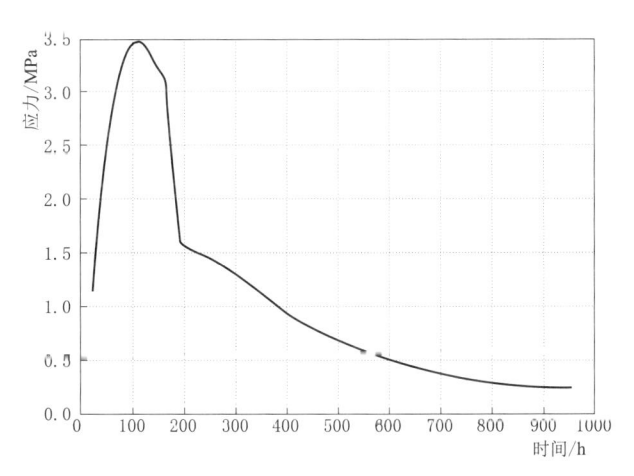

图 2.5-17　环境温度 20℃时第一层表面的应力

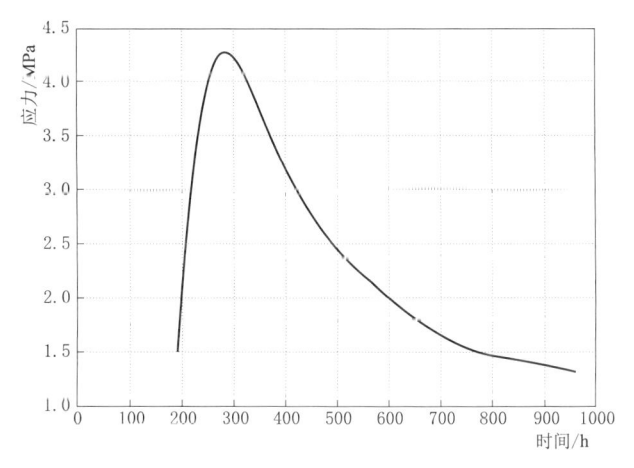

图 2.5-18　环境温度 20℃时第二层表面的应力

2.6 对后期大体积混凝土浇筑时温控防裂的一些建议

（1）完善冷却水管的循环系统，动态调节入口水温，避免混凝土内部最高温度与入口水温差值过大而使与冷却管接触的混凝土周围出现裂缝。具体实施时可以将冷却水管的出水口接到回收水箱中，然后通过水泵将回收水箱中的水重新注入供水水箱中，同时供水水箱还应接入另一水泵抽取的天然河水。这样的循环系统就可以较有效地控制入口水温。

（2）混凝土浇筑后要及时地进行保温、保湿等养护措施。在混凝土初凝前可在混凝土表面适当洒水，初凝后立即采用塑料薄膜进行密封，再在薄膜上覆盖保温材料如厚的毡布、棉被等，薄膜及保温材料的搭接长度应大于20cm。

（3）混凝土浇筑块体的内表温差大于25℃时，可采用冷却水管出来的温水进行混凝土表面的养护，如果内表温差仍无改善，则外表面增加保温措施，建议加增加保温层厚度进行养护；承台侧面可采用钢模板表面贴土工布或泡沫板。

（4）混凝土内部最高温度偏高可以采取加大冷却水通水流量、降低冷却水温度的措施，但注意冷却水温度控制在比混凝土中心温度低15～25℃。

（5）冷却水进出水口温差大于10℃时可利于冷却水循环系统，使用从冷却水管出口排出来的水。

（6）混凝土浇筑体内部的降温速率大于2.0℃/h时，可采用冷却水管出来的水进行混凝土表面养护，如果降温速率仍无改善，可停止通冷却水，混凝土外表面增加保温措施，可增加保温层厚度进行养护。

（7）加强施工质量的控制，按照规定要求正确的混凝土拌和物进行振捣，在混凝土初凝前，及时进行二次振捣，振捣密实。

成立温控专班，协调温控测试和控制措施的调整等工作，条件允许时可配备1～2名工人来配合控制措施调整过程中的工作。

本 章 参 考 文 献

[1] 大体积混凝土施工规范：GB 50496—2018 [S]. 北京：中国计划出版社，2018.
[2] 朱伯芳. 大体积混凝土温度应力与温度控制 [M]. 2版. 北京：中国水利水电出版社，2012.
[3] 胡健中，李阳，张申昕. 大体积混凝土施工水化热分析与控制 [J]. 中外公路，2020，40（4）：110-115.
[4] 汪建群，魏桂亮，刘杰，等. 跨海大桥大体积混凝土承台水化热实测与分析 [J]. 桥梁建设，2020，50（3）：25-31.
[5] 宋会民，靳红会，徐建立. 高纬度区高温季节大体积混凝土施工温控措施 [J]. 人民黄河，2020，42（S1）：116-118.
[6] 李富春，吴海森. 超长地下室大体积混凝土温控有限元模拟及开裂风险分析 [J]. 水运工程，2019，（11）：13-19.
[7] 乔明. 某特大桥承台大体积混凝土施工温控关键技术研究及应用 [J]. 公路工程，2019，44（5）：135-141.
[8] 刘亚朋，李盛，王起才，等. 大体积混凝土温度场仿真分析与温控监测 [J]. 混凝土，2019，（2）：138-141.

第3章 多塔斜拉桥圆形桥塔施工关键技术

3.1 主体塔柱的施工方案

3.1.1 塔柱工况概述

沣邑大桥共3个桥塔，主塔采用变截面圆形塔柱，主塔总高89.27~94.99m，其中桥面以上塔高74.5m。塔顶处塔身外径5m，梁底位置塔身外径6m，中间呈线性变化；梁底以下塔身按1:16坡率线形变化值塔底，如图3.1-1所示主塔采用钢结构-混凝土结构混合塔，其中塔顶及斜拉索锚固区采用钢塔，钢塔总高35m，采用Q345qD钢材，中塔柱及下塔柱采用混凝土塔，采用C60混凝土，钢混分界位置设钢混结合段，结合段长1.6m。上塔柱长35m，采用钢结构，塔柱直径5~5.449m，采用焊接圆形截面，塔身壁厚36mm，内侧均布24个高300mm的T形加劲肋。塔身竖向间隔3m设置一道横隔板，并在隔板处设置斜拉索锚拉板，锚固点位于隔板上方0.5m处。钢塔与混凝土塔相接位置设钢混结合段，利用混凝土塔身中塔柱$\phi50$主筋端部车丝后设置锚栓，并设置PBL刚性剪力键传递剪力及弯矩产生的拉力，结合段钢格室内灌注C60高性能混凝土。中塔柱长43m，采用空心圆形截面，塔柱直径5.449~6m，壁厚0.6m，主梁位置设2m厚隔板，桥面以上间隔不大于20m设置一道0.4m厚隔板。下塔柱高11.27~16.99m，采用空心圆形截面，塔柱直径由节段顶部6m按1:16坡率变化至塔底，壁厚1.2m，塔底设1.5m厚实心段。塔柱钢筋由钢筋场工厂化加工生产，汽车运输至桥位处，现场吊装、连接成形。塔柱模板采用组合木模板。混凝土由高科新达拌和站集中拌制，混凝土运输车运送至现场，混凝土泵送施工。

根据爬模工艺将P1主塔分为13个节段，P2、P3主塔分别分为14个节段：

P1塔柱分节：4.6m+2.171m+4.5m+4.1m+8×4.5m+2.9m；

P2塔柱分节：4.6m+4.5m+3.391m+4.5m+4.1m+8×4.5m+2.9m；

P3塔柱分节：4.6m+3.371m+4.5m+4.5m+4.1m+8×4.5m+2.9m。

钢梁横向限位处不规则段采用定性钢模板施工。钢筋利用定位骨架兼作定位，主筋保护层通过垫块定位，混凝土通过泵送至塔柱内，浇筑完成后后续采用洒水或蒸汽养护、拆模后及时涂刷防护液并挂设防风布。

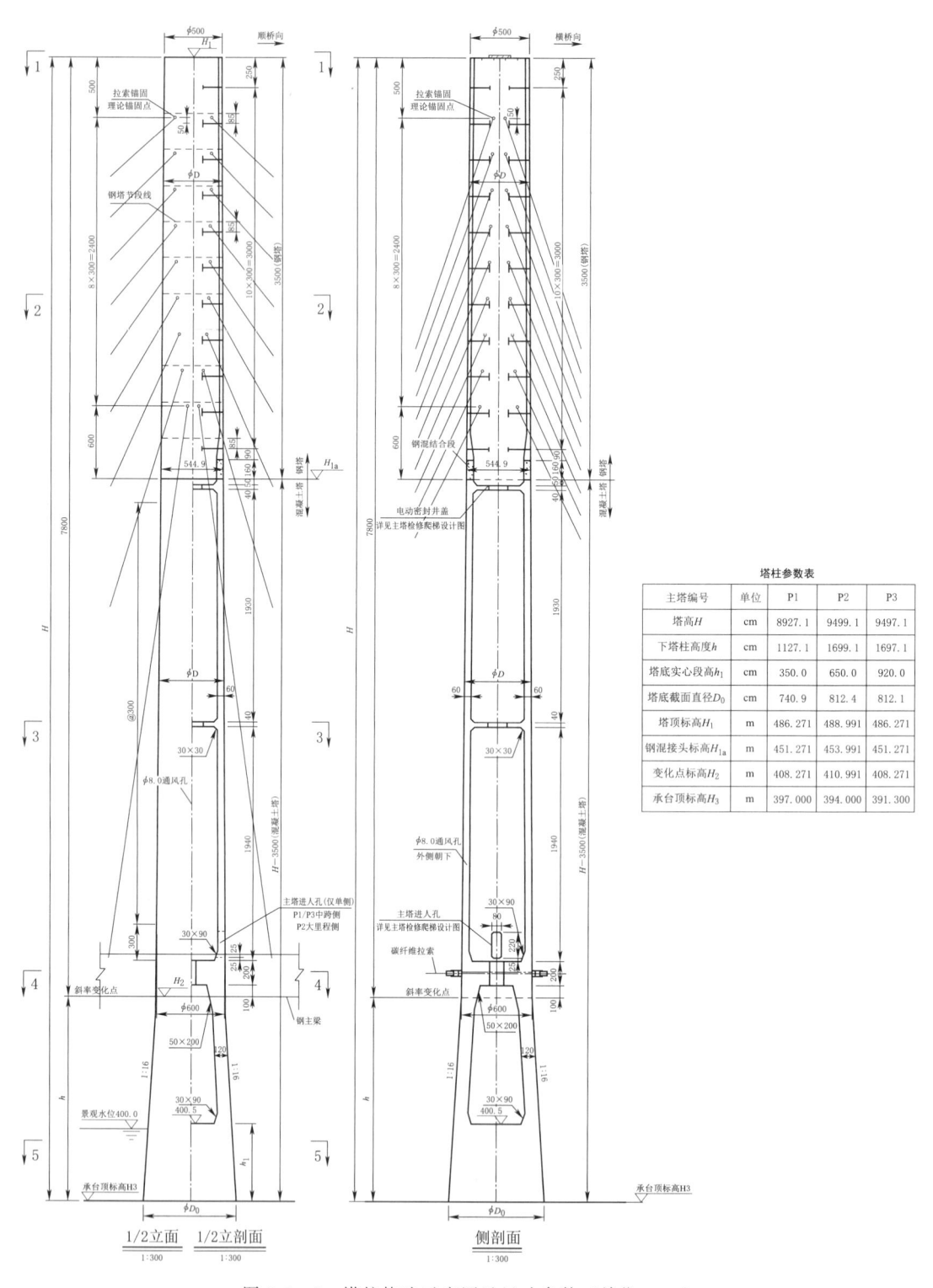

图 3.1-1 塔柱构造示意图及尺寸参数(单位:cm)

塔柱参数表

主塔编号	单位	P1	P2	P3
塔高 H	cm	8927.1	9499.1	9497.1
下塔柱高度 h	cm	1127.1	1699.1	1697.1
塔底实心段高 h_1	cm	350.0	650.0	920.0
塔底截面直径 D_0	cm	740.9	812.4	812.1
塔顶标高 H_1	m	486.271	488.991	486.271
钢混接头标高 H_{1a}	m	451.271	453.991	451.271
变化点标高 H_2	m	408.271	410.991	408.271
承台顶标高 H_3	m	397.000	394.000	391.300

3.1.2 主塔施工工艺

1. 主塔第一、二节段施工工艺

主塔第一、二节段施工步骤如下：承台混凝土浇筑→主塔范围混凝土凿毛→劲性骨架定位安装→主塔钢筋绑扎→实心段冷却管安装→预埋件定位安装→模板定位安装→模板位置复测→模板加固→混凝土浇筑→养护。

承台施工完成后，对主塔范围内混凝土进行凿毛处理，凿毛要求在混凝土强度不低于2.5MPa时进行，要求凿毛深度不小于10mm，露出粗骨料面积不小于1/3。凿毛完成后进行劲性骨架安装，劲性骨架采用散拼方式进行拼装，劲性骨架布置方式为"米"字形，采用8mm连接钢板进行连接。劲性骨架安装完成后，安装主塔钢筋。主塔第二节段内部要进行爬锥预埋，冷却管安装完成后进行模板定位安装。板拉杆采用精轧螺纹钢进行锁定，模板内采用连接器与对拉钢筋进行连接，采用PVC保护套管对连接部位进行保护，避免在模板拆除过程中无法拆除。拉杆孔采用泡沫胶进行封堵，保证混凝土浇筑过程不漏浆。

2. 主塔爬模段施工工艺

主塔爬模段施工步骤如下：第二节段浇筑完成后安装第三节段劲性骨架→安装第三节段钢筋→拆除第二节段模板→安装爬模爬架、调整好爬架定位→安装第三节段模板、浇筑混凝土并对混凝土进行养护。第四节段重复上阶段施工流程。

3. 主塔非标准节施工工艺

塔柱在梁体位置处设置横向限位拉索，混凝土截面不规则，采用定型钢模板进行浇筑，定型钢模板周转使用如图 3.1-2 所示。塔柱内模不规则模板采用15mm竹胶板作为支撑面板，采用10cm×10cm方木作为支撑，横向采用双拼[16cm作为拉杆背肋。ϕ50mm钢管作为支撑脚手架，拉杆采用⌀20精轧螺纹对拉进行加固。

3.1.3 下塔柱施工工艺

1. 施工工艺流程

在承台施工完成后，对浇筑的混凝土面进行凿毛，接长预埋在承台内的塔柱主筋，塔柱主筋采用⌀50螺纹钢筋，混凝土采用C60混凝土，下塔柱实心段高3.5~9.2m，浇筑前对实心段塔柱内布设冷却水管，按照大体积混凝土浇筑方式进行浇筑。

（1）施工放线→拼装脚手架→第一节段劲性骨架安装→钢筋接长及绑扎第一节段钢筋→预埋爬锥→安装内、外侧模板→浇筑第一节段混凝土→养护、施工缝处理。

（2）安装第二节段劲性骨架→钢筋接长及绑扎第二节段钢筋→预埋爬锥→安装内、外侧模板→浇筑第二节段混凝土→养护、凿毛及拆除第一节段模板。

（3）安装爬架→安装第三节段劲性骨架→钢筋接长及绑扎第三节段钢筋→预埋爬锥→安装内、外侧模板→浇筑第三节段混凝土→养护、凿毛及拆除第三节段模板→导轨接长→爬架爬升→重复第四节段施工。

2. 施工辅助支架

塔柱钢筋安装前，先进行施工脚手架的搭设，脚手架采用盘扣式脚手架。脚手架与墩

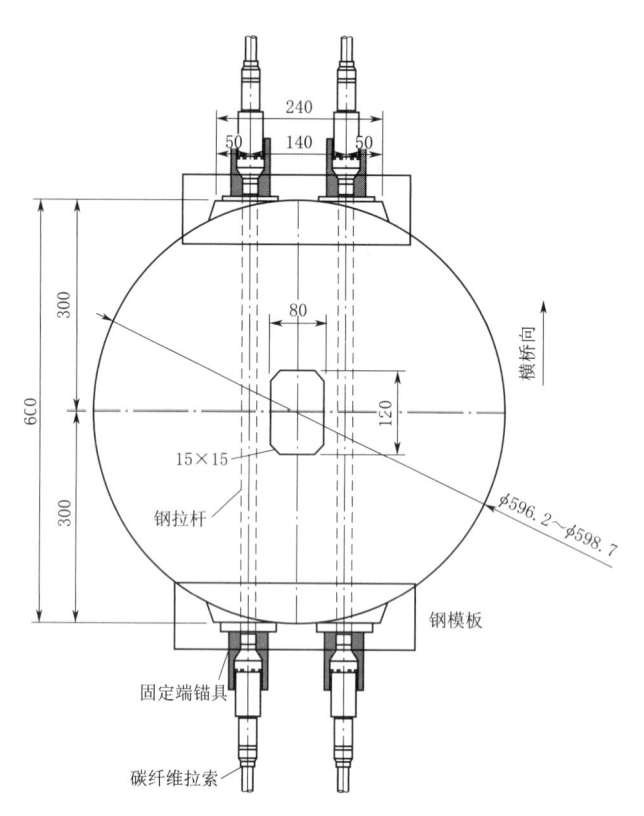

图 3.1-2 钢模板位置示意图（单位：mm）

台之间的距离控制在 1m 左右，即方便人员操作又不影响施工。在支架上铺设跳板，作为施工人员的临时操作平台，脚手架内部安装梯子并设置钢管扶手和踏步板，供人员上下，脚手架及人员上下通道安装闭目网。

3. 劲性骨架安装

劲性骨架竖向角铁为 L75×7mm，与环向、斜向、径向角铁连接，按塔柱节段分节制造和安装，底节安装在预埋在承台的铁件上，以后每节对接接长。劲性骨架的安装及校正是塔柱施工的一个极其重要的环节，由于它决定钢筋的绑扎及内外模板的安装，所以劲性骨架的正确与否直接影响到内在质量及外形尺寸，为此劲性骨架的安装必须保证偏差不超出塔柱施工的允许误差。

考虑现场匹配的安装高度及安装精度，劲性骨架每节段制作高度约 4.5m。整体安装时，劲性骨架在地面完成精确定位后，整体进行吊装，一次安装一组劲性骨架。整体安装的重点是地面精确的相对定位，桥塔上快速安装。

4. 钢筋工程

（1）钢筋进场验收。

凡钢筋进场前，机料、试验人员提前进场对材料的时间、规格、数量、生产厂家进行检查。钢筋原材料进场后，须按同一批量、同一规格、同一炉号、同一出厂日期现场见证抽样检验，每批重量不大于 60t 为一检验批（冷拉钢筋每批不大于 20t），检测不合格，须双倍取样复检或退场，复检不合格，不得进场使用。

对连续进场的同批钢筋，当有可靠依据时，可按一次进场的钢筋处理。当发现钢筋脆断、焊接性能不良或力学性能显著不正常等现象时，应对该批钢筋进行专项检验。

（2）钢筋堆放。

根据施工图纸要求，管理人员根据钢筋材料制定采购计划，并按时组织钢筋进场，钢筋进场必须具有钢筋出厂质量证明书和试验报告单。试验室按照钢筋进场数量和批次及时进行抽检试验，不符合要求的材料严禁使用。

钢筋进场后，按照型号规格分类堆放，钢筋下面垫枕木以保证钢筋悬空 20cm 以上。料场上方用遮雨棚进行遮盖，防止雨水锈蚀钢筋。根据钢筋进场批次和数量设置钢筋标识牌，标明钢筋规格型号、生产厂家、进场时间和检验状态等信息，且不同编号的钢筋分开存放。

（3）钢筋加工制作。

根据施工规范和设计要求，竖筋按 50% 错头率和 35d 错头长度考虑。为便于施工，Φ50 的主筋按 9m 定尺长度进场。

水平钢筋按施工图纸钢筋大样图，在确保保护层厚度、转角半径、绑扎搭接长度的要求下下达钢筋配料通知单，据此进行配料。

在钢筋准备配料前，钢筋表面应洁净，黏着的油污、泥土、浮锈使用前必须清理干净。依据施工设计图纸，分别计算钢筋下料长度和根数，并结合现场钢筋实际标长和余料，设计合理的配料方法以减少余料和浪费，由技术员填写配料通知单，通知钢筋组进行下料。

钢筋下料前应将钢筋调直并清理污垢。钢筋配料时用砂轮切割机或切断机下料，要求钢筋切割端面垂直于钢筋轴线，端面偏角不允许超过 4°。

钢筋加工流程：配料设计→调直、除锈→下料→弯制→焊接→检验→库存标志。

（4）技术规范要求。

塔柱钢筋尽量采用 9m 长原材料断料，钢筋机械连接接头一般采用镦粗直螺纹连接接头，根据《钢筋机械连接技术规程》（JGJ 107—2016）的标准进行连接，且钢筋机械连接接头的等级应选用 I 级或 II 级，接头的性能指标及焊接应符合《公路桥涵施工技术规范》（JTG/T 3650—2020）相关规定。

连接套筒、螺母、丝头在运输和储存过程中应采取防护措施，防止淋雨、玷污和损伤。钢筋焊接的接头型式、焊接方法均按照《钢筋焊接及验收规程》（JGJ 18—2012）相关规定执行。

（5）钢筋安装。

为加快施工进度，同时便于钢筋绑扎，主筋接长及水平筋绑扎之间拟采取流水作业（图 3.1-3），即：

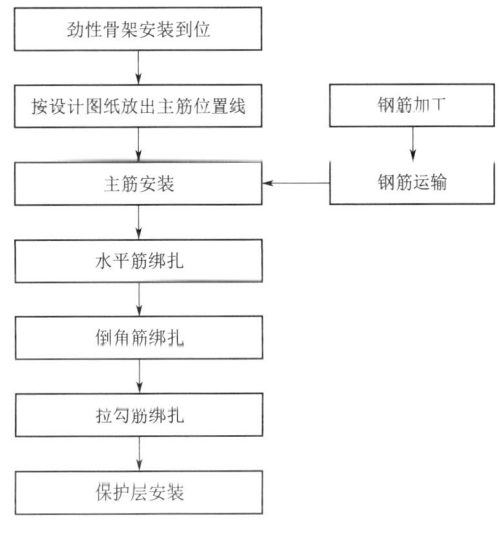

图 3.1-3 塔柱钢筋绑扎流程图

1) 竖向主筋接长的同时,进行部分水平筋绑扎。

2) 钢筋绑扎时先接长 $\Phi50$ 主筋,按先接长内层主筋再接长外层主筋,且内、外层按同一方向同时进行的顺序。

3) 竖向钢筋接长完毕后,按由内到外、由下到上的顺序进行环向水平钢筋绑扎。先在竖向钢筋上做出水平筋记号,钢筋绑扎间距应满足设计要求。

4) 环向水平钢筋绑扎完毕后,按由下到上的顺序绑扎倒角筋。

5) 环向水平钢筋及倒角钢筋绑扎完毕后,根据主筋和水平箍筋交叉位置绑扎拉勾筋。

6) 塔柱钢筋绑扎按《公路桥涵施工技术规范》(JTG/T 3650—2020)的规定:同一断面钢筋接头数量不超过断面钢筋数量的50%,钢筋相邻接头错开距离不小于$35d$。同时在钢筋全部绑扎完毕后,在钢筋靠模板侧安装梅花型垫块,垫块采用不低于塔身混凝土强度的垫块。

钢筋安装的允许误差见表3.1-1。

表3.1-1　　　　　　　　　　钢 筋 安 装 允 许 偏 差

序号	项　　目		允许偏差/mm
1	受力钢筋间距	两排以上排距	±5
		同排	±20
2	箍筋、横向水平筋间距		±10
3	钢筋骨架尺寸	长	±10
		宽、高或直径	±5
4	弯起钢筋位置		±20
5	保护层厚度		+10

5. 模板工程

下塔柱外模板采用木工字梁模板面板厚度为18mm,模板总厚度为333mm非标段内模板工地自备;拉杆为M20,纵向间距为1000mm,横向间距为1200mm。

面板的安装过程如图3.1-4所示:

(1) 将四块面板铺平对齐,量好尺寸。

(2) 将第一块面板四角打引孔,并用钢钉定位。

(3) 面板引孔定位,打引孔。

(4) 将引孔前端扩大2~3mm。

(5) 使用电钻安装自攻螺钉。将四角处钢钉拆下,打自攻螺钉。铺第二块面板,将接缝处抹玻璃胶,黏合并拼缝紧凑。

(6) 重复(1)~(5)步骤,直至整块面板拼装成型。面板全部铺好后,将板面擦干净,去除尘土,将面板表面水分擦干,将调好的原子灰抹于面板螺钉处,刮平。

(7) 拼装成型的模板用塑料薄膜将面板包好,养护、存放。

6. 混凝土浇筑施工

(1) 混凝土配合比。

沣邑大桥工程塔柱实心段采用C60大体积混凝土施工,空心段采用C60高性能混凝土

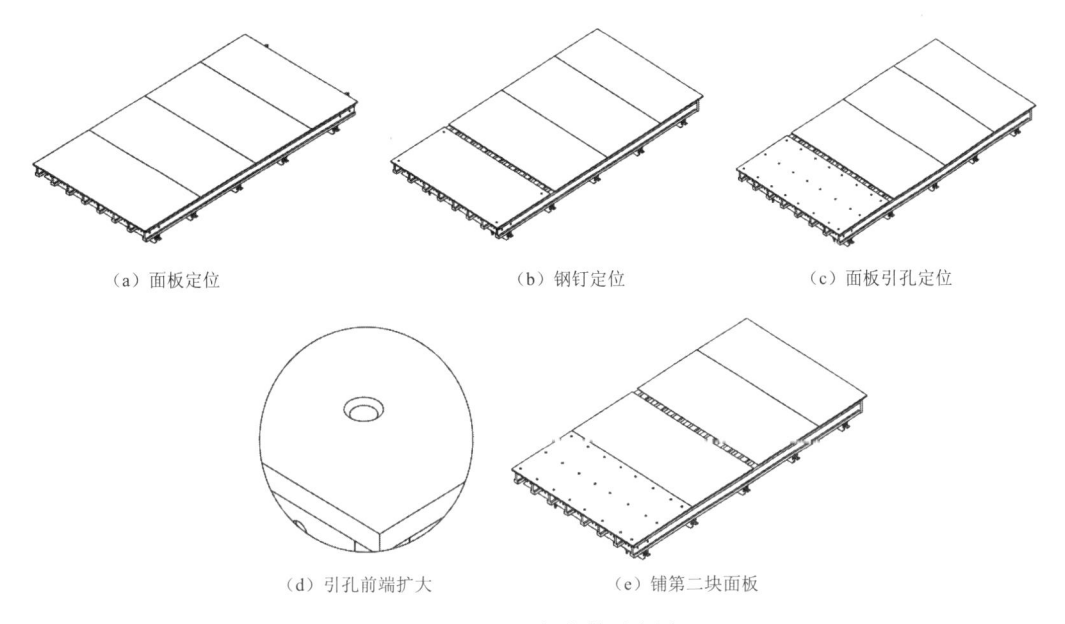

(a) 面板定位　　　　　　(b) 钢钉定位　　　　　　(c) 面板引孔定位

(d) 引孔前端扩大　　　　(e) 铺第二块面板

图 3.1-4　面板安装示意图

施工，钢混结合段采用 C60 微膨胀混凝土施工。混凝土配合比见表 3.1-2 所示。

表 3.1-2　　　　　　　　　　混凝土配合比

强度	特殊要求	混凝土配合比/kg							
		水	水泥	矿粉	中粗砂	碎石	掺合料	外加剂	膨胀剂
C60	高性能	150	400		690	1030	140	11.5	
C60	大体积、高性能	150	400	140	670	1040	110	11	
C60	微膨胀	150	400		650	1040	120	12	54

该工程混凝土浇筑采用汽车泵和配料斗两种方案，墩高小于 40m 时采用汽车泵浇筑墩身混凝土，墩高大于 40m 采用混凝土地泵或者吊车配料斗浇筑，料斗方量 1.5～2 方，采用料斗浇筑时，顶部可采用布料器进行均匀布料，布料器采用分流漏斗。

（2）混凝土质量控制。

混凝土到达现场后，现场实验员对混凝土坍落度、含气量、入模温度进行检测，确保混凝土和易性满足要求方可进行泵送浇筑，如混凝土发生离析，由运输罐车拉回，禁止现场调试。

1) 按规定的频率进行原材料的抽验工作，确保各种试验的有效性和准确性，认真把好质量关。

2) 按设计要求进行配合比设计工作，针对施工要求及原材料实际情况确定施工用配合比，在现场设试验人员对混凝土的拌和质量进行控制。

3) 对于试验设备，须按规定做好计量检定工作，在使用过程中要随时发现掌握可能出现的偏差，以保证计量设备的准确。

4) 对预应力施工用设备，按规定进行千斤顶、油压表进行检定，保证钢束的张拉质量。

5) 混凝土拌和严格按施工配合比配料，砂、石、水泥、水及外加剂等原材料必须经过质量检验并符合要求，计量要准确，保证混凝土拌和时间。

混凝土采用分层浇筑方式，每次灌注厚度为 30~40cm。插入式振捣器振捣，振捣时振捣棒应深入下层混凝土 3~5cm；离模板的距离不应小于作用半径的 1/2；两振捣点的距离不应超过作用半径的 1.5 倍。振捣棒采用快插慢拔的方法，以免混凝土产生空洞。在使用插入式振捣器过程中，应尽可能地避免与钢筋和预埋件相接触。模板角落以及振捣器不能达到的地方，辅以人工及小振动棒捣实，以保证混凝土的密实度。

塔柱混凝土达到一定强度即可进行养护。夏季施工混凝土养护方法采用洒水养护，覆盖塑料薄膜和土工布进行保温保湿；冬季混凝土施工采用蒸汽机进行养护，模板外侧贴保温棉。洒水养护应达 14d。

7. 混凝土接茬面凿毛控制

当塔柱混凝土强度达到 2.5MPa 时，采用人工凿毛时，要求完全清除混凝土表层浮浆，露出粗骨料颗粒。

节段的接缝线条主要通过"环切"控制，模板安装前对底口模板处混凝土进行环切，确保节与节之间施工缝水平顺直；塔柱节段间施工缝在混凝土强度达到 10MPa 以上后，用墨线弹出环切线，切割机沿墨线环切，环切深度 3cm，确保切缝平齐，凿毛采用机械凿毛时，以凿出新鲜混凝土为宜。

8. 测量实施方法

(1) 控制网的布设。

在桥梁施工前期对控制网进行加密复核，桥址位置采用四边形网布设方式，方便施工及校核，并定期对控制网进行复核，防止点位出现偏差而未被发现。在墩身附近不易被破坏且干扰较小处埋设水准点，并定期复核。

塔柱放样时选择在无风或微风时刻，以减小因风载引起的轴线偏差；为了避开日照温差效应引起的墩身弯曲变形，应选择在日照强度低的时刻如清晨 6:00—8:00 或傍晚 17:00—19:00，也可采用在模板四周喷洒水雾降温法，以减小由日照温差引起的轴线偏差。

(2) 塔柱控制。

1) 在承台绑扎钢筋完成后，用全站仪测放出塔柱点位，以便于塔柱预埋筋的位置准确。

2) 塔柱施工前在承台顶面用水泥钉将塔柱外轮廓点位置定于承台上，并用不同点位架设全站仪进行复核，确保无误后方能立模施工。

3) 塔柱高程控制采用全站仪测量的方式进行。

精确测量每片模板顶面高程，每片至少测量 2 个点，保证顶面水平。用两个不同控制点对高程进行控制，以便复核。

3.1.4 钢混结合段施工

钢塔与混凝土塔相接位置设高 160cm 的钢混结合段（图 3.1-5），利用混凝土塔身中塔柱φ50主筋端部车丝后设置锚栓,并设置PBL刚性剪力键传递剪力及弯矩产生的拉力,结合段钢格室内灌注C60高性能混凝土。钢塔与混凝土交界处灌注不干性阻蚀密封胶,防止水汽侵入钢塔。

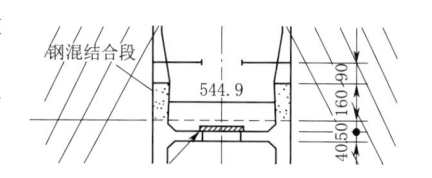

图 3.1-5 钢混结合段示意图（单位:mm）

钢混结合段内布设φ20的PBL环向钢筋,环向钢筋通过钢塔柱肋板,钢塔柱壁厚36mm,肋板采用厚36mm的Q345qD钢板,肋板上开φ60孔,方便环向钢筋通过。钢塔柱内设有ML22×200的剪力钉,塔柱φ50主筋在端头车丝后通过螺栓与钢塔柱连接。

钢混结合段在N5环向肋板上开30个φ100、长度为45cm的椭圆形灌注孔,开24个排气孔,保证混凝土浇筑过程中混凝土产生的气体排放,从而保证浇筑质量,如图3.1-6和图3.1-7所示。

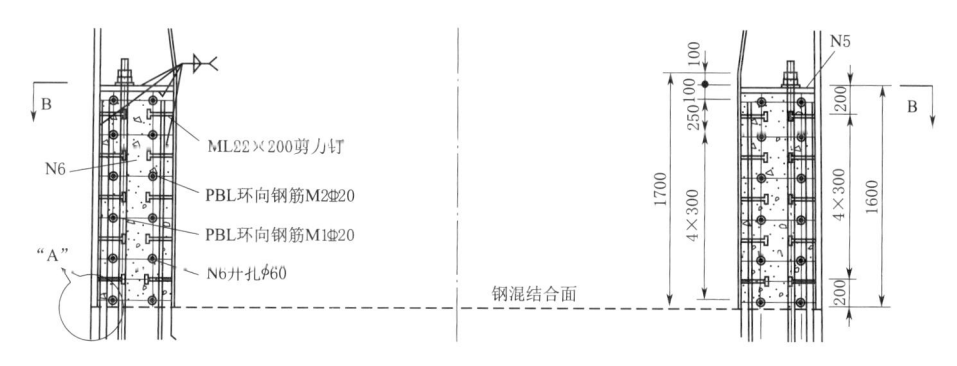

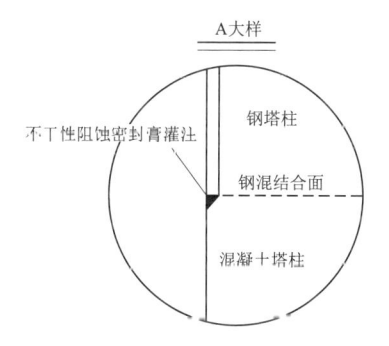

图 3.1-6 钢混结合段密封示意图

3.1.5 钢塔柱施工

1. 钢塔分段

根据钢塔结构特点、运输限制及现场实际情况,单个钢塔沿竖向分为12个运输节段,沿断面分为2个运输节段,吊装前断面2个节段先拼装成1个吊装节段,第11、12节段拼装成1个吊装节段,一共11个吊装节段。全桥3个钢塔共计划分为33个吊装节段,最大运输尺寸5.5m×2.9m×3.5m,最大运输节段重量23t(表3.1-3),具体节段划分情况如图3.1-8所示。

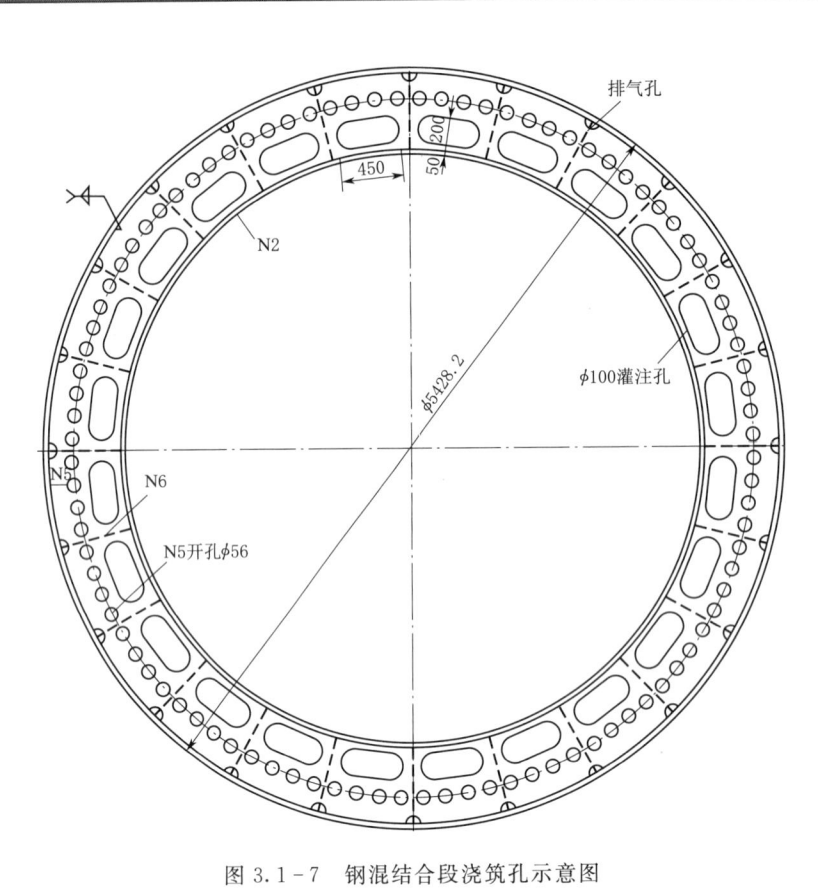

图 3.1-7 钢混结合段浇筑孔示意图

表 3.1-3　　　　　　　　　　钢塔节段重量表

节 段 号	规格/mm 长	规格/mm 宽	规格/mm 高	重量/t
1	5450	5450	3350	43.45
2	5405	5405	3000	42.88
3	5368	5368	3000	41.98
4	5329	5329	3000	41.05
5	5290	5290	3000	40.68
6	5252	5252	3000	40.34
7	5214	5214	3000	40.02
8	5175	5175	3000	40.47
9	5137	5137	3000	40.16
10	5098	5098	3000	39.86
11	5060	5060	3000	24.45
12	5021	5021	1650	18.35

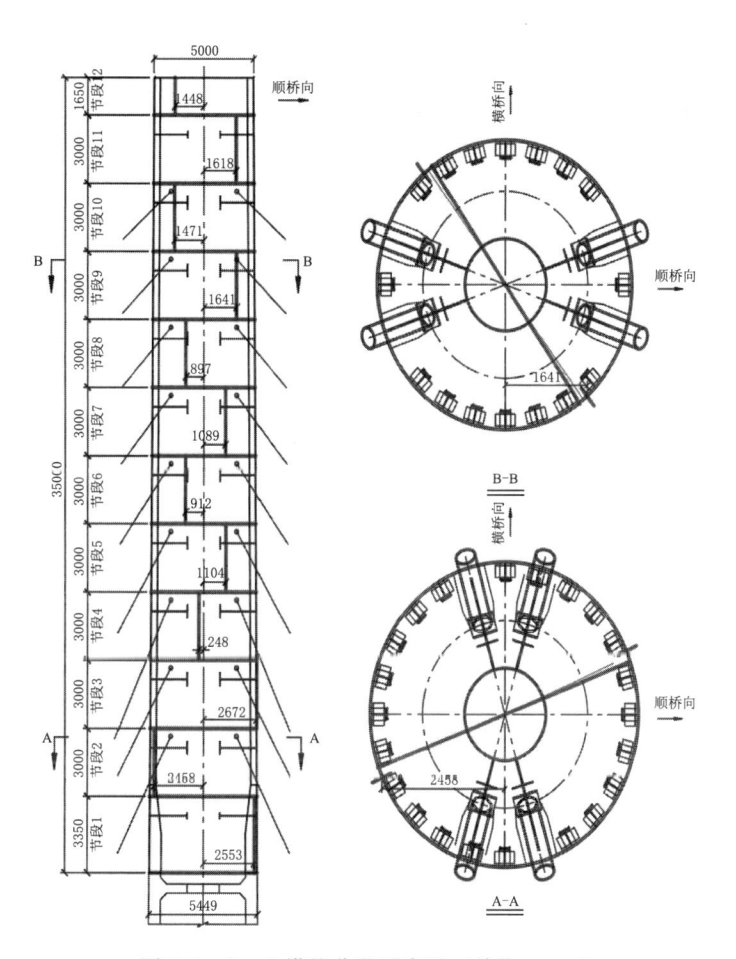

图 3.1-8 上塔柱分段示意图（单位：mm）

2. 钢塔焊接拼装

钢塔对接经检测中心线和长度合格后，钢梁及钢塔接头组装焊接工作才能开始。拼装中重点保证焊接点的精度和质量以减少焊接变形。

精度控制的第一个要点是调准拼装间距，按经过微调处理的环缝梁段间距，误差不超过 0.5mm，用定位专用马板点固相邻梁段。

第二个要点是调准梁段接口处的钢板对接平整度。对接处的钢箱梁外板矫平后，错边量误差应不大于 0.5mm。对错边量超过允许偏差的，要进行调整处理。

第三个要点是保证环缝每道焊缝的焊接质量。焊接参数严格按焊接工艺评定卡参数执行。为保证全天候作业的焊缝质量，工地焊接时要有防晒、防风、防雨的设施。

3.1.6 主塔线形监测

主塔线形监测主要包括基础沉降、主塔偏位、主塔高程及分股塔柱倾斜度。

3.1.6.1 主塔沉降监测

1. 监测目的

对于悬臂施工的斜拉桥来说，随着主塔施工和上部主梁施工的不断推进，下部基础承受越来越大的自重压力，基础自身会发生一定的变形，这种变形对上部主梁的标高会产生较大的影响。

承台发生沉降，主梁的整体标高就会下降，与设计标高就会出现偏差，影响桥梁与相邻引桥或连接线的顺畅连接。因此，在施工过程中要严格监测主塔承台的沉降，为上部主梁施工监控提供依据。

2. 测定布设

每个主塔承台上布置4个观测点，两侧主塔承台共布设8个沉降观测点。

3. 监测仪器及方法

沉降观测点由施工单位按要求设置，选用成品镀锌十字水准观测点，混凝土浇筑时应注意将测点圆帽露出混凝土表面，如图3.1-9所示。

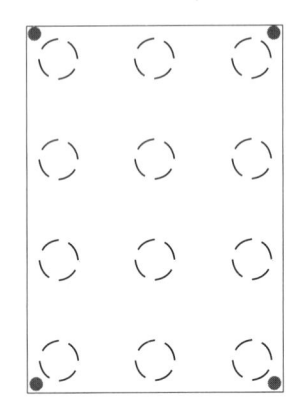

图3.1-9 主塔承台沉降测点布置及图例

沉降观测点监测采用精密水准仪进行测量。由于主塔沉降相对缓慢，主塔施工期间测试频率为每月一次。主梁施工期间，约半个月至1个月观测一次，或每施工2~3个梁段观测一次，确保梁段定位的准确性。

3.1.6.2 主塔高程、倾角及偏位

1. 监测目的

主塔偏位监测包括顺桥向和横桥向两个方向偏位值的测量。主塔在施工和成桥状态通过斜拉索均承担相当部分的梁体自重。在不平衡荷载和大气温差及日照等影响下，均会使主塔产生不同程度的偏位。为了不影响主梁的架设施工，必须研究掌握主塔在自然条件下的变化规律以及在索力影响下偏离平衡位置的程度。高程监测主要是确保施工和成桥状态下结构的几何高度满足设计要求，保证索塔安装位置的准确。

2. 测点布置

施工期高程测点布设：在每个塔柱每个节段布设2个高程定位和坐标定位点（测点布设采用预设棱镜底座），具体测点数量根据节段数量确定。

偏位测点布设：主塔完工后在每个塔柱顶端横桥向对称设置观测棱镜2个。

3. 监测仪器及方法

主塔施工过程监测需要施工单位配合完成，监测布点和施工单位布点位置相同，监控

单位和监理单位同时对该测点的位置检查，并对测点坐标进行复核。

主塔完成后用全站仪测量主梁各施工工序中各变形测点的三维坐标值，通过坐标值的变化得到该测点处塔顶的偏位及塔身垂直度，变形点设置由监控单位完成，具体测量需要施工单位完成，监控单位定期进行复测。

塔顶偏位监测采用坐标法。仪器架设在桥轴线上一点，后视基准控制点，再瞄准桥塔上的棱镜，测出塔顶测点的三维坐标。每一测试工况下的变位即为测试值与初始值的差值。参与施工单位测定索塔倾斜度、索塔轴线偏位误差、索塔锚固点误差、索塔高程偏差、两塔中心间距偏差、上下游塔柱中心间距偏差等数据。

3.2 内部劲性骨架的设计计算

劲性骨架竖向角铁为∟75×7mm，与环向、斜向、径向角铁连接，按塔柱节段分节制造和安装。劲性骨架的安装及校正是塔柱施工的一个极其重要的环节，由于它决定钢筋的绑扎及内外模板的安装，所以劲性骨架的正确与否直接影响到内在质量及外形尺寸，为此劲性骨架的安装必须保证偏差不超出塔柱施工的允许误差。

考虑现场匹配的安装高度及安装精度，劲性骨架每节段制作高度约4.5m。整体安装时，劲性骨架在地面完成精确定位后，整体进行吊装，一次安装一组劲性骨架。整体安装的重点是地面精确的相对定位，及桥塔上劲性骨架的快速安装。

3.2.1 设计参数

1. 材料设计指标

Q235钢材抗拉、抗压和抗弯强度设计值 f 为215MPa，抗剪强度设计值 f_v 为125MPa，弹性模量 E 为 $2.06×10^5$ MPa。

2. 检算指标

（1）强度检算指标：材料强度不得小于对应的强度设计值。

（2）刚度检算指标：构件变形不得大于 $L/400$。

（3）稳定性验算指标：考虑稳定性系数后的强度计算值不得超过材料的强度设计值。

3.2.2 下塔柱劲性骨架计算

劲性骨架按照外露6m考虑，其余埋设入塔柱混凝土内，建模取P2最不利段——塔柱最底下段，支架采用Midas Civil整体建模（图3.2-1）。

1. 竖向角铁计算

竖向角铁为∟75×7mm，与环向、斜向、径向角铁连接，应力和变形云图如图3.2-2～图3.2-4所示。计算结果见表3.2-1。

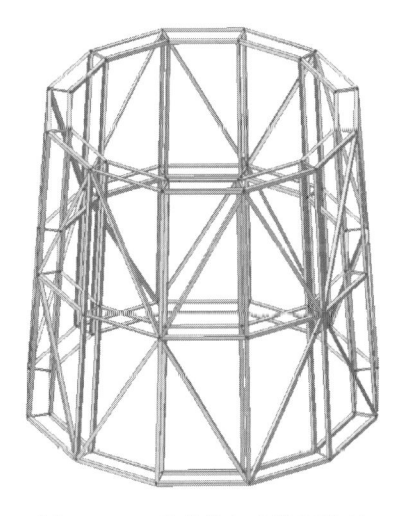

图3.2-1 劲性骨架有限元模型

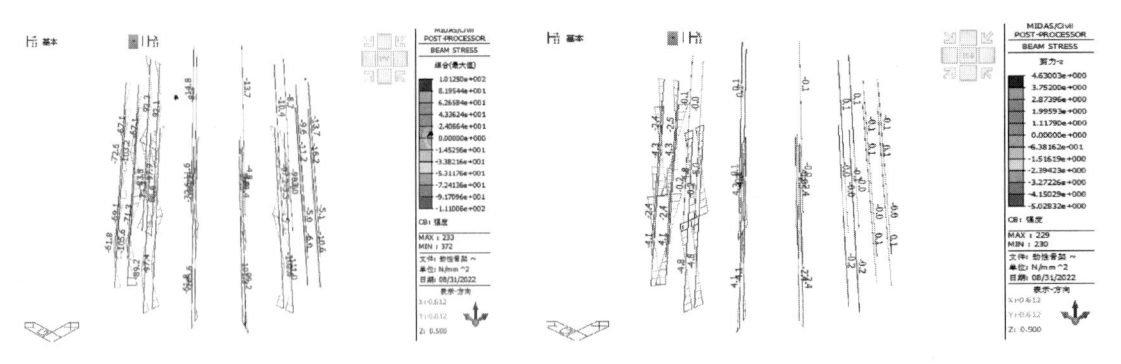

图 3.2-2　弯曲应力

图 3.2-3　剪切应力

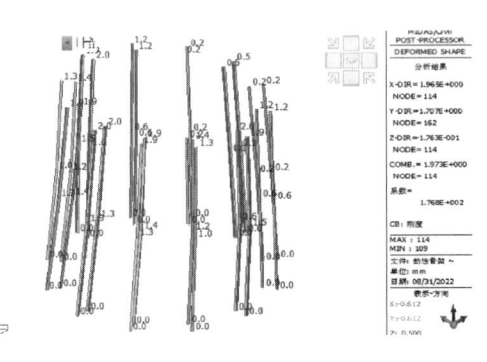

图 3.2-4　变形图

表 3.2-1　　　　　　　　　　竖向角铁计算结果汇总表

项　　目	弯曲应力/MPa	剪切应力/MPa	变形/mm	结　　论
设计值	215	125	15	满足要求
计算值	111	5	2	

2. 环向角铁计算

环向角铁为∟75×7mm，应力和变形云图如图 3.2-5～图 3.2-7 所示。计算结果见表 3.2-2。

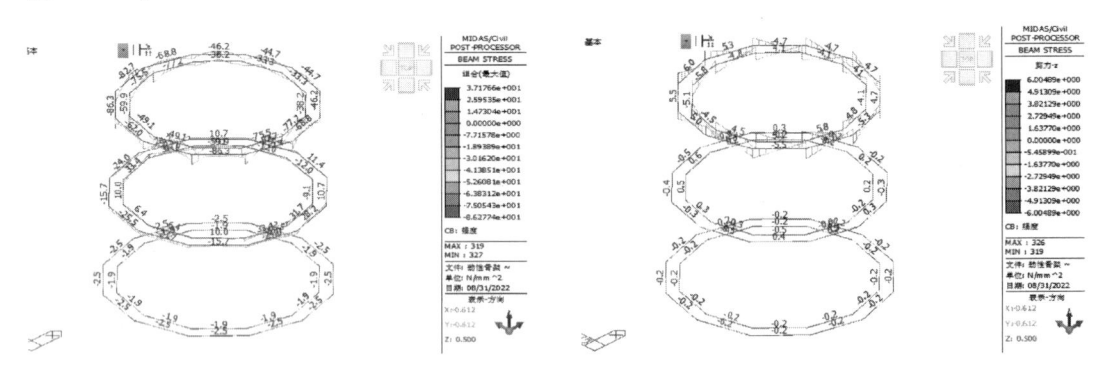

图 3.2-5　弯曲应力

图 3.2-6　剪切应力

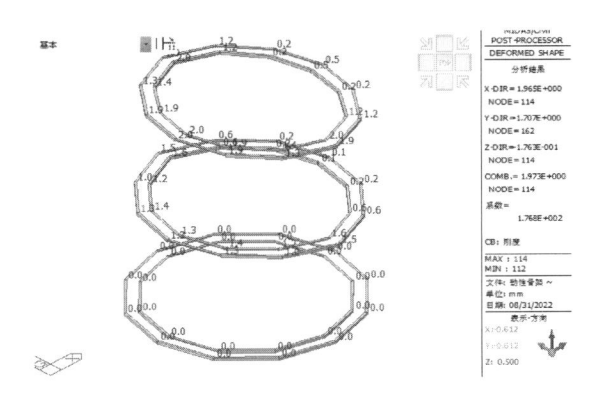

图 3.2-7 变形图

表 3.2-2　　　　　　　　　环向角铁计算结果汇总表

项　　目	弯曲应力/MPa	剪切应力/MPa	变形/mm	结　　论
设计值	215	125	4.5	满足要求
计算值	86.3	6	1.97	

3. 斜向角铁计算

斜向角铁为L75×7mm，应力和变形云图如图 3.2-8～图 3.2-10 所示。计算结果见表 3.2-3。

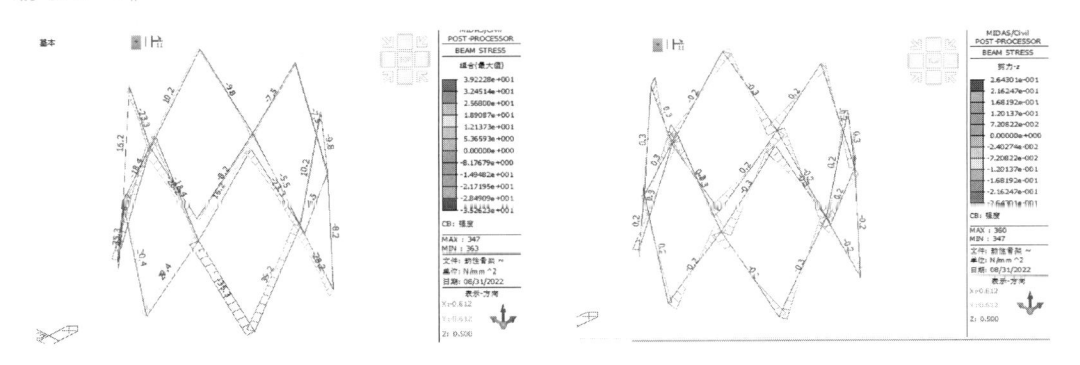

图 3.2-8　弯曲应力　　　　　　　　图 3.2-9　剪切应力

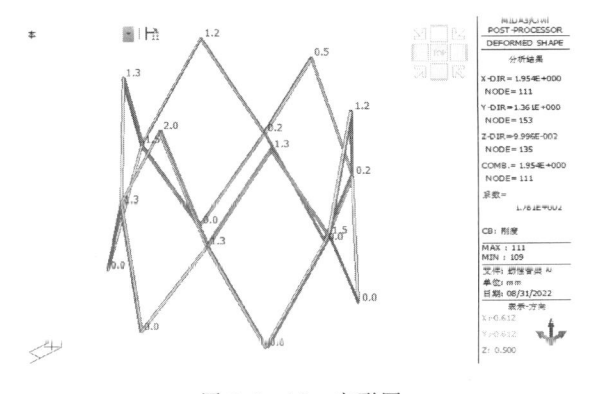

图 3.2-10　变形图

第3章　多塔斜拉桥圆形桥塔施工关键技术

表 3.2-3　　　　　　　　　　斜向计算结果汇总表

项　目	弯曲应力/MPa	剪切应力/MPa	变形/mm	结　论
设计值	215	125	7.5	满足要求
计算值	39.2	0.3	2	

4. 径向角铁计算

径向角铁为 L40×5mm，应力和变形云图如图 3.2-11～图 3.2-13 所示。计算结果见表 3.2-4。

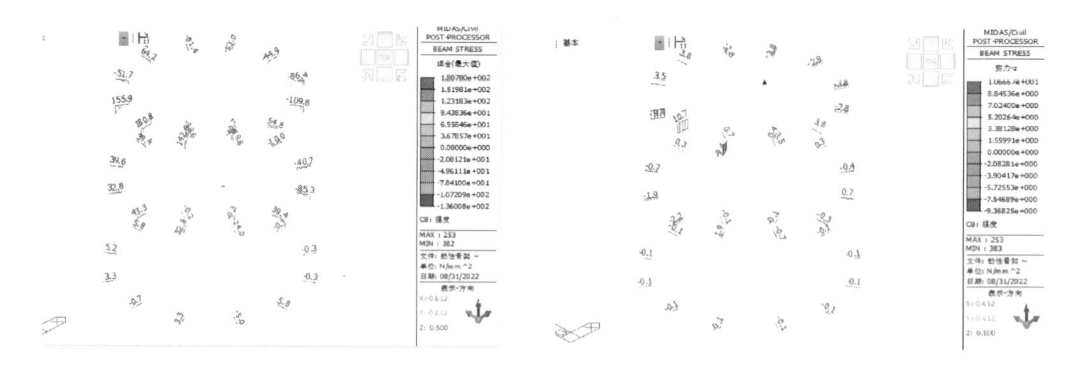

图 3.2-11　弯曲应力　　　　　　　　图 3.2-12　剪切应力

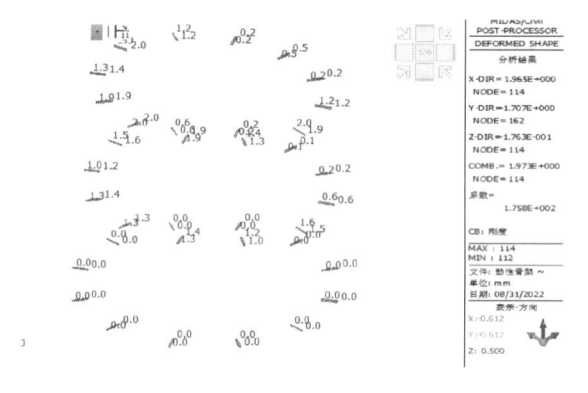

图 3.2-13　变形图

径向角铁图示最大变形为 2mm，相对变形为 0.2mm。

表 3.2-4　　　　　　　　　　径向角铁计算结果汇总表

项　目	弯曲应力/MPa	剪切应力/MPa	变形/mm	结　论
设计值	215	125	1.2	满足要求
计算值	180.8	10.7	0.2	

5. 整体稳定性计算

根据《公路斜拉桥设计细则》(JTG/T D65-01—2007) 5.9.1，稳定性度要求不小于 4，计算为 35，如图 3.2-14 所示，满足要求。

3.2 内部劲性骨架的设计计算

6. ∟75×7mm 焊缝计算

∟75×7mm 与连接钢板之间焊缝高度为 6mm，单边焊接长度不小于 60mm，最大轴力为 30.7kN，如图 3.2-15 所示，焊缝长度为 2×60-10×2=100（mm）（焊脚尺寸按照每条焊缝 10mm 考虑）

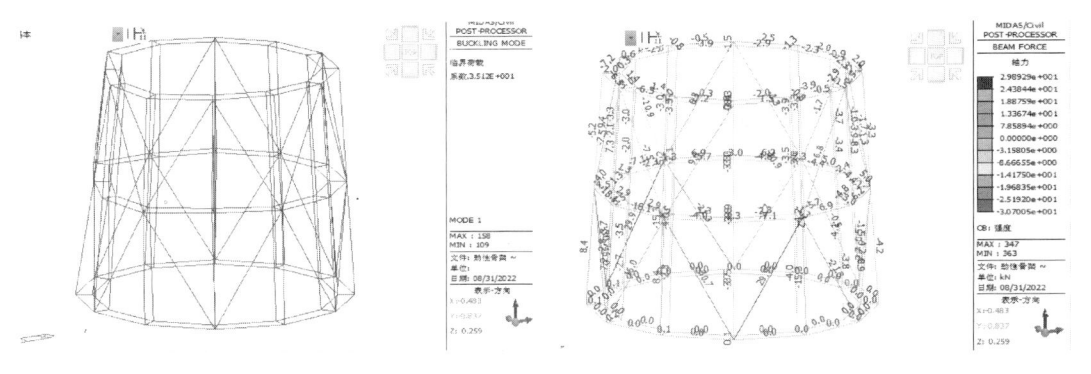

图 3.2-14　稳定性分析　　　　图 3.2-15　轴力图

根据《钢结构设计标准》(GB 50017—2017)，有

$$\sigma=\frac{N}{l_w h_e}\leqslant f_t^w$$

其中，$f_t^w=160\mathrm{MPa}$；$h_e=0.7h_f=4.2$ (mm)；$l_w=100\mathrm{mm}$；

$$\sigma=\frac{N}{l_w h_e}=\frac{30.7}{4.2\times 100}=73.1\text{（MPa）}<f_t^w=160\mathrm{MPa}$$

焊缝满足要求。

7. ∟40×5mm 焊缝计算

∟40×5mm 与竖向之间焊缝高度为 4mm，单边焊接长度不小于 40mm，最大轴力为 5.5kN，如图 3.2-16 所示，焊缝长度为

2×40-10×2=60（mm）（焊缝高度按照 10mm 考虑，焊脚尺寸按照每条焊缝 10mm 考虑）

根据《钢结构设计标准》(GB 50017—2017)，有

$$\sigma=\frac{N}{l_w h_e}\leqslant f_t^w$$

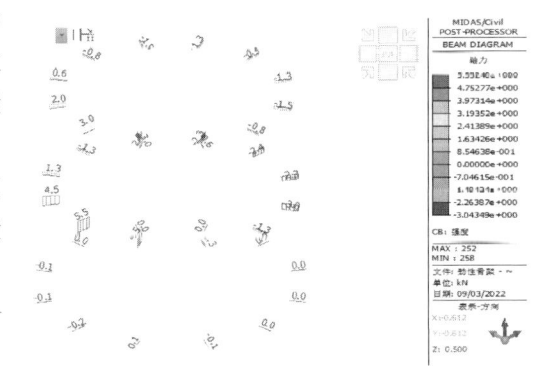

图 3.2-16　轴力图

其中，$f_t^w=160\mathrm{MPa}$；$h_e=0.7h_f=2.8(\mathrm{mm})$；$l_w=60\mathrm{mm}$；

$$\sigma=\frac{N}{l_w h_e}=\frac{5.5}{2.8\times 60}=32.74(\mathrm{MPa})<f_t^w=160\mathrm{MPa}$$

焊缝满足要求。

3.2.3 中上段劲性骨架计算

劲性骨架按照外露 6m 考虑,其余埋设入塔柱混凝土内,建模取最不利段——中上塔柱直径最大段,支架采用 Midas Civil 整体建模(图 3.2-17)。

1. 竖向角铁计算

竖向角铁为 L75×7mm,与环向、斜向、径向角铁连接,应力和变形云图如图 3.2-18~图 3.2-20 所示。计算结果见表 3.2-5。

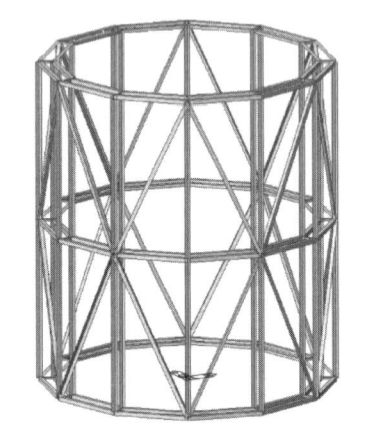

图 3.2-17 受力计算模型　　图 3.2-18 弯曲应力

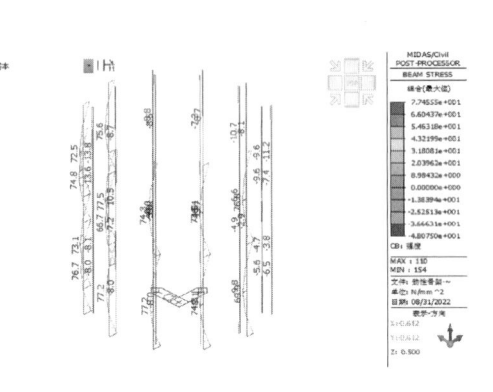

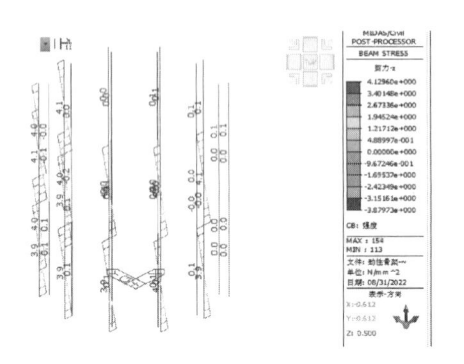

图 3.2-19 剪切应力　　图 3.2-20 变形图

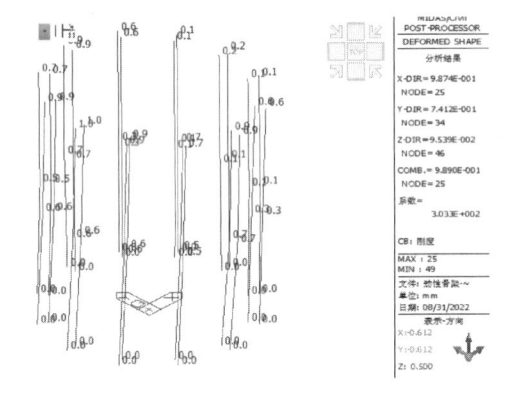

表 3.2-5　　　　　　　　竖向角铁计算结果汇总表

项　　目	弯曲应力/MPa	剪切应力/MPa	变形/mm	结　　论
设计值	215	125	15	满足要求
计算值	77.5	4.1	1	

2. 环向角铁计算

环向角铁为 L75×7mm,应力和变形云图如图 3.2-21~图 3.2-23 所示,计算结果见表 3.2-6。

图 3.2-21 弯曲应力　　　　　　　　　图 3.2-22 剪切应力

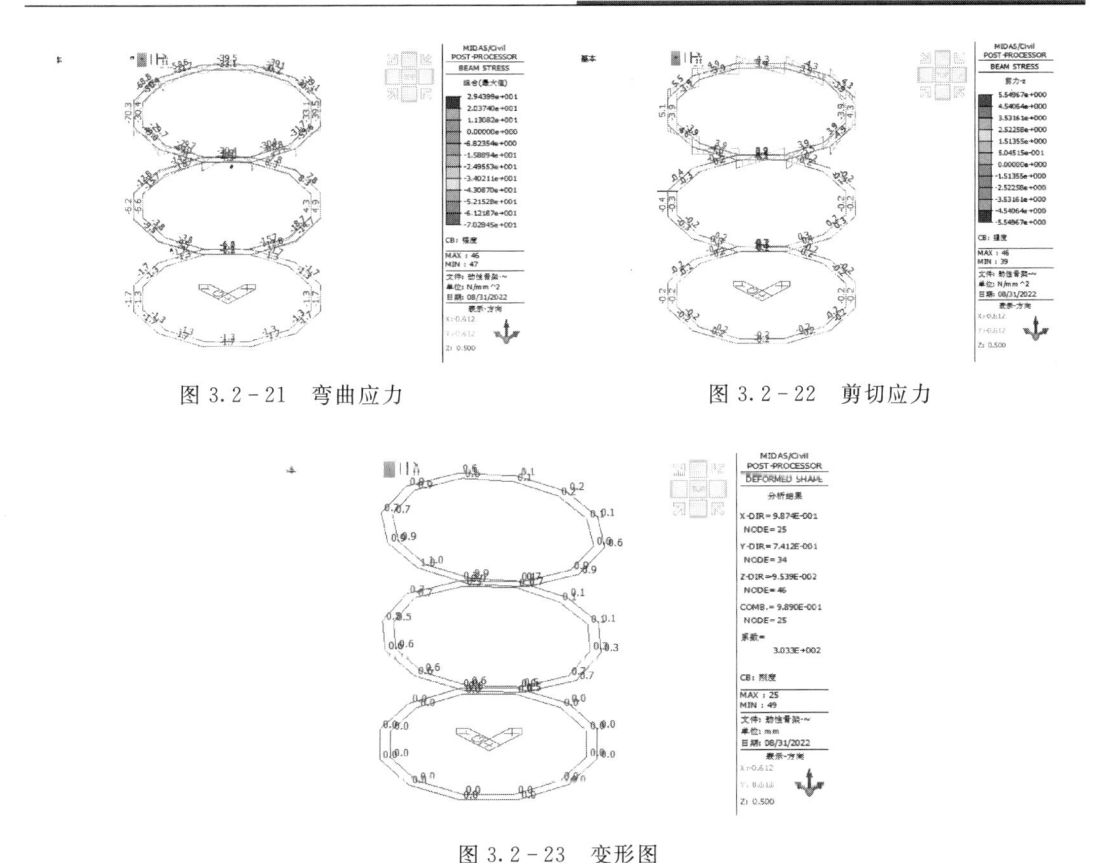

图 3.2-23 变形图

表 3.2-6　　　　　　　　　　环向角铁计算结果汇总表

项　目	弯曲应力/MPa	剪切应力/MPa	变形/mm	结　论
设计值	215	125	4.5	满足要求
计算值	70.3	5.5	1	

3. 斜向角铁计算

斜向角铁为L 75×7mm，应力和变形云图如图 3.2-24～图 3.2-26 所示，计算结果见表 3.2-7。

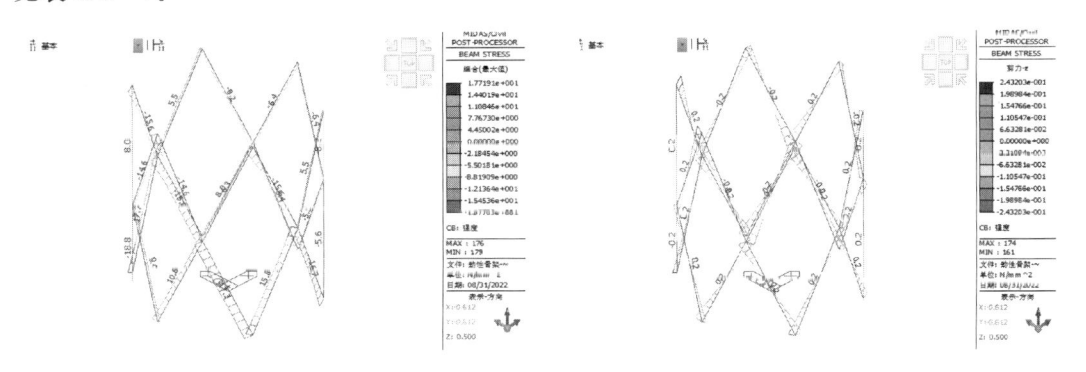

图 3.2-24 弯曲应力　　　　　　　　　图 3.2-25 剪切应力

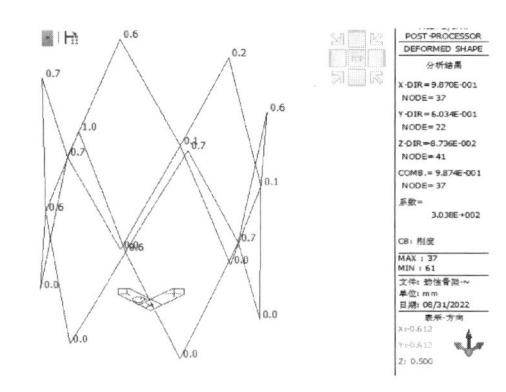

图 3.2-26 变形图

表 3.2-7　　　　　　　　　　斜向角铁计算结果汇总表

项　目	弯曲应力/MPa	剪切应力/MPa	变形/mm	结　论
设计值	215	125	7.5	满足要求
计算值	18.8	0.24	1	

4. 径向角铁计算

径向角铁为L40×5mm，应力和变形云图如图 3.2-27~图 3.2-29 所示，计算结果见表 3.2-8。

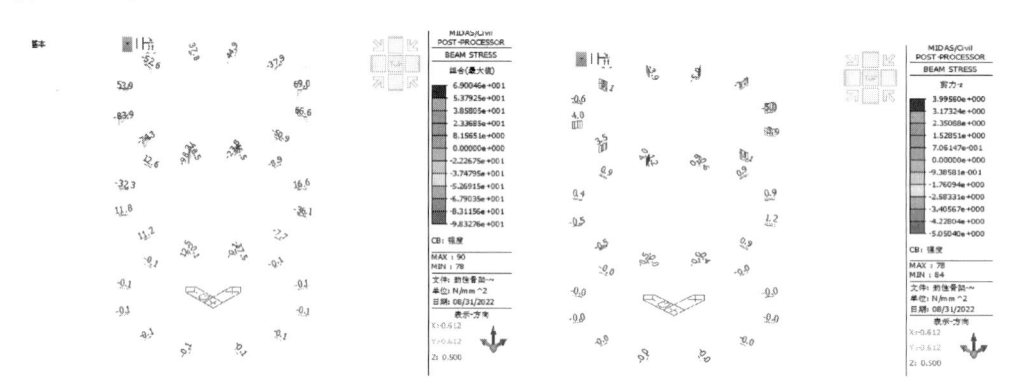

图 3.2-27　弯曲应力　　　　　　　　　　图 3.2-28　剪切应力

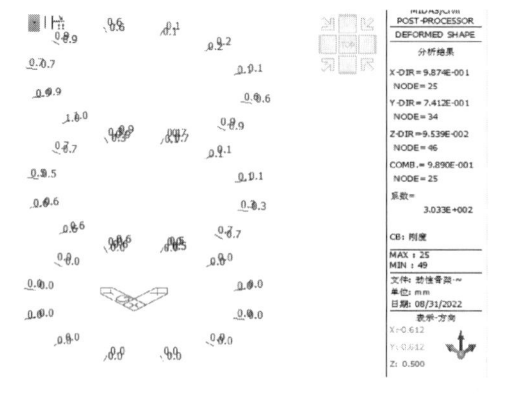

图 3.2-29　变形图

最大变形为1mm，相对变形最大为0.2mm。

表 3.2-8　　　　　　　　　径向角铁计算结果汇总表

项　　目	弯曲应力/MPa	剪切应力/MPa	变形/mm	结　　论
设计值	215	125	0.825	满足要求
计算值	98.3	5.1	0.2	

5. 整体稳定性计算

根据《公路斜拉桥设计细则》(JTG/T D65-01—2007) 5.9.1，稳定性度要求不小于4，计算为91，如图3.2-30所示，满足要求。

6. ∟75×7mm 焊缝计算

∟75×7mm与连接钢板之间焊缝高度为6mm，单边焊接长度不小于60mm，焊缝长度为

$$2\times60-10\times2=100(\text{mm})(\text{焊脚尺寸按照每条焊缝10mm考虑})$$

最大轴力为14.8kN，如图3.2-31所示，小于中下塔柱轴力，由于中下塔柱焊缝强度满足要求，则此焊缝强度也满足要求。

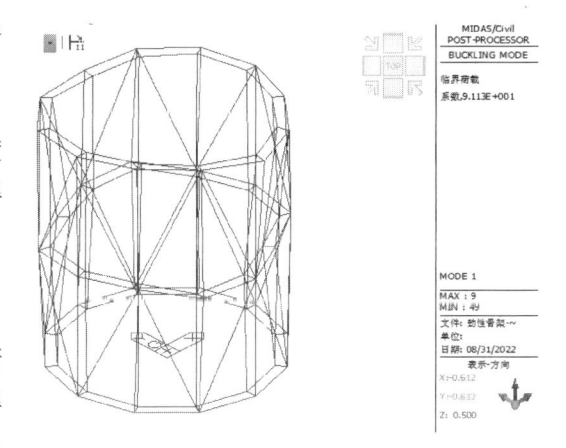

图 3.2-30　稳定性分析

7. ∟40×5mm 焊缝计算

∟40×5mm与竖向之间焊缝高度为4mm，单边焊接长度不小于40mm，焊缝长度为

$$2\times40-10\times2=60(\text{mm})(\text{焊脚尺寸按照每条焊缝10mm考虑})$$

最大轴力为0.7kN，如图3.2-32所示，小于中下塔柱轴力，由于中下塔柱焊缝强度满足要求，则此焊缝强度也满足要求。

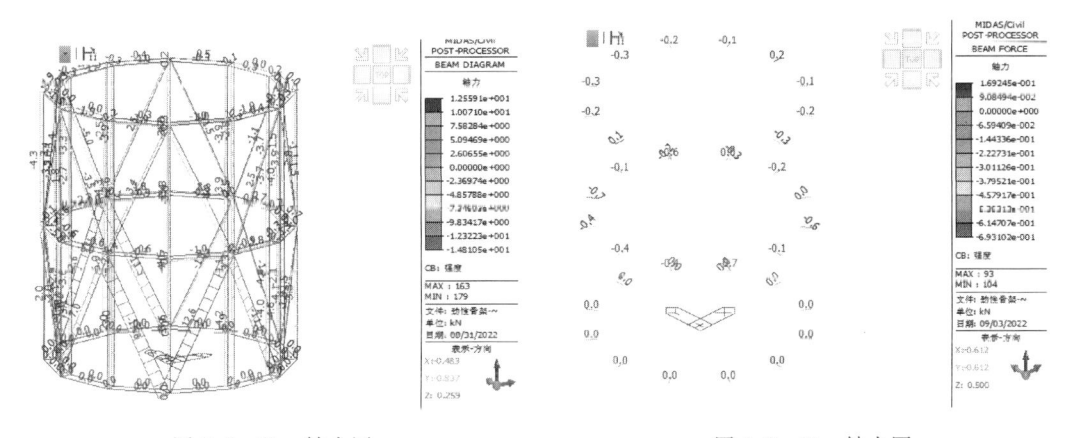

图 3.2-31　轴力图　　　　　　图 3.2-32　轴力图

3.2.4 计算结论

计算结果汇总见表3.2-9，结构强度及刚度均满足规范要求。

表3.2-9　　　　　　　　　主要构件计算结果汇总表

名　称	规　格	弯曲应力/MPa 计算值	弯曲应力/MPa 设计值	剪切应力/MPa 计算值	剪切应力/MPa 设计值	变形/mm 计算值	变形/mm 设计值	结　论
竖向角铁	∟75×7mm	111	215	5	125	2	15	满足要求
环向角铁	∟75×7mm	86.3	215	6	125	1.97	4.5	满足要求
斜向角铁	∟75×7mm	39.2	215	0.3	125	2	7.5	满足要求
径向角铁	∟40×5mm	180.8	215	10.7	125	0.2	1.2	满足要求

3.3　节段爬模的施工

3.3.1　施工技术准备

（1）熟悉施工设计图及图纸会审资料以及相关要求等。

（2）做好高空作业的安全防护工作，制定有针对性的事故应急预案，完善各种预防措施，保障在遇到突发情况时有妥善的处理方案。

（3）测量人员进行导线点、水准点的复测，并进行墩柱点位放样，为上部施工做好准备。

（4）试验室做好水泥、粉煤灰、水、钢筋、砂石料等原材料试验和水化热试验，确定选用合格的原材料，并进行混凝土配合比设计，且通过审批。

3.3.2　墩柱爬模设计

1. 墩柱概况

索塔总高度43+11.2m，43+16.9m；分13/14节段浇筑，标准浇筑高度4.5m；模板配置高度4.65m。

2. 墩柱模板方案

模板配置高度4.65m，最大浇筑高度4.5m，第1节段浇筑高度4.6m；外模板采用木工字梁模板面板厚度为18mm，模板总厚度为333mm非标段内模板工地自备；拉杆为M20，横向布置及竖向布置900mm左右；1~10节段模板需切割模板底部。模板拼装如图3.3-1所示。

3. 主墩外侧

支架使用ZPM100液压爬模，主墩外侧共使用8榀下架体、8榀上架体。因收坡较大，根据塔柱收坡情况搭设跳板过人通道。主墩内模支架使用焊接角钢骨架，支架布置示意图如图3.3-2所示。

3.3 节段爬模的施工

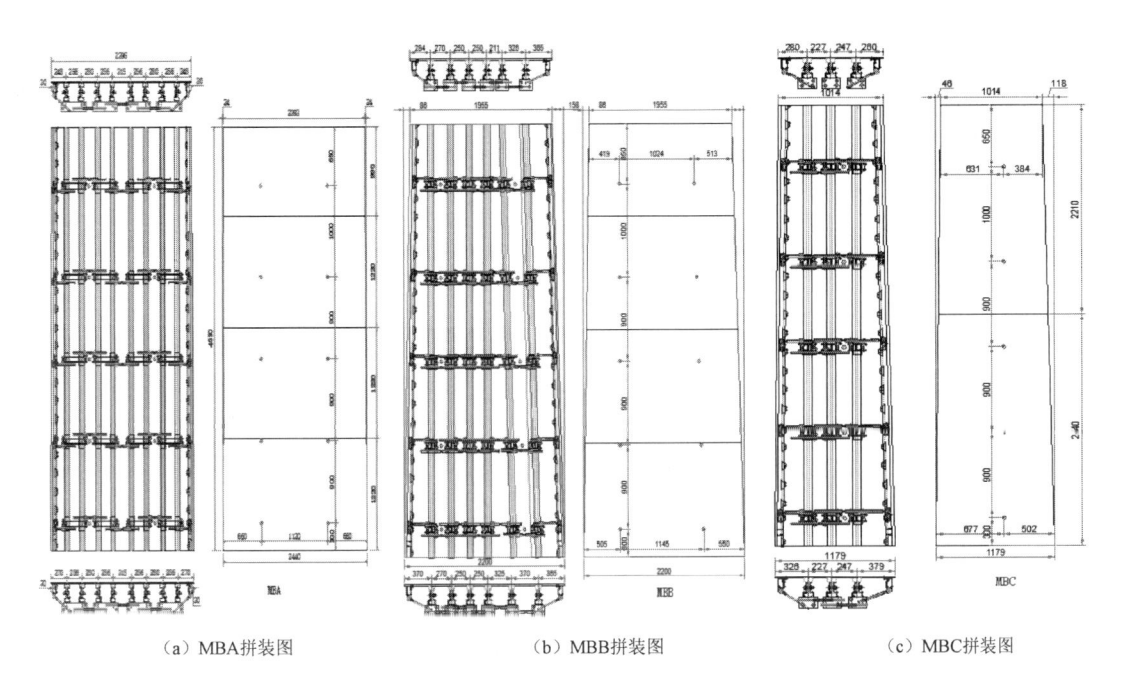

(a) MBA拼装图　　(b) MBB拼装图　　(c) MBC拼装图

图 3.3-1　模板拼装图

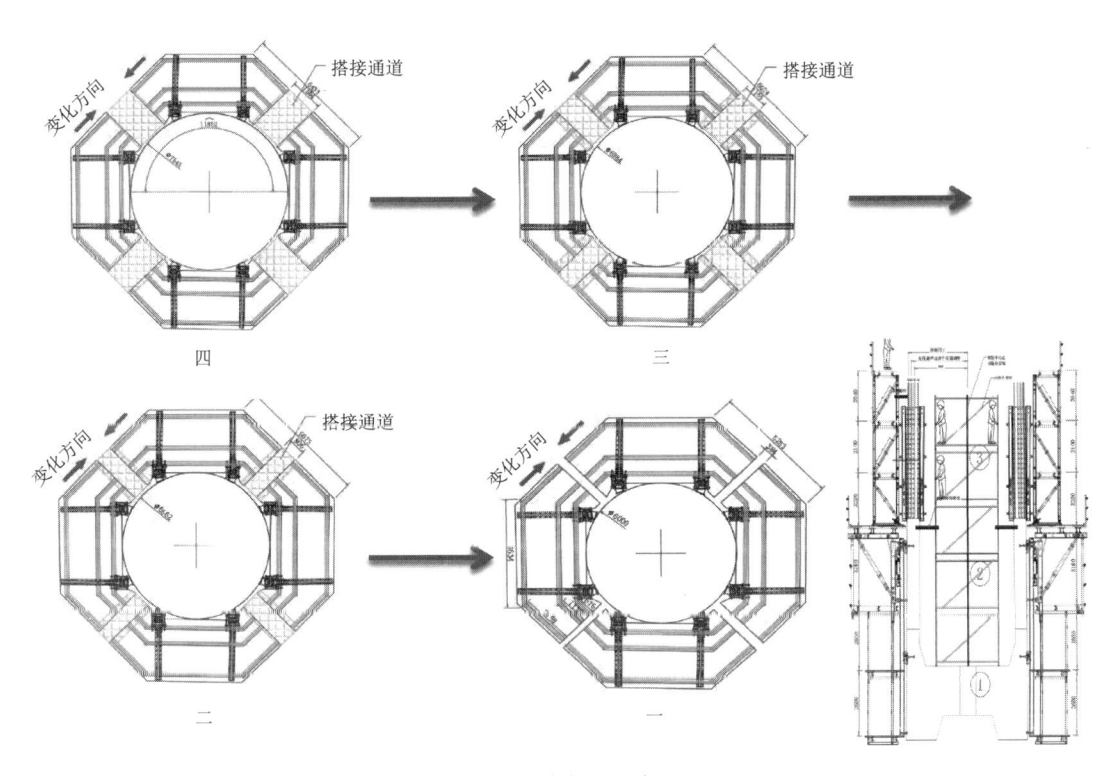

图 3.3-2　支架平面布置图

87

4. 平台防护设计

为避免架体爬升时与结构冲突,爬模上平台板与混凝土墙面间留有100~200mm的间隙,同时为防止高空坠物,在液压平台和吊平台的架体与混凝土墙面之间空隙处设置翻板,当架体提升时将翻板翻开,架体提升到位后立即将翻板铺好。在导轨与平台跳板之间的缝隙处同样采用定型翻板对缝隙进行封堵,如图3.3-3、图3.3-4所示。外侧爬模设计时为保证架体的单独爬升,相邻爬模单元之间的间距设置为100mm,并在100mm宽缝隙处设置翻板。

图3.3-3 爬模平台与结构间缝隙翻板　　图3.3-4 爬模平台导轨处缝隙处理

5. 平台设计

(1) 根据现场混凝土施工要求,为满足现场施工时钢筋绑扎所需平台高度需求,外侧爬模架体共设置5层操作平台:平台①为上平台,供施工时放置钢筋等材料使用平台宽度为1.5m;平台②、平台③为模板操作平台,供模板施工操作使用,高度分别为2.04m、2.1m,平台宽度为1.5m;平台④为主平台,供模板后移使用兼作主要人员通道,平台高度为2.28m、宽度为2.8m;平台⑤为液压操作平台,爬模爬升时进行液压系统操作使用,平台高度为3.16m、宽度为2.8m;平台⑥为吊平台,方便拆卸挂座、爬锥及受力螺栓以便周转使用,平台高度为2.65m、宽度为1.8m;平台⑦为电梯过人平台,连接电梯通道,平台高度为2.65m、宽度为1.8m。架体立面图和平台图详见图3.3-5、图3.3-6。

(2) 根据《液压爬升模板工程技术标准》(JGJ/T 195—2018)及施工现场要求,爬模处于施工工况时,爬模上平台荷载为$5kN/m^2$,模板操作平台施工荷载标准值为$1.0kN/m^2$;液压操作平台和吊平台施工荷载标准值为$1.0kN/m^2$,但不参与爬模荷载设计组合。

爬模处于爬升工况时,平台不允许堆载,主平台施工荷载标准值为$1.0kN/m^2$,液压操作平台施工荷载标准值为$1.0kN/m^2$。

按照JGJ/T 195—2018及现场施工要求,爬模处于施工工况和爬升工况时,按7级风力进行安全计算;爬模处于停工工况时,按9级风力进行安全计算。

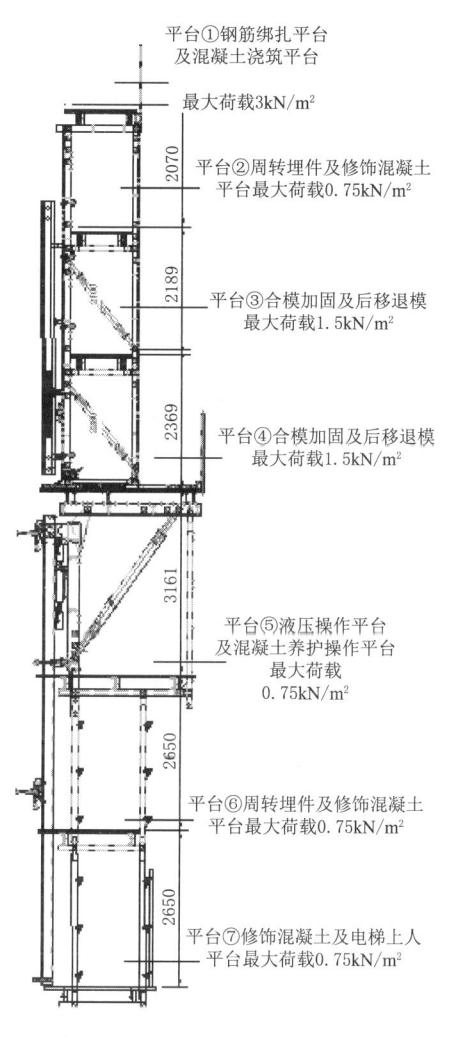

图 3.3-5　标准自爬模架体立面图
（单位：mm）

图 3.3-6　爬模架体平台图

（3）各层平台平台板板均采用为宽280mm、厚50mm的花纹钢跳板铺设，局部采用花纹钢板填补。花纹钢跳板具有防火、防滑、耐腐蚀的作用，可满足施工的要求。

6. 外侧爬模外立面防护设计

为保证高空作业时施工人员的安全，架体外防护设计采用定型钢板网，钢板网厚度为0.6mm，孔径为5mm，挡风系数为0.65。钢板网在保证外围护的抗冲击性、安全性、耐用性以及采光要求的同时，追求外立面形象美观、整洁。由于外侧架体在结构内缩时，两个架体单元之间间隙缩小，为保证此时外防护的密封性，外围护彩钢板设计为一端固定，另一端搭接的形式。防护效果如图3.3-7所示。

除吊平台外，各层平台均设上下人孔，上下人孔周围设护栏，各层平台之间设置钢制爬梯。人梯梯步高度方向为300mm，为保证上下通行方便人梯斜率为60°。平台间通道洞口处理如图3.3-8所示。

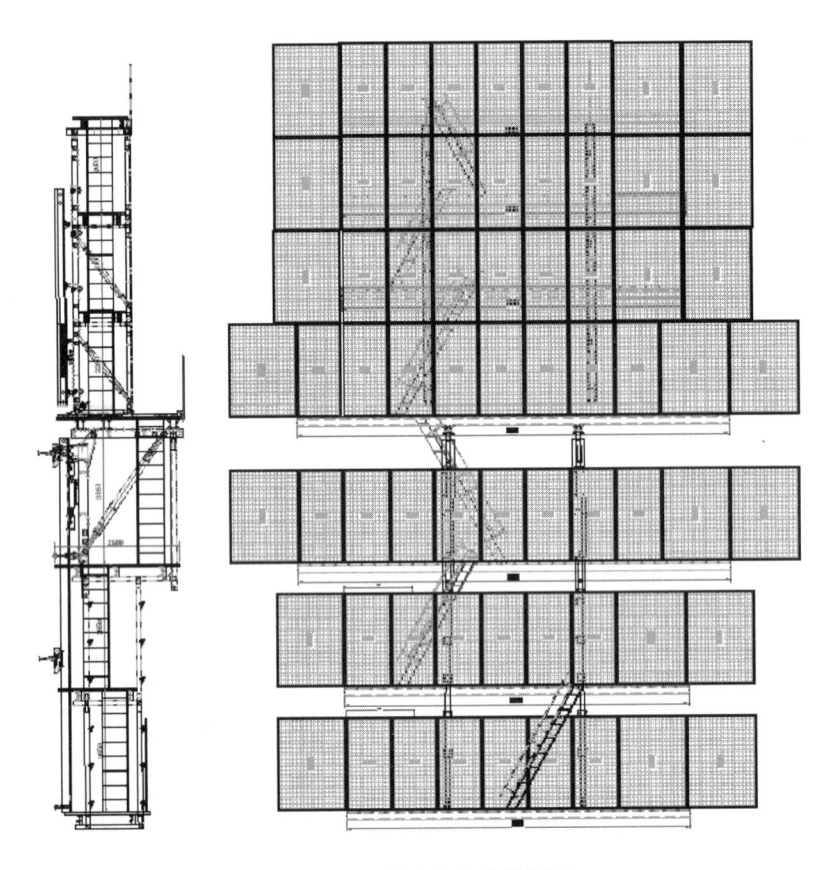

图 3.3-7 外防护整体效果图

7. 液压爬模爬升、固定、拆除

(1) 液压爬模安装。

第一模浇筑完成安装下架体→连接上架体，装好护栏钢管及平台槽钢跳板→吊装模板合模及浇筑第二模混凝土→退模安装导轨→第一次爬升。流程详见图3.3-9。

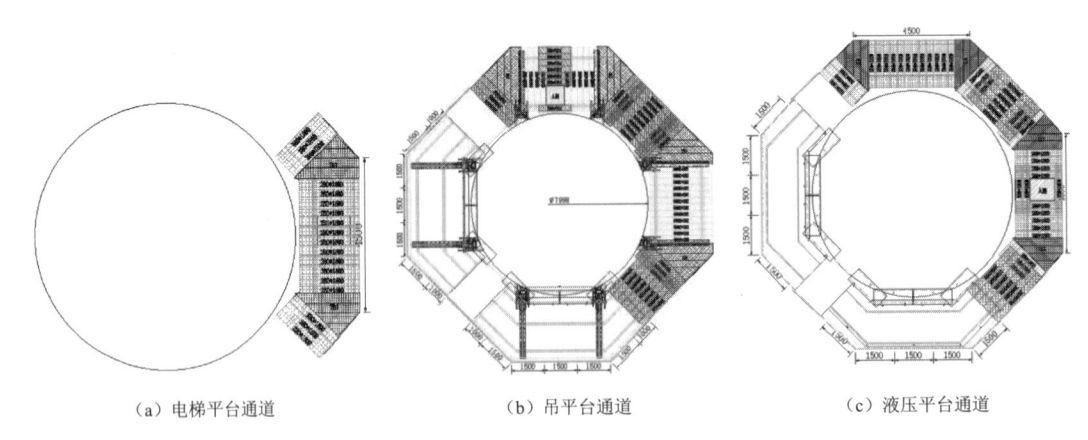

(a) 电梯平台通道　　(b) 吊平台通道　　(c) 液压平台通道

图 3.3-8（一） 平台间通道洞口处理照片

3.3 节段爬模的施工

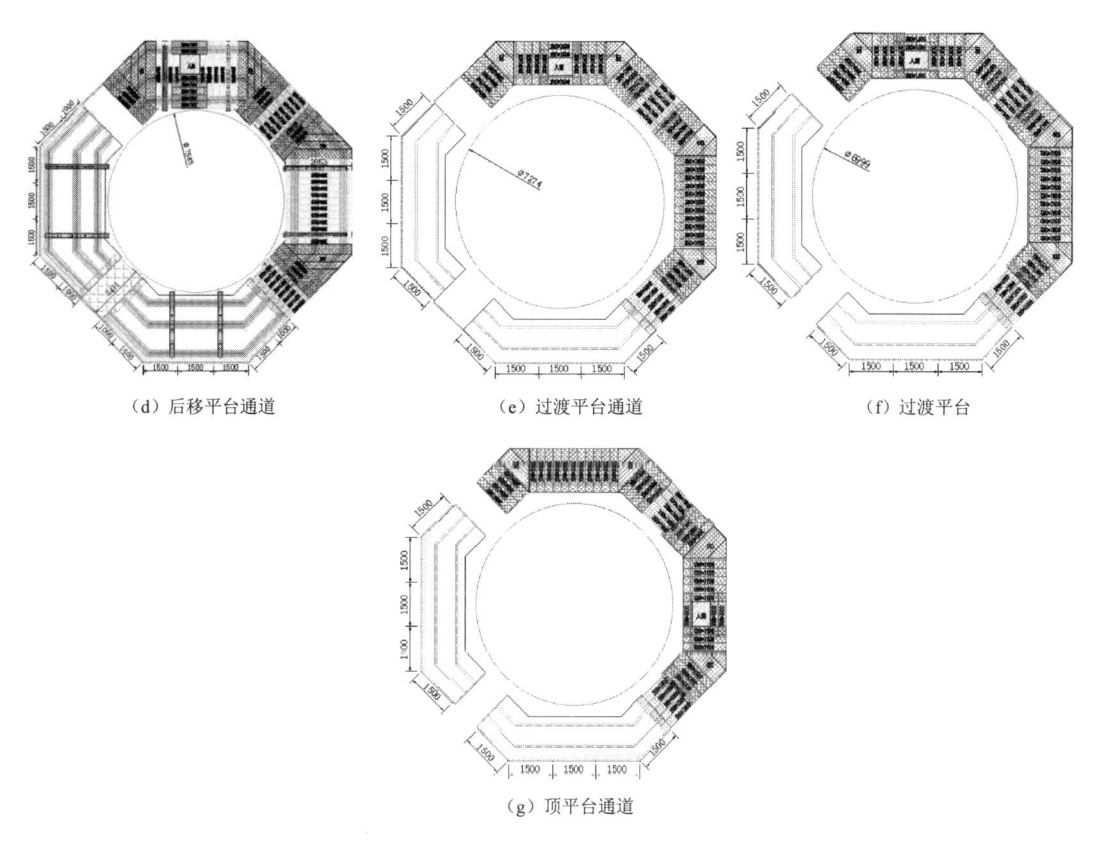

（d）后移平台通道　　　　（e）过渡平台通道　　　　（f）过渡平台

（g）顶平台通道

图 3.3-8（二）　平台间通道洞口处理照片（单位：mm）

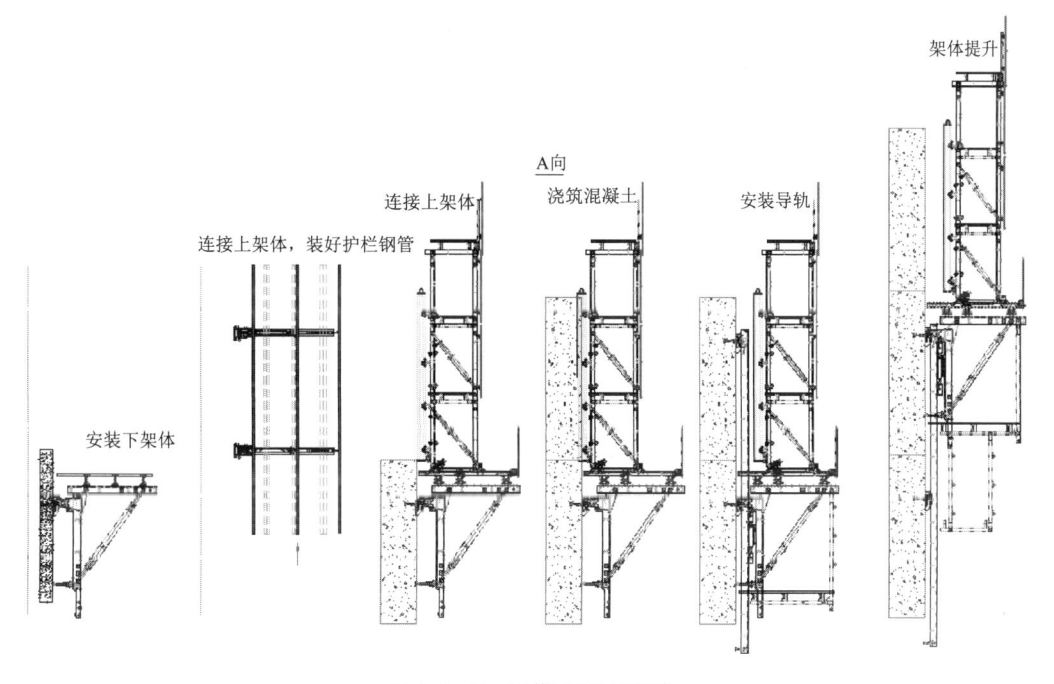

图 3.3-9　爬模安装流程图

(2) 液压爬模爬升。

液压爬模爬升的原理是导轨依靠附在爬架上的液压油缸来进行提升，导轨到位后与上部爬架悬挂件连接，爬架与模板体系则通过顶升液压油缸沿着导轨进行爬升，通过导轨与爬架的互爬实现爬升。

爬升的流程为：混凝土浇筑完成→绑扎钢筋→拆模后移→安装附墙装置→提升导轨→爬升架体→模板清理刷脱模剂→预埋件固定在模板上→合模→浇筑混凝土。

具体步骤如下：

1) 起始段浇筑中，在组合模板上按照设计图纸中的位置埋设爬升锥体，并保证埋件位置的正确。

2) 待混凝土达到强度（15MPa）要求后拆模，利用起始段预埋爬升锥体，依靠吊机将液压爬模爬升设备主支撑体系挂于锚点之上，并锁紧安全销。随后吊装组合模板体系，调整组合模板位置，保证安装精度，支模后进行第二步浇筑工作。

3) 拆模，利用液压装备提升轨道，使其上部与预埋的锚锥体固结，形成上升轨道。

4) 利用液压装备使爬架体系与组合模板共同沿上升轨道完成同步爬升，在此过程中轨道的上部与混凝土结构通过预埋锚锥固结，以作为爬升过程中的立足点。

5) 支模，并重复上述流程的工作。

爬模作业每道工序前对锚固受力部件工作情况进行检查；爬模作业分为施工状态、爬升状态两个状态，在这两个状态情况下需按照要求对相应杆件进行检查，保证各个杆件安全可靠，再进行下一个流程。爬模作业前需严格按照检查表检查相关条款，并落实到相应人员，签字确认。

液压爬模的拆除：

1) 爬模拆除条件：结构施工完毕，即可对爬模进行拆除，拆除及改装前要控制吊重，每吊控制在5~6t范围内，爬模拆除必须经项目生产经理、总工程师签字后方可。

2) 机械设备：由现场提供塔吊配合爬模的拆除作业。

3) 人员组织：专业公司提供专人负责爬模拆除过程中的技术指导和安全培训工作，总包方负责爬模拆除工作，应配专业架子工，爬模拆除前，工长应向施工人员进行书面安全交底。

4) 爬模拆除时应先清理架上杂物，如脚手板上的混凝土、砂浆块、扣件、活动杆件及材料。拆除后，要及时将结构周圈搭设防护栏杆。

5) 爬模拆除前，先将进入楼的通道封闭，并做醒目标识，画出拆除警戒线，严禁人员进入警戒线内。

爬模拆除流程具体如图3.3-10所示。

8. 主墩结构节点施工

(1) 主塔内模横隔板。

第一层浇筑完成后，预埋牛腿埋件，合模浇筑第一层混凝土，第一层混凝土浇筑完成后，安装牛腿支架及横隔板底模，外模合模浇筑第一层混凝土，如图3.3-11所示。

(2) 支架安装。

因工地第一模有钢支撑冲突第一模无法安装爬模支架，第二模浇筑完成后安装爬模支架。

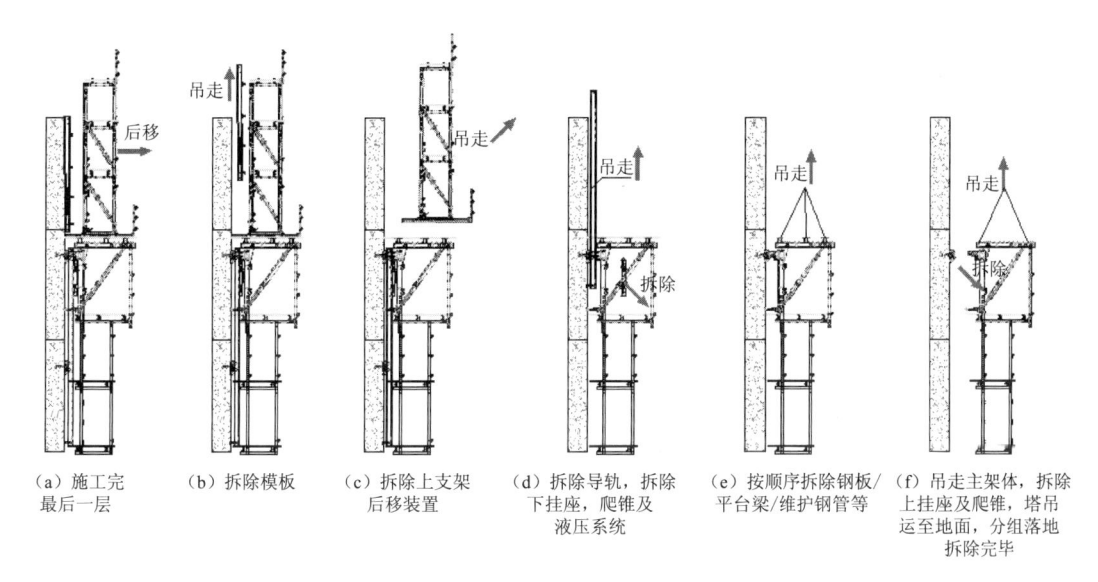

(a) 施工完　　(b) 拆除模板　 (c) 拆除上支架　(d) 拆除导轨，拆除 (e) 按顺序拆除钢板/ (f) 吊走主架体，拆除
最后一层　　　　　　　　　　后移装置　　　下挂座，爬锥及　 平台梁/维护钢管等　 上挂座及爬锥，塔吊
　　　　　　　　　　　　　　　　　　　　　液压系统　　　　　　　　　　　　　　 运至地面，分组落地
　　　　　　　　　　　　　　　　　　　　　　　　　　　　　　　　　　　　　　　 拆除完毕

图 3.3-10　爬模拆除流程

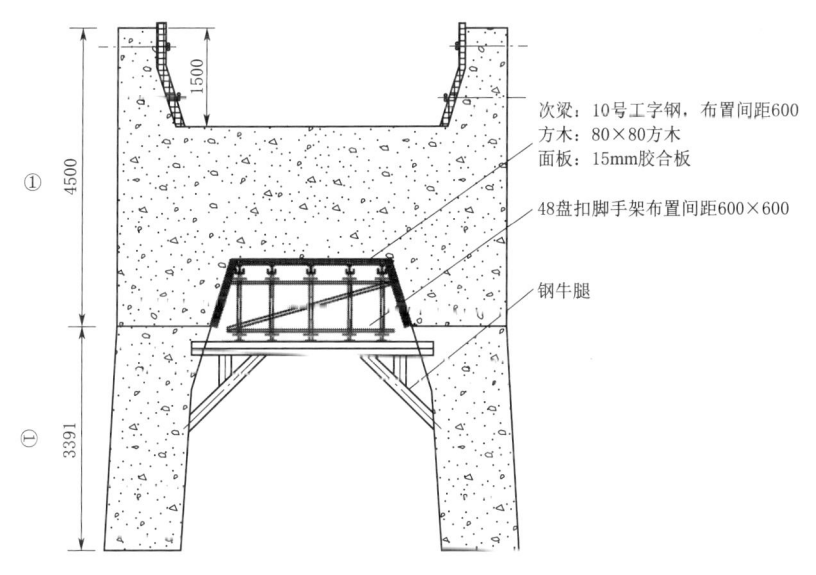

图 3.3-11　横隔板混凝土浇筑立面图（单位：mm）

（3）转折点支架安装。

转折点爬模支架爬升无法通过，需要吊装或重装；需提前三模增加过渡块或者支座调整（图 3.3-12），可平缓过度至上塔柱。

（4）圆弧液压爬模。

第一到第四节段半径变化较大在爬模和墩身间，根据结构尺寸，增加支座调整爬模水平。

（5）筋冲突位置。

埋件位置采用钢筋间接模数，设置三道孔，能够保证中孔/边孔始终有一个位置能够

93

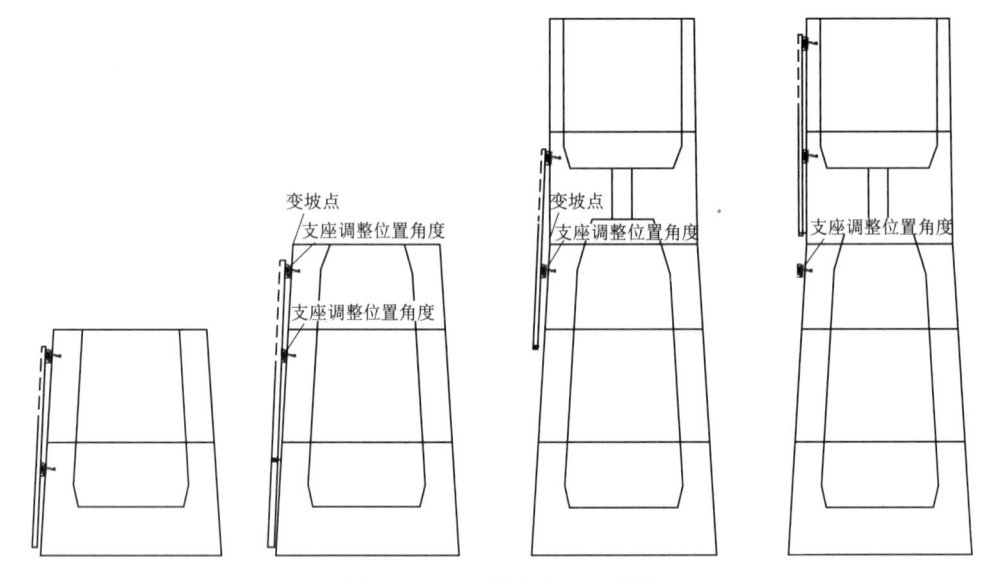

图 3.3-12 结构转折点立面图

埋设。座外侧开设长孔,调整支架水平位置。

(6) 构突变位置。

结构变化位置:右侧红线内结构位置使用钢模板(配置高度为4.1m、浇筑高度为4m)。该部分仅配置1套,P1、P2、P3三部分周转使用,如图3.3-13所示。

(7) 内模现场散拼非标段。

第一节段浇筑高度4.6m;外模板采用木工字梁模板,非标段内模板工地自备;填充位置现场散拼,材料工地自备;第一至十节段模板需切割模板底部,如图3.3-14所示。

(8) 钢筋绑扎。

主墩外侧在爬模外桁架顶部平台绑扎钢筋,主墩内侧在焊接内骨架绑扎钢筋。钢筋绑扎应严格控制尺寸,必要时可使用电动葫芦或者千斤顶调整。

(9) 模具拆除及养护。

混凝土浇筑完成后达到拆除条件时,脱模将模板吊走改制,达到爬模条件后爬升架体,爬升到位后进行喷淋养护。

混凝土养护使用喷淋系统,延墩身结构面布置养护水管;降温效率

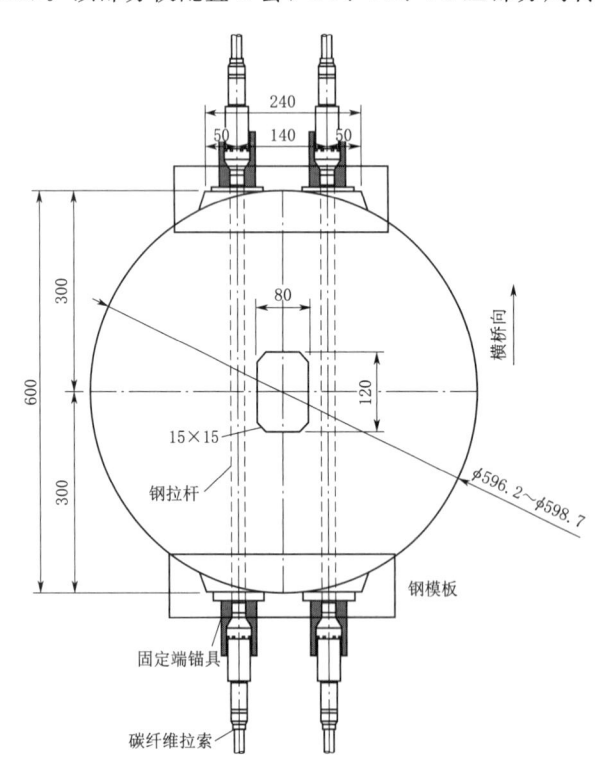

图 3.3-13 结构 4-4 突变平面图(单位:mm)

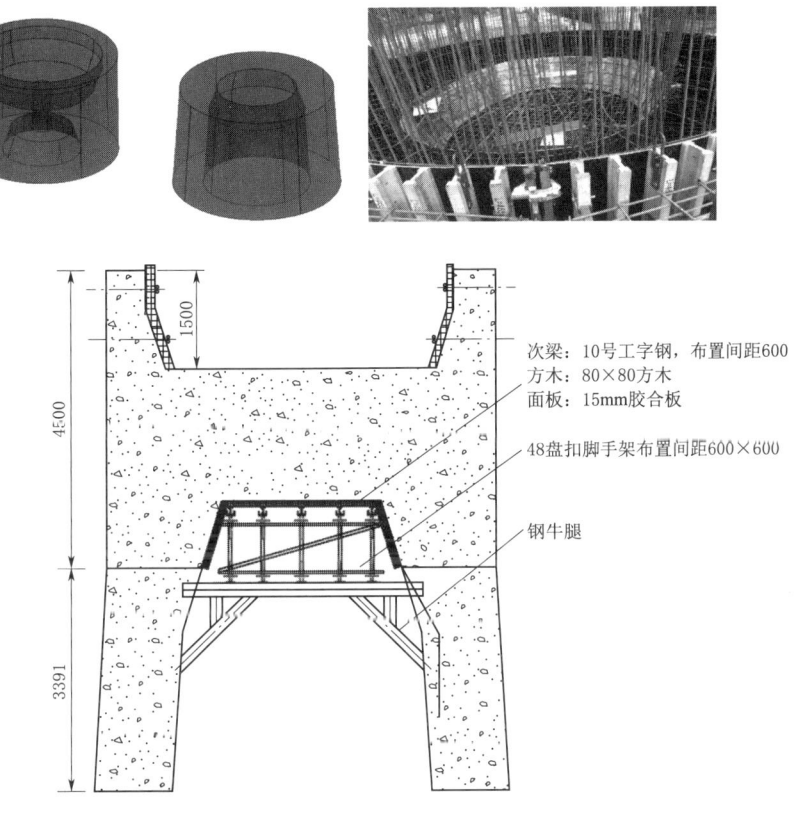

图 3.3-14 非标段施工示意图（单位：mm）

高，能够迅速汽化到空气中被水泥墩子吸收。此加湿系统适用于软化水或自来水；如使用纯水更可保证雾化喷嘴永远工作在最佳状态。精密加工的 0.2mm 微孔反溅式超硬耐磨进口陶瓷喷嘴，使喷雾达到最佳效果。安装简便，节能降耗，运行可靠。喷嘴内有单向阀结构，防止喷嘴出现喷水和滴水现象。

养护流程步骤：

混凝土浇筑完成→模板拆除及后移→爬升到位→打开喷淋系统养护混凝土→绑扎上一层钢筋→上层钢筋绑扎完毕→关闭喷淋系统→爬升液压爬模。

喷淋系统安装在液压平台，并在液压平台设置水箱水泵，模板拆除后及时开启喷淋系统对混凝土进行养护施工。

整套加湿系统可以在控制器的控制下，实现自动运行，采用耐压度为 120kg/cm² 的高压管，确保无锈蚀使用。通过适时调节系统供水量，保证系统恒压供水，减缓设备磨损，延长使用寿命。冬季无法采用洒水养护，采用蒸汽养护及养护液养护。

3.3.3 施工质量保证措施

施工质量保证措施与施工安全保证措施是工程安全、可靠、耐久的关键环节。通过一定的措施可以有效保证施工质量，减少返工与维修成本，提高工程的整体质量和使用寿命。

1. 组织保证措施

从思想保证、组织保证、技术保证、施工保证、制度保证五个方面，建立有效的质量保证体系，确保质量管理体系有效运行，对各分部、分项工程质量进行全面有效控制。按照"管生产，管安全"的原则成立以项目经理和项目书记为组长，总工程师、副经理、安全负责人为副组长，各部门负责人为组员的安全领导小组，领导和组织实施本项目施工安全管理，确保安全目标实现。安全环保部是项目经理部常设职能部门，具体实施各项安全管理工作，以专检和监督方式为主，实行安全生产一票否决权；安全领导小组是负责工程范围内安全管理的组织实施机构，安全环保部及专职安全员负责施工过程的安全监督。质量保证组织机构如图 3.3-15 所示。

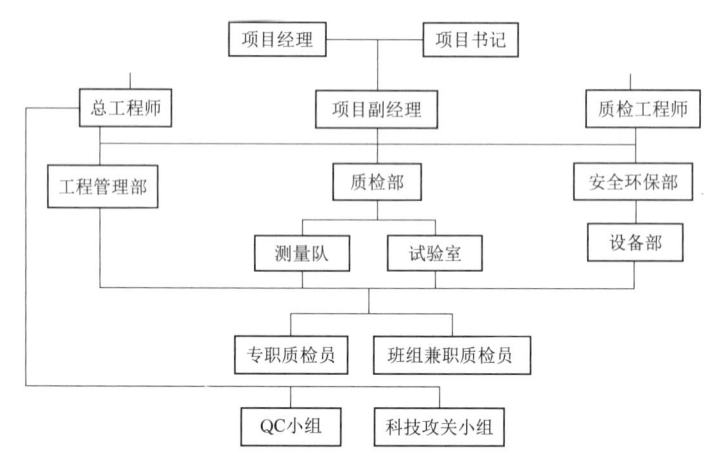

图 3.3-15 质量保证组织机构图

2. 技术保证措施

(1) 施工前的控制。

1) 项目经理部技术主管组织有关人员编制施工组织设计。

2) 编制施工总进度计划、劳动力计划、设备计划和材料计划。

3) 在施工组织设计中，详细制定各分项工程的施工工艺，提出本工程的质量控制点和相应的控制计划，对关键工序实行典型施工。

4) 组织有关人员详细阅读设计文件，透彻理解设计意图。

(2) 施工计划控制。

由项目经理部各职能部门编制、落实、检查和督促每月生产计划执行情况。项目部按时召开调度会、生产会，检查落实施工进度、工程质量、安全生产等工作，协调人、机、物，控制工程形象进度，专题研究工程质量情况和改进措施。

(3) 桥塔施工垂直度控制。

各层墙体投射控制线，控制各个墙肢模板的起始位置。待模板支设完毕后，用激光铅直仪投点检查模板上口的轴线偏差，用吊线法检查层高内的模板垂直度，对模板进行轴线偏差和垂直度校正。

3. 安全技术措施

(1) 爬模安装过程。

1) 安装前应根据专项施工方案要求，配备合格人员，明确岗位职责，并对有关施工人员进行安全技术交底。

2) 严格控制预埋件和预埋套管的埋设质量，为保证预埋位置的准确，应用辅助筋将预埋套管与墙体横向钢筋焊接固定，防止跑偏。预埋孔位偏差未达到要求的不得进行安装；预埋孔处墙面必须平整，保证挂座与墙体的充分接触；螺母必须拧紧以确保附墙座与墙面的充分接触。

3) 爬模上所有零部件的连接螺栓、销轴、锁紧钩及楔板必须拧紧和锁定到位，经常插、拔的零件要用细钢丝拴牢。

4) 操作平台上按相关规范要求设置灭火器，施工消防供水系统随爬模施工同步设置。

5) 爬模安装完毕后，总包方组织监理、专业公司等相关方（包括负责生产、技术、安全的相关人员），对爬模安装进行检查验收，经验收合格签字后方可投入使用。验收合格后任何人不得擅自拆改，需局部拆改时，应经设计负责人同意，由架子工操作。

6) 严禁在夜间进行架体的安装和搭设工作。

(2) 爬模施工过程安全技术措施。

1) 在爬模装置爬升时，墙体混凝土强度必须不得小于15MPa，且必须满足设计要求。

2) 禁止超载作业，严格按照规定区域堆放恒荷载，严禁在操作平台上堆放无关物品。在操作平台上进行电、气焊作业时，应有防火措施和专人看护。

3) 架体提升完毕后或清理模板完毕后，应立即将架体上的模板靠近墙体，并用模板对拉螺栓将模板与内筒模板进行刚性拉接，以便在架体上层平台上进行绑筋作业，同时确保架体上端有足够的稳定性。

4) 爬模专职操作人员在爬模的使用阶段应经常（每日至少两次）巡视、检查和维护爬模的各个连接部位；确保爬模的各部位按要求进行附着固定。

5) 非爬模专职操作人员不得随便搬动、拆卸、操作爬模上的各种零配件和电气、液压等装备。在爬模上进行施工作业的其他人员如发现爬模有异常情况时，应随时通报爬模专职操作人员进行及时处理。

6) 每施工3层或施工进度较慢及施工暂时停滞时每个月都应对挂座、液压系统等进行检查保养，以保证架体的正常使用。

7) 施工过程中，由项目部组织施工技术人员、安全员、液压操作人员、监理等进行爬模架体的检查，确保施工过程安全，并由专业的技术人员佩戴胸卡在液压平台巡回检查防坠装置处的销子是否符合正在工作的方向要求，杜绝非专业人员对安全销进行操作。

(3) 爬模提升过程安全技术措施。

1) 爬模提升时，架体上不允许堆放与提升无关的杂物。严禁非爬模操作人员上爬模架。提升前应取下单元间搭设的钢跳板，拆开变截面相关所有连接部位，以保证爬模顺利爬升。正在进行提升作业的爬模作业面的正下方严禁人员进入，并应设专人负责监护。

2) 提升过程中应实行统一指挥、规范指令，提升指令只能由一人下达，但当有异常情况出现时，任何人均可立即发出停止指令。

3) 爬模提升到位后，必须及时按使用状态要求进行附着固定，安装变截面处相关连接部位。在没有完成架体固定工作之前，施工人员不得擅自离岗或下班，未办交付使用手续的，不得投入使用。

(4) 爬模拆除过程安全技术措施。

浇筑完最后一层→拆除主平台以上架体→后移模板→拆除模板→拆除导轨→拆除下层挂座→拆除液压系统→拆除下架体，拆除挂座。

1) 爬模的拆卸工作须严格按照《液压爬升模板工程技术标准》(JGJ/T 195—2018) 第7条规定进行。

2) 爬模的拆除必须经项目部生产经理、总工程师签字后方可进行。拆除工作前对施工人员进行安全技术交底，拆除中途不得换人，如更换人员必须重新进行安全技术交底。

3) 操作人员必须经专业安全技术培训，持证上岗，同时熟知该工种的安全操作规定和施工现场的安全生产制度，不违章作业。对违章作业的指令有权拒绝，并有责任制止他人违章作业。操作人员将安全带系于墙体在台仓外一侧的墙体施工钢管操作架上，防止爬模拆除过程中本身失稳造成坠落事故。

4) 操作人员必须正确使用个人安全防护用品，必须着装灵便（紧身紧袖），必须正确佩带安全帽和安全带，穿防滑鞋。作业时精力要集中，团结协作，统一指挥。不得"走过挡"和跳跃架子，严禁打闹玩笑、酒后上班。

5) 拆除架体前划定作业区域范围，并设围栏和警戒标识，设专人看守，与拆除架体无关的人员禁止进入。拆除架体时应有可靠的防止人员与物料坠落的措施，严禁抛扔物料。

4. 质量保证其他措施

(1) 钢筋工程质量控制。

1) 钢筋进场时，按批次检查产品合格证、出厂检验报告，并检查钢筋表面是否平直、无损伤，且无裂纹、油污、老锈等缺陷，试验人员按批次取样检测，确保钢筋质量符合《混凝土结构成型钢筋应用技术规程》的要求。

2) 钢筋在加工厂内按批次、规格分类存放并设置标识牌。存放时做到上盖下垫，防止钢筋受潮锈蚀。存放区选择为硬化场地，并由专人打扫保持清洁。

3) 主筋端头进行车丝后很可能会产生毛刺，施工中加强端头切割质量控制，选择用砂轮切割机切割，且保证切割断面与主筋轴线垂直。

4) 钢筋的搭接长度和同一连接区段内纵向受力钢筋的接头面积百分率应符合设计和规范要求。

(2) 模板工程质量控制。

1) 模板安装前对面板进行处理，做到表面清洁、有光泽，安装前均匀涂抹脱模剂。

2) 主墩施工轮廓线较长，为保证成品外观线形顺直，安装模板时拉线调整。

3) 定位好的模板应立即进行加固，防止其移位。混凝土浇筑过程中，安排专人看护模板，同时进行测量监控，发现模板变形、移位问题可及时处理。

4) 做好模板加固、密封工作，防止胀模、漏浆等现象发生。

5) 模板拆除时，注意对混凝土棱角的保护，拆除后及时对混凝土面进行养护。

6) 防止错台、防止漏浆措施。第一道拉杆高度20cm，使模板和已浇筑混凝土连接更加紧密不易错台。

在已经浇筑混凝土墙面贴一层双面胶，减少模板和混凝土之间的缝隙，防止漏浆。

7）支架上架体平台高度均在2m以上，考虑电梯与爬模对接在爬模吊平台下部增加一个高度2.65m的电梯对接平台。

8）模板合模：分块模板接缝处采用钢框夹具进行加固，严格控制合模尺寸避免错台的发生。

（3）混凝土工程质量控制。

1）为确保大体积混凝土施工质量，提高混凝土的均匀性和抗裂能力，须加强对每一环节的施工控制，混凝土施工需严格按照《公路桥涵施工技术规范》（JTG/T 3650—2020）执行。

2）详细了解当地的气象状况，积极与气象部门联系，建立服务关系，施工时随时掌握天气情况，合理安排施工时间。

3）混凝土拌制配料前，各种称重器具需计量部门进行计量标定，称料误差符合规范要求，严格按确定的配合比拌制。

4）由于主墩一次性浇筑混凝土量大，混凝土原材料供应的难度较大，所以每次浇筑前采用早准备、多储备的方法保证混凝土原材料供应，浇筑过程中确保及时进行补充。

5）施工中加强模板附近混凝土的振捣，保证成品外观质量。

6）混凝土浇筑过程中安排专人负责检查模板，出现胀模、漏浆等现象及时处理。

7）冬天混凝土养护时为了防止混凝土的水分散失，在混凝土表面涂刷养护剂，并保证涂抹均匀，随后定时检查养护剂的完整情况，确保混凝土表面的湿润。

本章参考文献

[1] 公路桥涵施工技术规范：JTG/T 3650—2020 [S]. 北京：人民交通出版社，2020.
[2] 钢筋机械连接技术规程：JGJ 107—2016 [S]. 北京：中国建筑工业出版社，2016.
[3] 钢筋焊接及验收规程：JGJ 18—2012 [S]. 北京：中国建筑工业出版社，2012.
[4] 王培革. 跨线桥梁快速施工中钢-混组合梁技术要点探讨 [J]. 工程技术研究，2021，6（5）：89-90.
[5] 程叙埕，段俊锴，周露. 城市跨高速大跨度钢箱梁吊装技术应用探讨 [J]. 四川建筑，2022，42（6）：71-75.
[6] 陈锋，李新伟，李泽露，等. 跨京广铁路信阳编组场大桥施工控制关键技术 [J]. 世界桥梁，2023，51（4）：50-56.
[7] 焦伟，傅伟. 大跨度双塔双索面斜拉桥索塔劲性骨架受力分析 [J]. 安徽建筑，2023，30（2）：81-82+126.
[8] 张平，林珊，李育文，等. 斜拉桥索塔劲性骨架设计与施工技术研究 [J]. 市政技术，2022，40（6）：29-34，46.
[9] 吴军，刘汇东，韩学标，等. 小面积圆筒体爬模体系设计及施工控制研究 [J]. 建筑结构，2023，53（S2）：1943-1950.
[10] 黄郯文. 山区高速公路桥梁空心薄壁高墩液压自爬模设计与施工 [J]. 世界桥梁，2019，47（3）：10-14.
[11] 尹振君. 黄冈公铁两用长江大桥桥塔液压爬模施工技术 [J]. 世界桥梁，2015，43（1）：18-22.

第4章 多塔斜拉桥宽幅钢箱梁施工技术

4.1 斜拉桥及钢箱梁的特点

4.1.1 斜拉桥简介

斜拉桥是将主梁用许多拉索直接拉在桥塔上的一种桥梁，如图4.1-1所示，是由承压的塔、墩台和基础，受拉的索和承弯的梁体组合起来的一种结构体系。从功能上讲，其可看作是拉索代替支墩的多跨弹性支承连续梁，其可使梁体内弯矩减小，降低建筑高度，从而减轻了结构重量，节省了材料。

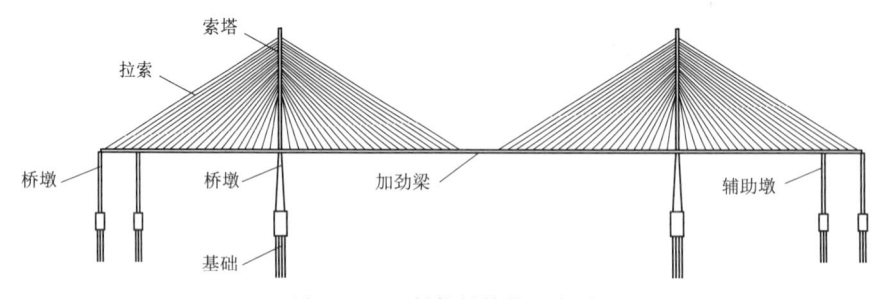

图4.1-1 斜拉桥结构示意图

4.1.2 斜拉桥的分类

桥梁是跨越障碍的工具，从外形上讲，桥梁是建筑艺术的载体。社会的发展和科学的进步，促进着桥梁跨度的不断突破和桥梁造型的不断创新。斜拉桥按不同标准分类有多种形式，按梁所用的材料不同可分为：钢斜拉桥、结合梁斜拉桥和混凝土梁斜拉桥。从桥梁建筑艺术上看，斜拉桥具有良好的美学艺术效果，可以作为景观桥，因此按照斜拉桥外形可分为独塔、双塔和多塔斜拉桥，单索面、双索面、空间索面斜拉桥，竖琴形、扇形、辐射形索面斜拉桥等（图4.1-2～图4.1-5）。

4.1.3 斜拉桥的受力特点

斜拉桥是由塔、梁、索三种基本构件组成的高次超静定组合结构体系，它以加劲梁受弯压、斜拉索受拉以及桥塔受压弯为主。一般情况下，斜拉桥的传力路径为：荷载→加劲梁→拉索→索塔→墩台→基础，拉索与塔、梁之间构成三角形结构来承受荷载，如

图 4.1-6 所示。

图 4.1-2 单索面桥梁

图 4.1-3 双索面桥梁

图 4.1-4 竖琴形索面桥梁

图 4.1-5 空间索面桥梁

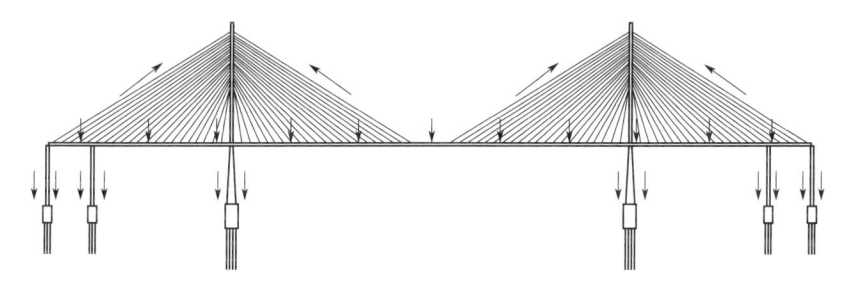

图 4.1-6 斜拉桥荷载传递路径示意图

斜拉索的多点弹性支承作用使主梁的受力类似于多跨连续梁,从而减小了主梁弯矩和梁体尺寸,减轻了梁体重量,使其具有很强的跨越能力。由于调整斜拉索的张拉力可调整主梁的内力,使其分布更加均匀合理,因而斜拉桥已成为现代桥梁工程中发展最快、最具竞争力的桥型之一。

4.1.4 钢箱梁的特点

目前,传统的钢箱梁一般由顶板、横隔板、U形肋、底板、内外腹板以及水平加劲肋等通过全焊接的方式连接而成,如图 4.1-7 所示。其中顶板是由上表面的盖板和下方的纵向加劲肋组合而成的正交异性桥面板。箱形的截面构造有助于结构分散荷载,并减小结构的挠曲变形。钢箱梁具有很大的横向抗弯刚度,所以箱梁桥的横向稳定性较好、整体性强,其跨越能力大,可适应更宽的桥面;钢箱梁自重轻,外形纤细、美观,有利于桥梁设计的轻型化,可有效减少用钢量;与混凝土斜拉桥相比,钢箱梁斜拉桥的柔度大,耗能效果好,抗震性能优越。

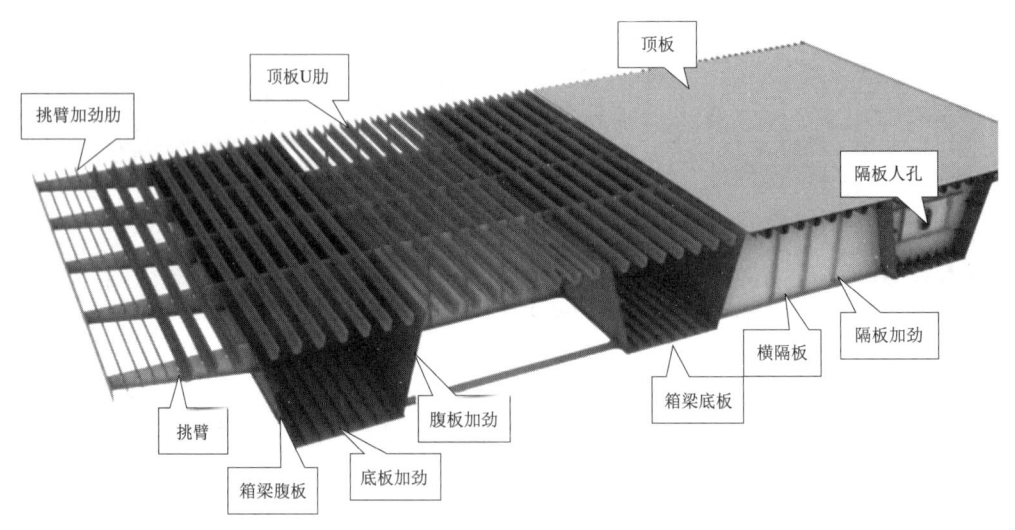

图 4.1-7 钢箱梁构造图

4.1.5 钢箱梁斜拉桥国外研究现状

现代钢箱梁斜拉桥起源于德国,1959 年,塞弗林大桥建成于德国科隆,如图 4.1-8 所示。该桥为世界上首座独塔钢斜拉桥,整体结构均采用钢结构,主梁为钢箱梁,主塔结构形式采用 A 字形,斜拉索呈辐射形空间双索面布置,其漂浮体系独塔结构极大增强了自身的抗震性能。1979 年,在塞尔维亚的贝尔格莱德,建成了世界上首座双线重载铁路钢箱梁斜拉桥——萨瓦河大桥(图 4.1-9),该桥整体结构采用钢结构,为双塔双索面,主塔形式采用 H 形,斜拉索呈双索面稀索体系布置。1998 年,日本建成连接名古屋港内航线的名港中央大桥,全长 1170m,斜拉索呈扇形双索面密索体系布置,主梁采用带有风嘴的扁平流线形钢箱梁,桥型形式采用上部 A 形和下部倒八形,极大地增强了自身的抗风抗震性能,如图 4.1-10 所示。2009 年,韩国建成仁川大桥,也是韩国最长的斜拉桥,如图 4.1-11 所示,其整体接线工程全长 1480m,为双塔双索面钢箱梁斜拉桥,主桥 5 跨连续,相比于一般 3 跨连续梁斜拉桥,两个辅助墩极大地增强了其跨越能力,主塔采用混凝土材料,结构形式采用倒 Y 形,主梁为扁平流线形钢箱梁,具有良好的抗风抗浪能力。

图 4.1-8 塞弗林大桥　　　　图 4.1-9 萨瓦河大桥

图 4.1-10　名港中央大桥图　　　图 4.1-11　仁川大桥

4.1.6　钢箱梁斜拉桥国内研究现状

20 世纪 80 年代以前，我国受经济发展水平限制，所建桥梁基本为混凝土桥，钢材产量较少，钢桥建设得不到较好的发展。2005 年，南京建成长江三桥，如图 4.1-12 所示，该桥为 5 跨连续钢箱梁斜拉桥，主梁支撑于下横梁上，为半漂浮体系，桥塔采用人形钢塔，斜拉索索面呈扇形布置于主梁两翼缘侧。2016 年，我国建成港珠澳大桥青州航道桥，如图 4.1-13 所示，该桥为 5 跨连续钢箱梁斜拉桥，主梁支撑于下横梁上，为半漂浮体系，主塔采用 H 形结构，顶部采用"中国结"连接，斜拉索呈中央空间双索面扇形布置。我国已经步入桥梁强国的行列，桥梁事业取得了辉煌成就。

图 4.1-12　南京长江三桥　　　图 4.1-13　港珠澳大桥青州航道桥

4.2　施工方案及关键技术

4.2.1　常用施工工艺

随着时代的进步和技术的革新，桥梁相关理论基础不断完善，施工设备更新换代，施工方法不断突破，造就了新的桥梁施工技术的出现。国内外对钢箱梁安装都是通过吊装的形式来施工的，根据现场施工条件和施工技术的不同，目前我国斜拉桥常用的施工方法有悬臂拼装法、顶推法、转体施工法等。不同吊装方法都有其优缺点，在选择施工方法之前，需要对施工设备、施工工期与成本及施工环境等进行综合考虑。悬臂拼装法对吊装场地的要求较高，需要吊装两端有足够的场地空间或船舶吃水深度，而顶推法只需满足一个钢梁吊装场地条件即可，但钢梁焊接完成后还有后续顶推过程，增加了施工工期。

悬臂拼装法主要用在钢主梁的斜拉桥上。钢主梁一般现在工厂加工制作，再运输至桥位处吊装就位。悬臂拼装法允许在多个桥墩之间的不同位置同时进行工作，这有助于加速整个桥梁工程的完成时间。钢梁预制节段长度应从桥梁受力要求、起吊能力、运输能力和施工方便程度等多角度考虑，一般以布置1~2根斜拉索和2~4片横梁为宜，节段与节段之间的连接分全断面焊接和全断面高强度螺栓连接两种，连接之后必须严格按照设计精度进行预拼装和校正。常用的起重设备有悬臂吊机、人型浮吊以及各种自制吊机。这种方法的优点是钢主梁和索塔可以同时在不同的场地进行施工，因此具有施工快捷和方便的特点。

悬臂拼装法的施工步骤：第一步是搭设0号块、1号块临时用的支撑钢管架，然后利用塔吊安装好0号块及1号块；第二步安装好1号块的斜拉索，并在其上架设主梁悬臂吊机，拆除塔上塔吊和临时支撑架；再利用悬臂吊机安装两侧的2号块的钢主梁，并挂相应的两侧斜拉索；最后重复上一循环直至合龙（图4.2-1）。

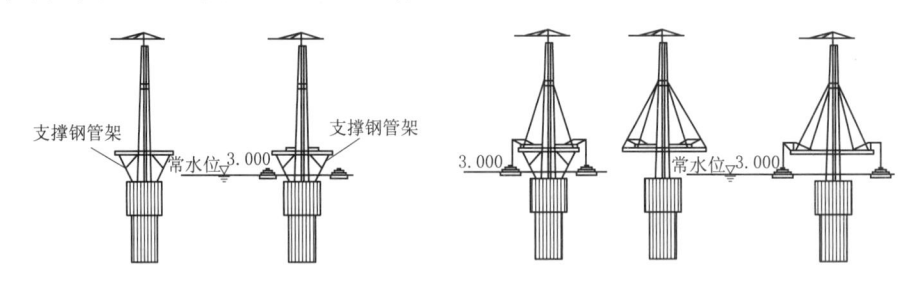

图4.2-1 悬臂拼装法步骤

顶推法的优点是施工设备简单，施工费用较低，施工平稳、无噪声，可在水深、山谷和高桥墩上采用，也可在曲率相同的弯桥和坡桥上使用；对桥下地基和净空无要求，不影响通车或通航，由于预制场通常设在岸上，搭建拆除简单，混凝土或者是钢构件运输方便（图4.2-2）。在焊接上，由于顶推施工是在固定的场地上进行焊接，故焊接质量相比吊装现场焊接要更有质量保证。由于主梁顶推就位以后才张拉拉索，锚固处理上施工条件

图4.2-2 桥梁顶推施工图

也相对比较好。顶推过程中,主梁的受力比较明确,标高等较容易控制,主梁就位后张拉拉索力学计算模式明确,可以保证成桥的受力和预期设计基本相同,在顶推就位上的主梁进行施工安全更能得到保证,而且不存在合龙的问题。

4.2.2 工程背景

以西安沣邑大桥为研究背景,该桥位于西安国际社区灵韵北路,西起沣河西侧堤顶路,向东跨越沣河,止于东侧堤顶路之前,为三塔钢箱梁斜拉桥。沣邑大桥,总长526m,孔跨布置:(87+176+176+87)m。该大桥采用带弹性限位的漂浮体系,主梁采用全焊钢箱梁,采用双边箱结构,两箱之间设横梁连接,具有良好的气动外形。

该工程采用的是分离式钢箱梁,与一般的扁平钢箱梁有所不同,其箱室之间通常会隔开一定距离,由横向联系梁将分离的钢箱结成整体,构成中央开槽的双箱室或多箱室的钢箱梁如图4.2-3所示。分离式钢箱梁的顶底板沿截面横向隔一定距离焊有U形或板形加劲肋,这些加劲肋的存在使其在构造上成为正交异性板,同时增加了分离式钢箱梁的截面面积,提高了主梁的抗弯刚度,从而使其局部与整体的刚度、稳定性得到了大幅度的加强。

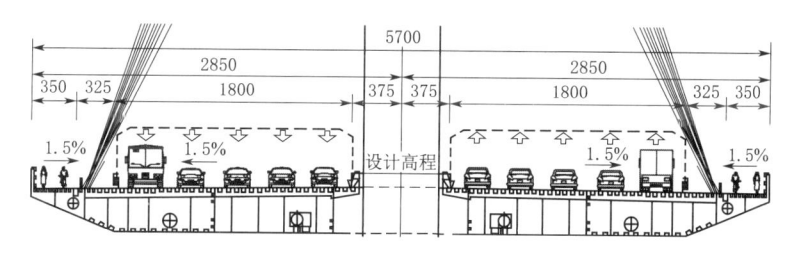

图4.2-3 分离式钢箱梁示意图(单位:mm)

4.2.3 施工方案

沣邑大桥钢梁总体施工流程分为四个阶段:第一阶段施工为边跨施工阶段,东西两岸同时施工;西岸P0端边跨由节段7向节段1的顺序施工;东岸P4端边跨由节段36向节段43的顺序施工;东岸P4端边跨施工时节段36仅施工边箱室节段,横梁隔板及横梁上顶板待桥塔安装完成塔吊拆除后施工,如图4.2-4、图4.2-5所示为第一阶段施工顺序图。

第二阶段为P1墩至P2墩之间中跨钢梁施工阶段,此阶段分为东、西两个工作面同时施工,如图4.2-6所示;西侧P1端工作面由节段14向节段8的顺序施工;东侧P2端工作面由节段16向节段20的顺序施工;西侧P1端工作面施工时节段8、9仅施工边箱室节段,横梁隔板及横梁上顶板待桥塔安装完成塔吊拆除后施工。东侧P2端工作面横梁隔板的施工需在第三阶段施工施工结束后进行。

第三阶段为P2墩至P3墩之间中跨钢梁施工阶段,此阶段在西侧P2端拼装钢梁向东侧P3端滑移后落梁,如图4.2-7所示;第三阶段由节段35向节段23的顺序拼装滑移及落梁,其中节段29为合龙段待后续拉索张拉后再施工;节段22及节段21为吊装节段,吊装结束后吊车由第二阶段的横梁区域撤出;节段22横梁隔板及横梁上顶板待桥塔安装完成塔吊拆除后施工。

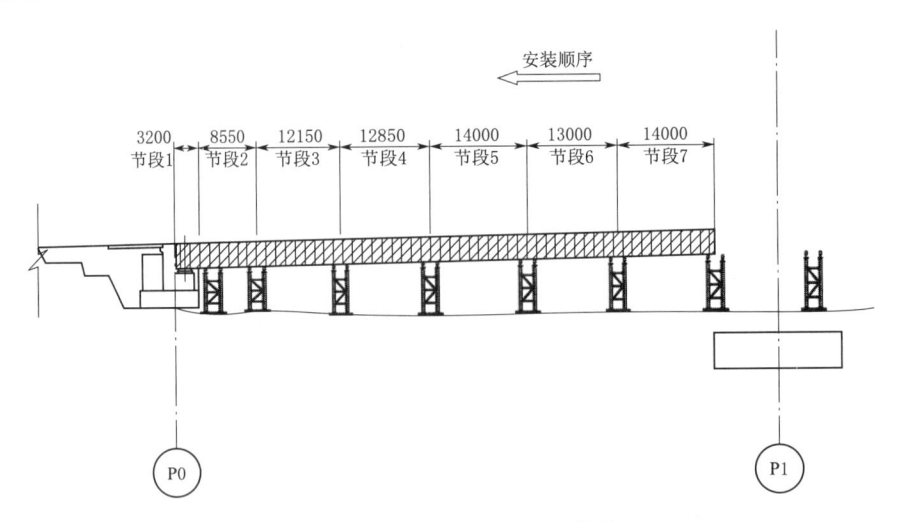

图 4.2-4 第一阶段施工图（一）（单位：mm）

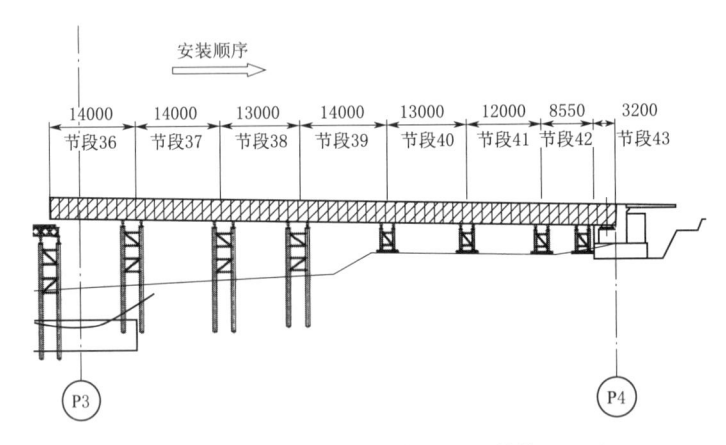

图 4.2-5 第一阶段施工图（二）（单位：mm）

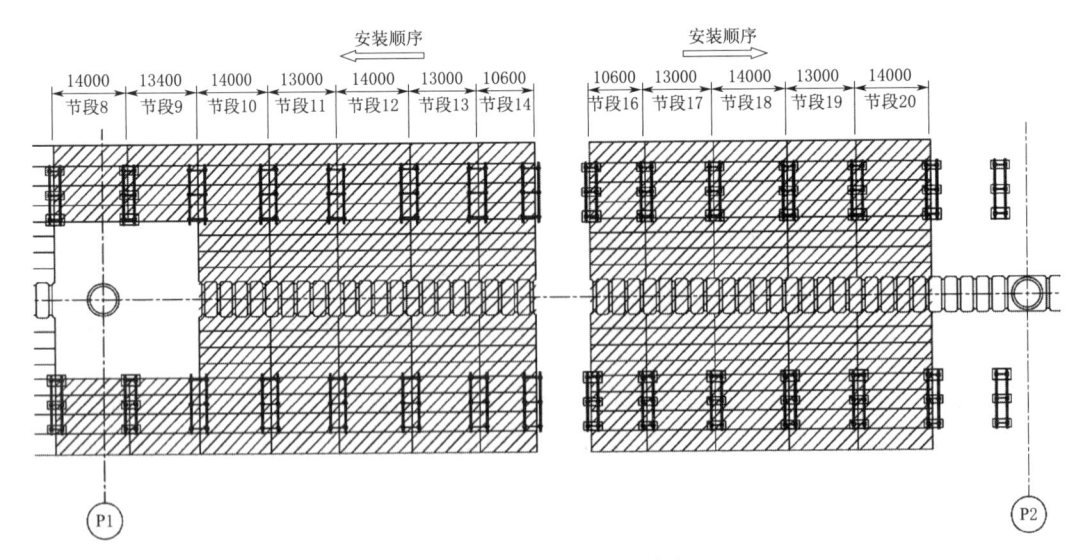

图 4.2-6 第二阶段施工图（单位：mm）

4.2 施工方案及关键技术

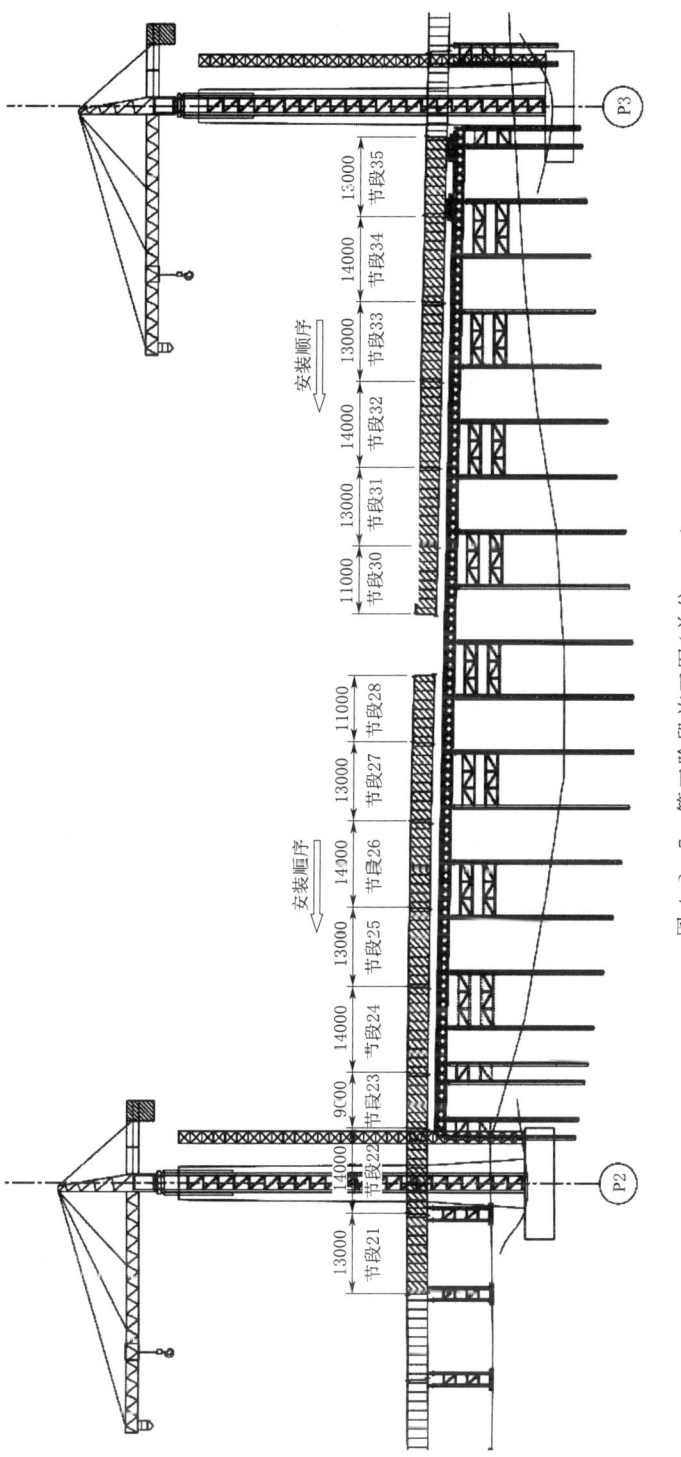

图 4.2-7 第三阶段施工图(单位:mm)

第四阶段是张拉合龙阶段为张拉前的塔根节段小合龙施工阶段及张拉后跨中大合龙施工阶段,如图4.2-8所示;塔根节段小合龙施工阶段中,P1墩、P2墩、P3墩在桥面站吊车施工;跨中大合龙施工阶段在拉索张拉完成后进行,P1墩、P2墩间合龙段施工,吊车站地面吊装边箱室,汽车吊站桥面吊装横梁,P2墩、P3墩间合龙段施工,吊车站桥面。

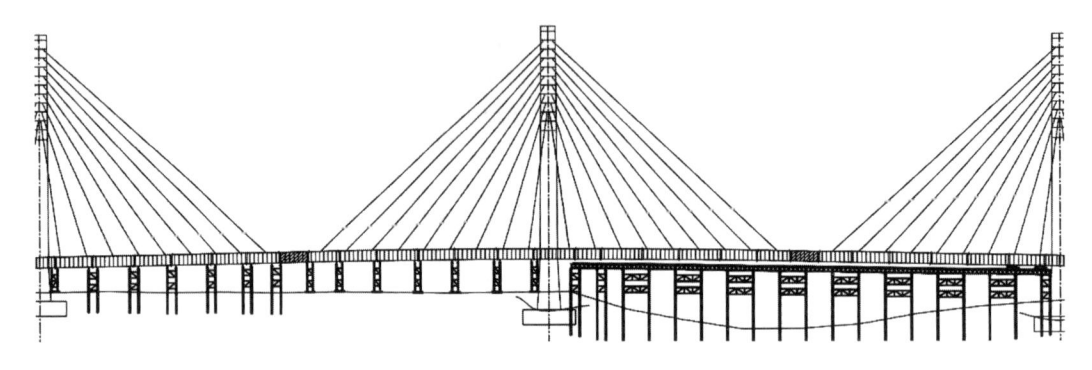

图4.2-8 第四阶段施工图

4.2.4 施工准备

在钢结构分段中首先满足设计要求并考虑桥梁受力,采用纵横向结合分段。横向分段缝、接板缝远离结构正负弯矩最大处,分段缝距跨中距离不小于3m;纵向分段缝、接板缝远离桥梁支座,与桥梁纵肋间距不小于100mm;顶底腹板对接缝要错开,两两错开距离不小于200mm,便于现场安装。将主桥主梁沿纵向分为43个节段,横向划分为左右箱体部分加上横梁腹板及横梁区顶板单元,左右箱室各划分为4片梁,共8片梁,中间横梁部分腹板划分为3片现场接长后整体吊装,横梁区域顶板划分为8片顶板单元。具体节段划分如图4.2-9~图4.2-13所示。

在进行箱梁安装施工之前为了保证厂内拼装线形与最终架设成桥线形的一致性,在厂内搭建1:1的预拼装胎架,工厂内制作方式采用每5个节段为一次拼装体,拼装胎具宽度为全桥整宽,按照成桥线形在厂内制作1:1拼装胎架,在桥梁现场拼装之前已进行过一次整体拼装检查,保证桥梁现场架设后的准确性。

在架设好临时支架之后,对钢箱梁在吊装时要做到吊装安全管理措施,应做到以下要求:①检查作业场所的环境、安全设施等,确认符合有关安全规定,方可进行作业;②检查作业场所的电气设施是否符合安全用电规定,夜间作业是否有足够的照明和安全电压工作灯;③尽量避开双层作业,确属无法避开时,应对下层采取隔离防护措施,确认完善可靠后,方可进行作业;④起吊钢梁时,应确认所起吊钢梁的实际重量,如不明确时,应经操作者或技术人员计算确定;⑤拴挂吊具时,应按节段的重心,确定拴挂吊具的位置;用四点交叉起吊时,吊钩处千斤绳、卡环、起重钢丝绳等,均应符合起重作业安全规定;⑥起重作业时,应由技术熟练、懂得起重机械性能经考核持证上岗的信号工担任指挥信号,指挥时应站在能够照顾到全面工作的地点,所发信号应实现统一,并做到准确、洪亮和清楚;⑦起吊钢梁时,起重臂回转所涉及区域内和重物的下方,严禁站人,不准靠近被吊钢梁及钢塔和将头部伸进起吊物下方观察情况,也禁止站在起吊钢梁及钢塔上;⑧起吊

4.2 施工方案及关键技术

图 4.2-9 钢梁立面分段示意图（单位：mm）

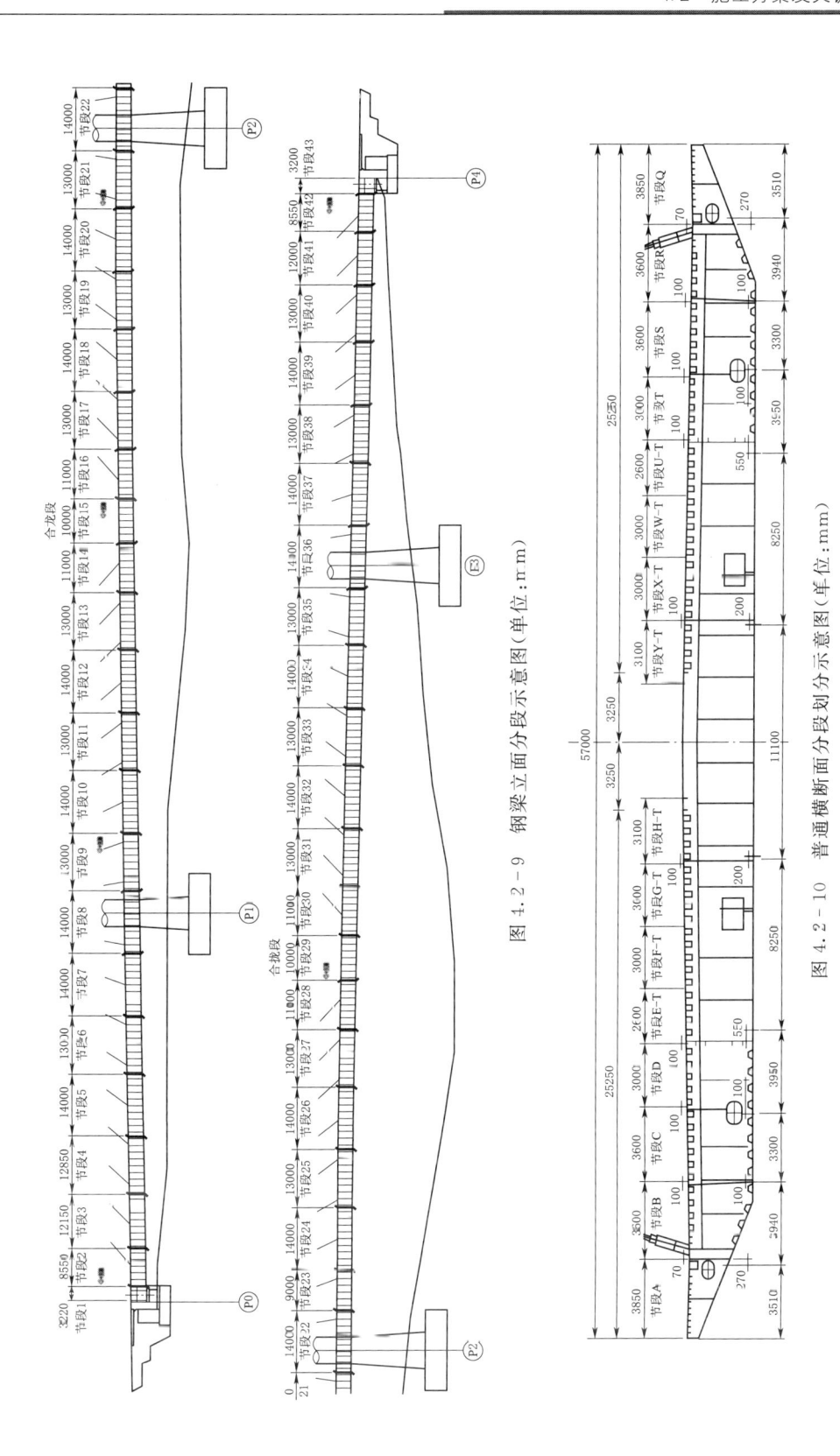

图 4.2-10 普通横断面分段划分示意图（单位：mm）

109

图 4.2-11 中横断面分段划分示意图（单位：mm）

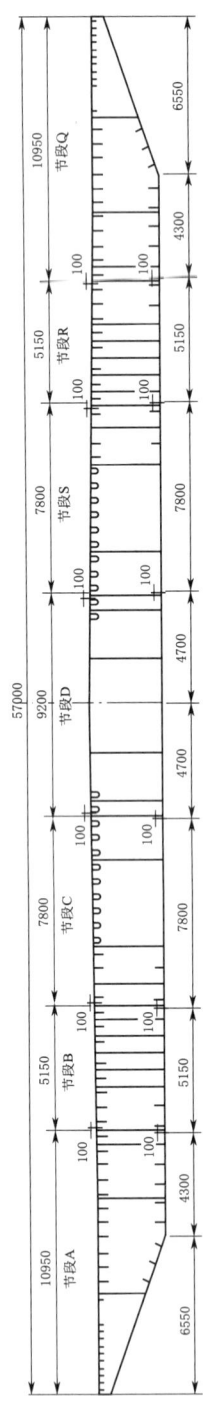

图 4.2-12 端梁横断面分段划分示意图（单位：mm）

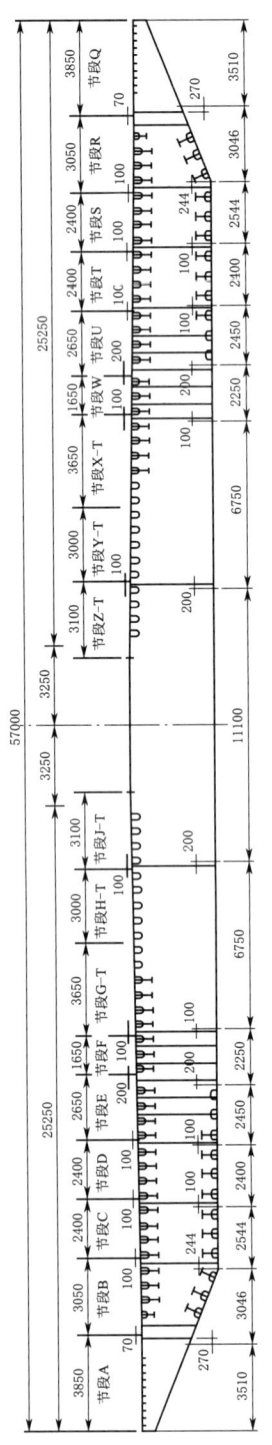

图 4.2-13 端支承横断面分段划分示意图（单位：mm）

钢梁旋转时，应将工作物提升到距离所能遇到的障碍物 0.5m 以上为宜；⑨当使用设有大小钩的起重机时，大小钩不得同时各自起吊钢梁；⑩根据起重量和施工安全要求选用千斤顶，千斤顶应安放在有足够承载能力而又稳定的地面或建筑物上，上、下接触面之间应垫以木板或麻袋等防滑材料。

安装挑臂后需要利用挑臂挂篮进行横向环焊接、桥下嵌补段的安装、对接焊衬垫的粘贴，如图 4.2-14 所示。

每一节钢梁安装就位后、整体焊接前都要进行临时固定焊接，如图 4.2-15 所示，其目的是保证钢梁空间位置准确和结构安全。钢梁临时固定焊接包括与相邻节段的临时固定焊接和与支架的临时固定焊接两部分。钢梁与相邻节段的临时固定焊接主要通过四周的临时限位块和临时点焊码板来实现，临时限位块一般在钢梁节段端部各设置 2 块；钢梁与支架的临时固定主要通过在工字钢纵梁上用焊接好的 L 形 I20a 工字钢卡紧钢梁底板来实现，它主要防止钢梁纵横向滑移失稳。临时固定前后都要进行测量控制线性、标高，确保精确定位。

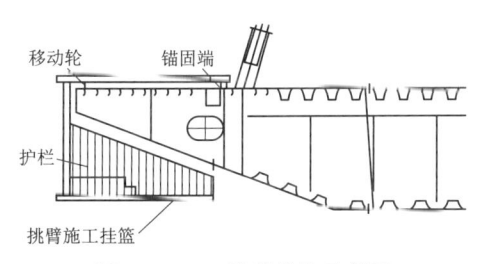

图 4.2-14 挑臂挂篮示意图

图 4.2-15 临时固定码板示意图

在钢箱梁施工时，焊接采用埋弧自动焊、CO_2 自动焊、CO_2 半自动焊、CO_2 陶质衬垫焊、手工电弧焊。定位焊焊缝长度为 80～100mm，间距 400～500mm，定位焊应距焊缝端部 30mm 以上，焊脚尺寸应大于 4mm 且小于 1/2 设计焊脚高度。焊接材料根据焊接工艺评定试验结果确定。焊接材料进行首批复验，实际生产中根据一定的批量，由质量检验部门随机进行抽查复验，以保证焊接材料质量可靠。钢梁施焊时，必须做好安全防护隔离措施，避免焊渣及金属物滴落伤及行人及车辆。具体防护措施如图 4.2-16 所示。

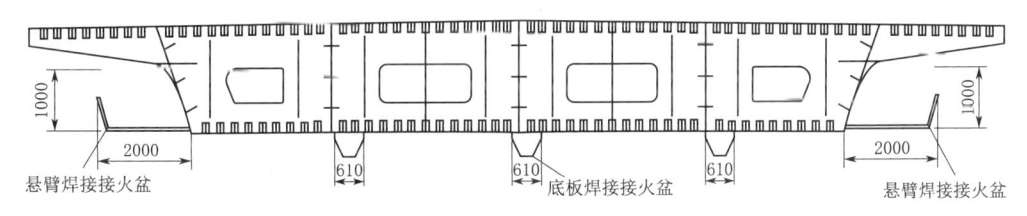

图 4.2-16 横桥向接火盆布置示意图（单位：mm）

4.3 施 工 流 程

4.3.1 第一阶段施工

第一阶段施工为边跨施工阶段，东西两岸同时施工；西岸 P0 端边跨由节段 7 向节段 1

第4章 多塔斜拉桥宽幅钢箱梁施工技术

施工；东岸P4端边跨由节段36向节段43施工；在施工第36阶段时只施工边箱室节段，横梁隔板需要在桥塔安装完成之后施工。

首先是对节段7左侧箱室吊装，采用150t履带吊吊装，吊车站钢梁外侧，依次吊装7D、7C、7B、7A。在对右侧箱室吊装时，吊车同样站钢梁的内侧，依次吊装7S、7R、7Q、7T；在进行吊装时，左右箱室吊装可同时作业，也可先后作业，如图4.3-1、图4.3-2所示。

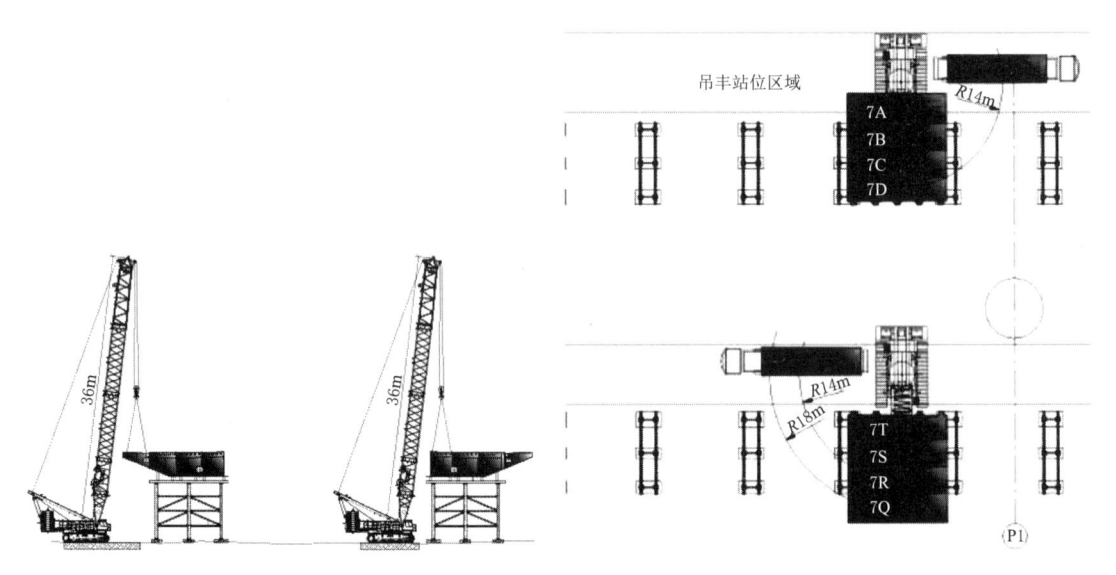

图 4.3-1 节段7箱室吊装示意图　　　　图 4.3-2 节段7箱室吊装示意图

参照上述步骤依次吊装节段6、节段5、节段4、节段3。左侧箱室吊装时，吊车站钢梁外侧，采用150t履带吊吊装，依次吊装D、C、B、A。右侧箱室吊装时，吊车站钢梁内侧。吊装节段2左侧箱室时，吊车站钢梁外侧，依次吊装2F、2E、2D、2C、2B、2A。右侧箱室吊装时，吊车站钢梁内侧，依次吊装2S、2R、2Q、2T、2U、2W。左右箱室吊装可同时作业，也可先后作业。

横梁隔板在现场拼装成整体后吊装；横梁隔板吊装时，吊车站钢梁内侧，横梁处顶板吊装时吊车同样站在钢梁内侧，吊装顺序为2G-T、2X-T、2H-T、2Y-T、2J-T、2Z-T。参照上述步骤依次吊装节段3、节段4、节段5、节段6、节段7的横梁隔板及横梁区域的顶板单元件，采用150t履带吊吊装。横梁区域顶板单元件吊装顺序依次为E-T、U-T、F-T、W-T、G-T、X-T、H-T、Y-T。

最后吊装节段1，如图4.3-3、图4.3-4所示吊车站桥台侧，采用150t履带吊吊装，依次吊装1D、1C、1B、1A、1S、1R、1Q。

接下来是东岸P4端边跨的施工，由节段36向节段43的顺序进行作业，东岸P4端边跨施工时节段36仅施工边箱室节段，横梁隔板及横梁上顶板待桥塔安装完成塔吊拆除后施工。

首先进行节段39左侧箱室吊装，吊车站钢梁端头，采用150t履带吊吊装，依次吊装39D、39C、39B、39A。右侧箱室吊装时，吊车站钢梁端头，依次吊装38T、38S、38R、

图 4.3-3 节段1吊装图示意图　　　图 4.3-4 节段1吊装图示意图

38Q，左右箱室吊装可同时作业，也可先后作业。对节段 40、节段 41、节段 42 左侧箱室吊装时，吊车站钢梁内侧，采用 150t 履带吊吊装，依次吊装 40C、40B、40A、40D。右侧箱室吊装时，吊车站钢梁内侧，依次吊装 39S、39R、39Q、39T、40S、40R、40Q、40T、41S、41R、41Q、41T、42S、42R、42Q、42T、42U、42W。左右箱室吊装可同时作业，也可先后作业。

横梁隔板在现场拼装成整体后吊装；横梁隔板吊装时，吊车站钢梁内侧，采用 150t 履带吊吊装。横梁区顶板单元件吊装时，吊车站钢梁内侧，依次吊装节段 39 横梁区域的顶板单元件及节段 40 横梁区域的隔板及顶板单元件，吊装顺序依次为 E-T、U-T、F-T、W-T、G-T、X-T、H-T、Y-T。

吊装节段 41 左侧箱室，吊车站钢梁外侧，采用 150t 履带吊吊装，依次吊装 41D、41C、41B、41A。吊装节段 42 左侧箱室，吊车站钢梁外侧，依次吊装 42F、42E、42D、42C、42B、42A。吊装节段 41、节段 42 横梁隔板，吊车站桥台侧，采用 150t 履带吊吊装，从远向近依次吊装。吊装节段 41、节段 42 横梁隔板处顶板单元，吊车站桥台侧，先吊节段 41 再吊节段 42。依次吊装 41E-T、41U-T、41F-T、41W-T、41G-T、41X-T、41H-T、41Y-T、42G-T、42X-T、42H-T、42Y-T、42J-T、42Z-T。

吊装节段 43，吊车站桥台侧，采用 150t 履带吊吊装，依次吊装 43D、43C、43B、43A、43S、43R、43Q。吊装节段 38 左侧箱室，吊车站钢梁桥面隔板外，依次吊装 38D、38C、38B、38A。吊装节段 38 左侧箱室，吊车站钢梁桥面隔板处，采用 130t 汽车吊吊装，依次吊装 38D、38C、38B、38A。

横梁隔板在钢梁上拼装成整体后吊装，横梁隔板吊装采用双车抬吊，采用 90t 汽车吊＋90t 汽车吊吊装，两吊车站钢梁边箱室隔板上。横梁区顶板单元件吊装时，吊车站钢梁边箱室隔板上，依次吊装顺序依次为 38E-T、38U-T、38F-T、38W-T、38G-T、38X-T、38H-T、38Y-T。吊装节段 37，吊车站钢梁桥面隔板处，依次吊装 37D、37C、37B、37A、37T、37S、37R、37Q。横梁隔板在钢梁上拼装成整体后吊装，横梁隔板吊装采用双车抬吊，钢梁边箱室隔板上。横梁区顶板单元件吊装时，吊车站钢梁边箱室隔板上，依次吊装顺序依次为 37E-T、37U-T、37F-T、37W-T、37G-T、37X-T、37H-T、37Y-T。

最后吊装节段36，吊车站钢梁桥面隔板处，采用130t汽车吊吊装，依次吊装36D、36C、36B、36A、36T、36S、36R、36Q。

第一阶段施工完成。

4.3.2 第二阶段施工

第二阶段施工为P1墩至P2墩之间中跨钢梁施工阶段，此阶段分为东西两个工作面同时施工；西侧P1端工作面由节段14向节段8的顺序施工；东侧P2端工作面由节段16向节段20的顺序施工；西侧P1端工作面施工时节段8、9仅施工边箱室节段，横梁隔板及横梁上顶板待桥塔安装完成塔吊拆除后施工。东侧P2端工作面横梁隔板的施工需在第三阶段施工结束后进行。

首先是节段14左侧箱室吊装，如图4.3-5、图4.3-6所示，吊车站钢梁外侧，采用150t履带吊吊装，依次吊装14D、14C、14B、14A，最大吊装半径为14m；右侧箱室吊装时，吊车站钢梁内侧，依次吊装14S、14R、14Q、14T。左右箱室吊装可同时作业，也可先后作业。

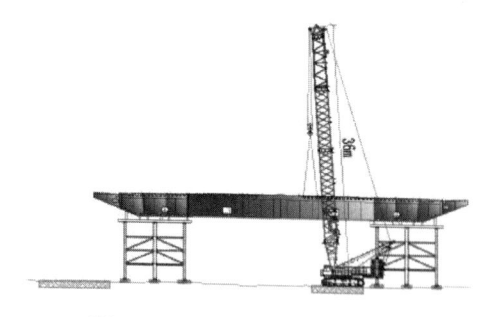

图 4.3-5 节段14吊装剖面图

图 4.3-6 节段14吊装立面图

横梁隔板和第一阶段施工相同，在现场拼装成整体后吊装，横梁隔板吊装时，吊车站钢梁内侧，采用150t履带吊吊装。横梁隔板处顶板单元吊装时，吊车站钢梁内侧。横梁处顶板吊装顺序依次为14E-T、14U-T、14F-T、14W-T、14GT、14X-T、14H-T、14Y-T。

左侧箱室吊装时，吊车站钢梁内侧，依次吊装D、C、B、A。右侧箱室吊装时，吊车站钢梁内侧，采用150t履带吊吊装，依次吊装S、R、Q、T。横梁隔板及顶板单元吊装时，吊车站钢梁内侧。右侧箱室吊装时，吊车站钢梁内侧，依次吊装S、R、Q、T。左侧箱室吊装时，吊车站钢梁外侧，采用150t履带吊吊装，依次吊装D、C、B、A。先吊装右侧箱室，吊车退出后吊装左侧箱室，先吊装节段8，后吊装节段9。

节段16左侧箱室吊装时，吊车站钢梁外侧，依次吊装16D、16C、16B、16A。右侧箱室吊装时，吊车站钢梁内侧，采用150t履带吊吊装，依次吊装16S、16R、16Q、16T。左右箱室吊装可同时作业，也可先后作业。参照上述步骤，依次吊装节段17、节段18、节段19、节段20左右边箱室；左右箱室吊装可同时作业，也可先后作业；吊装左侧箱室时，吊车站钢梁外侧，采用150t履带吊吊装，依次吊装D、C、B、A，吊装右侧箱室时，吊车站钢梁内侧，依次吊装S、R、Q、T。

横梁隔板及横梁区顶板单元的吊装在节段21箱室及横梁吊装作业完成后开始;横梁隔板在现场拼装成整体后吊装,横梁隔板吊装时,吊车站钢梁内侧,采用150t履带吊吊装。梁隔板处顶板单元吊装时,吊车站钢梁内侧,采用150t履带吊吊装。横梁处顶板吊装顺序依次为20E-T、20U-T、20F-T、20W-T、20GT、20X-T、20H-T、20Y-T。参照上述步骤,再依次吊装节段19、节段18、节段17、节段16横梁隔板及横梁区顶板单元;横梁处顶板吊装顺序依次为E-T、U-T、F-T、W-T、G-T、X-T、H-T、Y-T。

第二阶段施工完成。

4.3.3 第三阶段施工

第三阶段施工为节段35向节段23的顺序拼装滑移及落梁,其中节段29为合龙段待后续拉索张拉后再施工;节段22及节段21为吊装节段,吊装结束后吊车由第二阶段的横梁区域撤出;节段22横梁隔板及横梁上顶板待桥塔安装完成塔吊拆除后施工。

第三阶段先对节段35左侧箱室吊装,如图4.3-7、图4.3-8所示,吊车站钢梁外侧,采用150t履带吊吊装,依次吊装35D、35C、35B、35A。右侧箱室吊装时,吊车站钢梁内侧,依次吊装35T、35S、35R、35Q。节段21与节段22之间的临时支架先不安装。横梁隔板在现场拼装成整体后吊装;横梁隔板吊装时,吊车站钢梁内侧,采用150t履带吊吊装。横梁隔板处顶板单元吊装时,吊车站钢梁内侧。横梁处顶板吊装顺序依次为35E-T、35U-T、35F-T、35W-T、35GT、35X-T、35H-T、35Y-T。节段35焊接完成后,第一次落梁,落到滑移小车上;滑移小车向大里程方向滑移至桥位;通过滑移小车上三向千斤顶调整钢梁位置,精准对位后第二次落梁,落到调节钢管上。

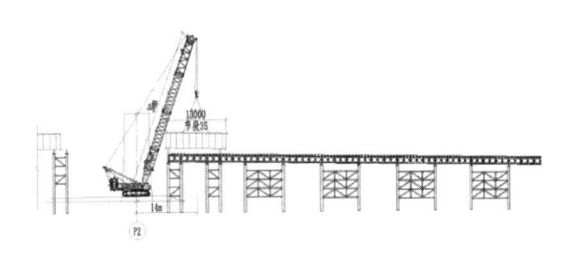

图4.3-7 节段35吊装剖面图　　　图4.3-8 节段35吊装立面图

参照上述步骤,依次滑移安装节段33、节段32、节段31、节段30、节段28、节段27、节段26、节段25、节段24、节段23;箱室吊装时,吊车站钢梁内侧,采用150t履带吊吊装,依次吊装D、C、B、A、S、R、Q、T。

对节段22和节段21左侧箱室吊装时,吊车站钢梁内侧,采用150t履带吊吊装,依次吊装C、B、A、D。右侧箱室吊装时,吊车站钢梁内侧,依次吊装S、R、Q、T。先吊装节段22,后吊装节段21。

横梁隔板在钢梁上拼装成整体后吊装;横梁隔板吊装时,吊车站钢梁内侧,采用150t履带吊吊装。横梁隔板处顶板单元吊装时,吊车站钢梁内侧。横梁处顶板吊装顺序依次为21E-T、16F-T、16G-T、16H-T、16Y-T、16X-T、16W-T、16U-T。

第三阶段施工完成。

4.3.4 第四阶段施工

第四阶段为张拉合龙,其中包括:张拉前的塔根节段小合龙施工阶段及张拉后跨中大合龙施工阶段。塔根节段小合龙施工阶段中,P1墩、P2墩、P3墩在桥面站吊车施工;跨中大合龙施工阶段在拉索张拉完成后进行,P1、P2墩间合龙段施工,吊车站地面吊装边箱室,汽车吊站桥面吊装横梁,P2、P3墩间合拢段施工,吊车站桥面。

首先横梁隔板在钢梁上拼装成整体后吊装;横梁隔板吊装时,吊车站钢梁边箱室上,采用90t汽车吊吊装。横梁隔板在钢梁上拼装成整体后吊装,墩台处两道横梁隔板与腹板及底板为一个整体吊装;横梁隔板吊装时,吊车站钢梁边箱室上,采用90t汽车吊吊装。横梁隔板处顶板单元吊装时,吊车站钢梁边箱室上,采用90t汽车吊吊装。横梁处顶板吊装顺序依次为8E-T、8U-T、8F-T、8W-T、8G-T、8X-T、8H-T、8Y-T。横梁隔板在钢梁上拼装成整体后吊装;横梁隔板吊装采用双车抬吊,150t履带吊站钢梁外侧,90t汽车吊站边箱室上。

横梁隔板处顶板单元吊装时,150t履带吊站钢梁外侧吊装左侧横梁隔板,90t汽车吊吊装右侧横梁隔板。横梁处顶板吊装顺序依次为22E-T、22F-T、22G-T、22H-T、22U-T、22W-T、22X-T、22Y-T。

节段15右侧箱室吊装时,吊车站钢梁内侧,采用150t履带吊吊装,依次吊装15S、15R、15Q、15T。左侧箱室吊装时,吊车站钢梁外侧,采用150t履带吊吊装,依次吊装15D、15C,如图4.3-9、图4.3-10所示。横梁隔板在钢梁上拼装成整体后吊装;横梁隔板吊装采用双车抬吊,两吊车站钢梁外侧,采用150t履带吊+90t汽车吊吊装。横梁隔板处顶板单元吊装时,150t履带吊站钢梁外侧,90t汽车吊站钢梁边箱室上。左右侧分为两个工作面,可同时作业,也可先后作业,左侧依次吊装15E-T、15F-T、15G-T、15H-T,右侧依次吊装15U-T、15W-T、15X-T、15Y-T。

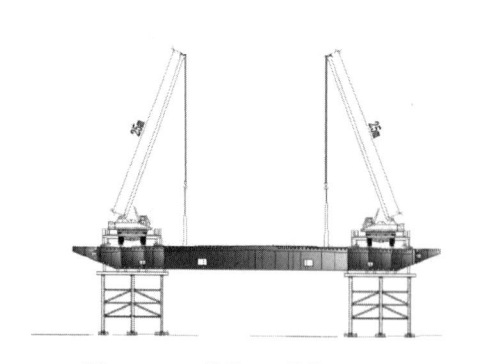

图4.3-9 节段15吊装立面图 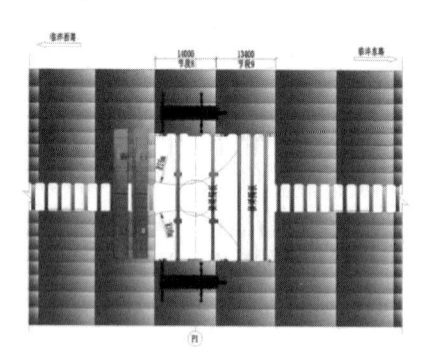　　图4.3-10 节段15吊装平面图

节段29边箱室吊装时,吊车站钢梁外侧边,采用150t履带吊吊装,边箱室吊装时,吊车站钢梁边箱室上,采用90t汽车吊吊装。左右侧分为两个工作面,可同时作业,也可先后作业,左侧依次吊装29D、29C、29B、29A,右侧依次吊装29T、29S、29R、29Q。横梁隔板在钢梁上拼装成整体后吊装;横梁隔板吊装采用双车抬吊,两吊车站钢梁边箱室

上，采用90t汽车吊＋90t汽车吊吊装，如图4.3-11和图4.3-12所示。

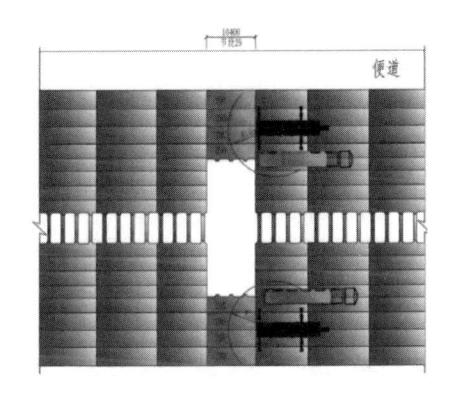

图4.3-11 节段29吊装平面图 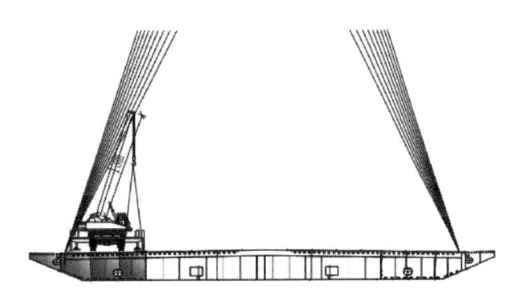　　图4.3-12 节段29吊装立面图

横梁隔板处顶板单元吊装时，吊车站钢梁边箱室上，采用90t汽车吊吊装。左右侧分为两个工作面，可同时作业，也可先后作业，左侧依次吊装15E-T、15F-T、15G-T、15H-T，右侧依次吊装15U-T、15W-T、15X-T、15YT。合龙段施工完成。

4.3.5 大环段吊装施工步骤

沣邑大桥钢梁为直线等高钢梁，钢梁结构形式各节段类似，各环段吊装工况相近，现以最重节段12为例来展示整个环段的吊装过程，如图4.3-13和图4.3-14所示。

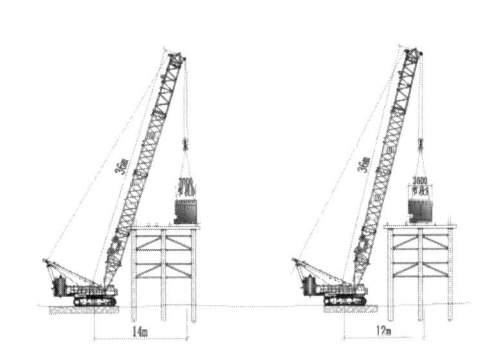

图4.3-13 节段12吊装立面图 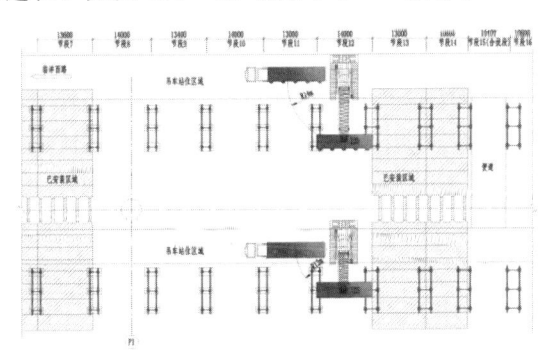　　图4.3-14 节段12吊装平面图

在对边箱室吊装时可分为两个工作面，实际吊装中两个工作面可同时作业，也可先后作业；左侧箱室工作面，吊车站箱梁外侧区域，吊装左侧第一片梁12D，吊装采用150t履带吊。右侧箱室工作面，吊车站箱梁内侧，吊装右侧第一片梁12S，吊装采用150t履带吊。左右箱室两个工作面参照上述吊车站位继续吊装；左侧箱室工作面，吊装梁12C，吊装采用150t履带吊；右侧箱室工作面，吊装梁12R，吊装采用150t履带吊。按照同样方式吊装梁12B和12A，吊装挑臂节段12Q和12T。

横梁隔板吊装前，在吊车20m作业半径以内，拼装成一片整体，现场采用整体吊装，吊装采用150t履带吊；吊装横梁隔板时吊车站钢梁内侧，一次吊装一片横梁隔板，节段12横梁隔板分5次吊装。吊装横梁隔板处顶板单元时，吊车站钢梁内侧，吊装采用150t履带吊。

参照上述步骤，吊装剩下的顶板单元件；吊车站钢梁内侧，吊装采用150t履带吊；吊装按照左右对称顺序进行，依次吊装12U-T、12F-T、12W-T、12G-T、12XT、12H-T、12Y-T。

4.4 安装质量控制措施

4.4.1 钢梁安装测量控制

该工程钢结构测量工作内容包括：钢箱梁安装的精度测量、钢箱梁分段标高控制、钢箱梁上拱控制、安装直线度控制、曲线度控制、变形观测等。钢梁在安装测量过程中所采用的仪器设备包括：电子全站测距仪、自动安平水准仪，在使用之前均通过计量部门检验校正，符合测量规范要求。

在钢结构测量过程中严格按照测量规范要求的"一放二复"原则进行测量。在钢箱梁安装前应将测量过程中所需的坐标控制点及水准点引设至附近盖梁顶面，以便于今后测量使用。在钢箱梁的安装前应对支承面及支座的标高及平面坐标位置进行复测，其尺寸、标高应符合设计要求，平面横纵两个方向应水平，其偏差不大于2mm，支座中线应与主梁中心重合，其最大水平位置偏移不得大于2mm。复测精度合格后方可进行钢梁安装。

4.4.2 钢箱梁测量控制方法

钢梁安装的重点在于控制箱梁就位的精准度，在有柱支座保证初步定位的前提下，控制以下几个方面：①预埋件验收；②交接标高基准点，布设钢箱梁定位标高；③复测支座的定位、标高并做好记录，如误差超出规范允许范围应及时校正；④验收合格后方可进入钢箱梁吊装工序；⑤就位控制；⑥根据设计标高引测至支顶点上，将柱头支座的标高及定位尺寸误差调整在控制范围内，根据设计图纸，定出箱梁顶板点位，并打好标记，钢箱梁吊装时按照标注就位在支顶点上；⑦顶平面控制；⑧利用水准仪、平尺和全站仪等仪器测各个点的标高，逐步控制整个钢箱梁上平面；⑨下挠变形观测：通过对钢箱梁在工厂内试拼装吊离胎架前测取的相对数据，顶板控制点标高及高空就位后上述各点的标高变化的观测，测定箱梁下挠变形情况；⑩钢箱梁的安装校正：吊装到设计位置后，应在测量工的测量监视下，利用千斤顶、倒链以及楔子等对其轴线偏差以及标高偏差进行校正。整体校正：当一片区的钢梁吊完后，对该区的钢箱梁再进行整体测量校正（表4.4-1）。

表4.4-1　　　　　　　　　　箱梁安装允许偏差表

项　目		允许偏差/mm
轴线偏位	钢梁中线	10
	两孔相邻横梁中线相对偏差	5
梁底标高	墩台处梁底	±10
	支座纵、横线扭转	1

续表

项　　目		允许偏差/mm
支座偏位	固定支座顺桥向偏差　连续梁或60m以上简支梁	20
	60m以下简支梁	10
	活动支座按设计气温定位前偏差	3
	支座底板四角相对高差	2
连接	对接焊缝的对接尺寸、气孔率	符合规范要求

4.4.3 吊装时变形控制措施

构件运输过程中应放置垫木，在用钢丝绳固定时应做好构件四角保护工作，防止构件变形和刻断钢丝绳，对不稳定构件应采用支架稳定；钢梁吊装应按照各分区的安装顺序进行，并及时形成稳定的框架体系；每片钢梁安装后应及时进行初步校正，校正时应对轴线、垂直度、标高、焊缝间隙等因素进行综合考虑，全面兼顾，每个分项的偏差值都要达到设计及规范要求；安装前必须焊好安全环及绑牢爬梯并清理污物。利用临时连接耳板作为吊点，吊点必须对称，确保吊装时钢梁为水平状；起吊前，钢构件应横放在垫木上，起吊时，不得使构件在地面上有拖拉现象，回转时，需有一定的高度。起钩、旋转、移动三个动作交替缓慢进行，就位时缓慢下落；不得对已完工构件任意焊割，空中堆物，对施工完毕并经检验合格的焊缝、节点板处马上进行清理，并按要求进行封闭。

本 章 参 考 文 献

[1] 邵旭东. 桥梁工程 [M]. 5版. 北京：人民交通出版社，2019.
[2] 肖汝诚. 桥梁结构体系 [M]. 1版. 北京：人民交通出版社，2013.
[3] 项海帆. 高等桥梁理论 [M]. 2版. 北京：人民交通出版社，2013.
[4] 袁鹏. 六塔四索面钢箱梁斜拉桥合理状态与施工阶段关键问题研究 [D]. 长沙：长沙理工大学，2013.
[5] 黄腾，李淞泉，华锡生. 钢箱梁温度变形特性分析及合拢状态控制 [J]. 公路，2002 (7)：84-87.
[6] 刘绍威. 浅谈斜拉桥的基本概况及发展前景 [J]. 河南建材，2016 (5)：217-218.
[7] 孙景领，赵显富，王新志. 大跨径钢索塔斜拉桥钢箱梁施工测量技术 [J]. 测绘与空间地理信息，2012，35 (2)：196-198.
[8] 易有森，樊少彻. 港珠澳大桥青州航道桥钢箱梁施工关键技术 [J]. 桥梁建设，2021，51 (3)：138-144.
[9] 周浩，黄灿，郑建新. 重庆白居寺长江大桥主梁合龙施工控制关键技术 [J]. 世界桥梁，2023，51 (4)：43-49.
[10] 陈理平，汪双炎，刘其伟. 多种类型斜拉桥主梁施工技术 [J]. 桥梁建设，2006 (4)：52-55.
[11] 李书兵，卢皓，郭仲溪. 大跨梁桁组合结构高铁斜拉桥主梁施工方案比选 [J]. 世界桥梁，2024，52 (4)：48-53.
[12] 邱攀，黄辉，涂满明. 斜拉桥长大节段组合式主梁悬臂施工技术研究 [J]. 施工技术（中英文），2024，53 (12)：118-124.
[13] 毕武. 钢箱梁步履式顶推法施工关键技术研究 [J]. 交通科技与管理，2024，5 (14)：53-55.

[14] 秋朋虎. 连续刚构箱梁合拢段顶推受力分析和施工技术 [J]. 工程机械与维修, 2021 (6): 266-267.

[15] 袁龙泉. 跨江钢-混组合梁桥顶推施工关键技术研究 [J]. 公路, 2020, 69 (9): 85-90.

[16] 童激扬, 黄南育, 曾宪双. 武汉沙湖南环路跨楚河桥钢箱梁分节段顶推安装技术 [J]. 世界桥梁, 2012, 40 (3): 28-32.

[17] 陈钊庭, 王荣辉. 港珠澳大桥深水区非通航孔桥大节段钢箱梁施工全过程控制 [J]. 桥梁建设, 2015, 45 (5): 112-116.

[18] 曹良海. 大跨度公路桥梁工程中钢箱梁的施工技术 [J]. 产业创新研究, 2022 (6): 111-113.

[19] 蒋光伟. 跨高速公路的钢箱梁吊装施工工艺 [J]. 交通世界, 2020 (26): 117-118.

[20] 张升茂. 曲线钢箱梁现场安装的线型偏差分析及控制措施 [J]. 建筑施工, 2014, 36 (5): 587-588.

第 5 章 钢桥面沥青铺装

5.1 钢桥面铺装概述

5.1.1 钢桥及桥面铺装

改革开放以来，我国公路建设事业迅猛发展，作为公路建设重要组成部分的桥梁建设也取得了长足进步。在沿海地区，已建成包括港珠澳跨海大桥、胶州湾大桥、杭州湾跨海大桥、舟山连岛跨海大桥、厦漳跨海大桥和嘉绍跨海大桥等在内的跨海大桥 30 余座；许多跨海大通道正在建设或规划，如深中跨海通道、渤海海峡跨海通道和琼州海峡跨海通道等。在我国桥梁建设过程中，钢结构桥梁由于具有自重轻、建造周期短、跨越能力大、适合于工业化制造、便于运输、构件易于修复和更换等诸多优点，已建或在建的大跨径桥梁大多数采用钢桥结构。钢桥面铺装作为桥梁工程的一个重要组成部分，是大跨径桥梁建设施工的难点之一。

钢桥面铺装是铺设在钢桥面板上，保护钢板并具有满足汽车行驶要求的路面表面功能、厚度 35~80mm 的单层或双层构造物。在行车荷载、风荷载、温度变化及钢桥面局部变形等综合因素影响下，钢桥面铺装的受力和变形较道路路面或机场道面更复杂，因而对铺装层的强度、变形特性、高温稳定性、抗疲劳开裂等均有更高要求。同时由于铺装所处的特殊位置，在使用性能上又要求其重量轻、黏结性高、不透水等。作为桥梁行车系的重要组成部分，桥面铺装质量的好坏直接影响到行车的安全性、舒适性、桥梁耐久性及社会效益。

5.1.2 钢桥面铺装的组成

钢桥面铺装一般由主要由结构层和界面功能层组成。结构层通常由保护层和磨耗层两层构成。界面功能层通常包括防腐层、防水黏结层、缓冲层、黏层等，如图 5.1-1 所示。防腐层是一种喷涂在钢桥面板表面，防止其生锈的水汽阻隔层，一般有环氧富锌漆以及丙烯酸防腐漆两种。防水黏结层则是通过物理或化学方法将铺装层与钢桥面板黏合起来的设计层，在复合黏结的同

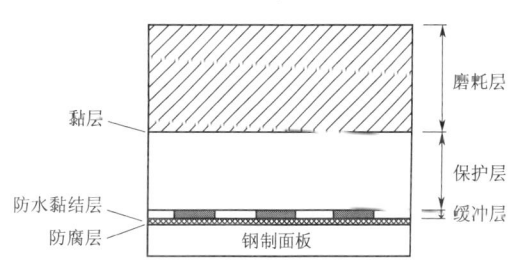

图 5.1-1 钢桥面铺装结构示意图

时也承担着防水防腐的功能。铺装层即是常说的混合料铺装,其承担了绝大多数的行车荷载以及桥面板局部变形等。黏层则是负责将多层铺装层黏合在一起的设计层。

目前,钢桥面铺装根据结构层形式一般分为同质单层、同质双层以及异质双层。所谓同质单层即桥面铺装时仅铺设一层铺装层,而同质双层则是铺装层分为两层施工,所摊铺的材料为同一种类型;异质双层则是铺装层分为两层施工,所摊铺的材料为不同类型。目前世界上主流采用的钢桥面铺装材料有以下五类:

(1) 以德国、日本为代表的高温拌和浇筑式沥青混合料(Guss Asphalt,GA),以英国为代表的浇筑式沥青玛蹄脂混合料(Mastic Asphalt,MA),国内现又在 GA 的基础上改良了浇筑式沥青混合料(PGA)。

(2) 以美国、中国及日本为代表的环氧沥青混合料(Epoxy Asphalt,EA)。

(3) 近些年兴起的超高性能混凝土(Ultra-High Performance Concrete,UHPC)。

(4) 德国和中国采用较多的改性沥青玛蹄脂碎石混合料(Stone Mastic Asphalt,SMA)。

(5) 道路路面铺装应用较多的改性密级配沥青混合料(Asphalt Conerete,AC)。

5.2 沣邑大桥钢桥面铺装应用

5.2.1 工程概述

沣邑大桥位于西安国际社区灵韵北路,西起沣河西侧堤顶路,向东跨越沣河,止于东侧堤顶路之前,桥梁采用三塔斜拉桥,总长 526m,孔跨布置为(87+176+176+87)m。桥梁设计桩号 K0+050～K0+576,横断面布置为:3.5m(人、非混行道)+2.75m(索区)+0.5m(防撞护栏)+18m(机动车道)+0.5m(防撞护栏)+6.5m(中分带)+0.5m(防撞护栏)+18m(机动车道)+0.5m(防撞护栏)+2.75m(索区)+3.5m(人、非混行道)=57m。

沣邑大桥钢桥面主线行车道铺装层为:4cm 厚 SMA-13+改性乳化黏层+预拌碎石(5～10mm)+4cm 厚浇筑式沥青混凝土 GA10+防水黏结体系(抛丸除锈+防水黏结层);拉索区、人非混行道铺装层:ZED S94 丙烯酸底涂层+2mm Safetrack SC 铺装层(抛丸除锈+磨耗层)。

(1) 机动车道铺装结构。

钢桥面行车道铺装结构组合:甲基丙烯酸树脂防水黏结体系(工程量:18936 m²)+40mm 浇筑式沥青混凝土 GA-10,具体统计见表 5.2-1。

表 5.2-1 钢桥面道铺装结构统计表

分 类	型 号	用 量
铺装面层	高弹改性沥青 SMA-13	厚度:40mm
	改性乳化沥青	用量:≥200g/m²
铺装下层	撒布 5～10mm 的沥青预拌碎石	用量:4000～7000g/m²
	浇筑式沥青 GA-10	厚度:40mm

续表

分 类	型 号	用 量
甲基丙烯酸树脂防水黏结体系	丙烯酸黏结剂	用量：150~200g/m²
	双层甲基丙烯酸树脂防水膜	用量：≥3000g/m²
	丙烯酸金属防腐底漆	用量：≥200g/m²
钢桥面板	喷砂除锈	清洁度：Sa2.5级，粗糙度：60~140μm

(2) 拉索区、人非混行道铺装结构。

拉索区、人非混行道铺装结构组合：喷砂除锈，ZED S94 丙烯酸底涂层＋2mm Safetrack SC 铺装层（抛丸除锈＋磨耗层），具体统计见表 5.2-2 所示。

表 5.2-2　　　　　拉索区、人非混行道铺装结构统计表

铺 装 面 层	Safetrack SC 铺装层	厚度：2mm
钢桥面板	甲基丙烯酸树脂 ZED S94 防水黏结体系	设计用量

5.2.2　主要施工材料及技术指标要求

(1) 主要施工材料。

根据设计文件要求，该项目拟采用的主要原材料见表 5.2-3。

表 5.2-3　　　　　　　主 要 原 材 料 表

序 号	名 称	备 注
1	防水材料	甲基丙烯酸树脂防水黏结体系
2	沥青	浇筑式改性沥青
3	沥青	彩色沥青
4	粗集料	辉绿岩碎石
5	细集料	石灰石石屑
6	矿粉	石灰岩矿粉

(2) 防水黏结层材料技术指标要求。

行车道钢箱梁桥面喷砂除锈清洁度达到 Sa2.5 级、粗糙度达到 60~140μm 后，经监理工序验收合格后施工甲基丙烯酸树脂防水体系。该防水体系施工分别为丙烯酸防腐底漆、甲基丙烯酸树脂防水层、丙烯酸树脂胶黏剂。其中丙烯酸防腐底漆和丙烯酸树脂胶黏剂采用人工滚涂施工，甲基丙烯酸树脂防水层采用喷涂方式分两层施工。材料技术要求见表 5.2-4。

表 5.2-4　　甲基丙烯酸树脂防水黏结体系材料技术要求

试 验 项 目	要 求	试 验 方 法
丙烯酸金属防腐底漆		
黏结强度（钢）（25℃）/MPa	≥5.0	《公路钢箱梁桥面铺装设计与施工技术规范》（JTG/T 3364-02—2019）附录 E

第5章 钢桥面沥青铺装

续表

试 验 项 目	要 求	试 验 方 法
表干时间/h	≤0.5	《建筑防水涂料试验方法》（GB/T 16777—2008）
实干时间/h	≤1.0	
甲基丙烯酸树脂防水层		
表干时间/h	≤0.5	《建筑防水涂料试验方法》（GB/T 16777—2008）
实干时间/h	≤1.0	
拉伸强度/MPa	≥10	
断裂延伸率/%	≥100	
不透水性	不透水	
低温柔性（−20℃，ϕ20mm 弯曲，90°）	无裂纹	
黏结强度（钢）（25℃）/MPa	≥5.0	《公路钢箱梁桥面铺装设计与施工技术规范》（JTG/T 3364-02—2019）附录 D
丙烯酸黏结剂		
表干时间/h	≤0.5	《建筑防水涂料试验方法》（GB/T 16777—2008）
实干时间/h	≤1.5	

（3）铺装层材料技术指标要求。

按照设计文件要求，该项目采用的改性沥青为浇筑式专用改性沥青，钢桥面表面层混合料沥青采用高弹改性沥青，粗集料采用辉绿岩碎石，细集料采用石灰石石屑，矿粉采用石灰石矿粉，表面层混合料加木质纤维。改性沥青应符合图纸及《公路沥青路面施工技术规范》（JTG F40—2004）的要求。根据桥面使用条件，GA-10 采用聚合物改性沥青，技术要求见表 5.2-5，彩色沥青混合料采用彩色沥青技术要求见表 5.2-6。

表 5.2-5　　　　浇筑式沥青混凝土 GA-10 用改性沥青技术要求

试 验 项 目		指标要求	试验方法
针入度（25℃）/0.1mm		20～50	JTG E20—2011 T0604
延度（5℃）/cm		≥30	JTG E20—2011 T0605
软化点/℃		≥85	JTG E20—2011 T0606
闪点（克利夫兰开口杯）/℃		≥260	JTG E20—2011 T0611
弹性恢复率（25℃）/%		90	JTG E20—2011 T0662
RTFO 旋转薄膜烘箱试验	质量变化，不大于/%	±1.0	JTG E20—2011 T0610
	针入度比（25℃）/%	≥70	
	弹性恢复率（25℃）/%	72	
PG 分级		PG82-22	AASHTO—TP1/TP5

表 5.2-6　　　　彩色沥青技术要求

试 验 项 目	要 求	试 验 方 法
针入度（25℃）/0.1mm	68～80	JTG E20—2011 T0604
延度（5℃）/cm	≥100	JTG E20—2011 T0605

续表

试 验 项 目		要 求	试 验 方 法
软化点/℃		≥46	JTG E20—2011 T0606
TFOT 薄膜烘箱试验	质量变化,不大于/%	≤2.5	JTG E20—2011 T0609
	针入度比(25℃)/%	≥55	JTG E20—2011 T0609

该项目粗集料采用耐磨的辉绿岩集料,粗集料、细集料及矿粉技术指标见表5.2-7~5.2-9所示,集料分级规格见表5.2-10所示,其他指标应满足《公路沥青路面施工技术规范》(JTG F40—2004)中相应的要求。

表5.2-7　　　　　　　粗集料技术性能指标

试 验 项 目	要 求	试 验 方 法
针片状颗粒含量/%	≤12	JTG E42—2005 T0312
压碎值/%	≤24	JTG E42—2005 T0316
洛杉矶磨耗损失/%	≤28	JTG E42—2005 T0317
吸水率/%	≤1.5	JTG E42—2005 T0304
坚固性/%	≤12	JTG E42—2005 T0314
粘附性/级	5	JTG E20—2011 T0616

表5.2-8　　　　　　　细集料技术性能指标

试 验 项 目	要 求	试 验 方 法
表观相对密度	≥2.50	JTG E42—2005 T0328
坚固性(>0.3mm部分)/%	≤12	JTG E42—2005 T0340
砂当量/%	≥65	JTG E42—2005 T0334

表5.2-9　　　　　　　矿粉技术性能要求

试 验 项 目		要 求	试 验 方 法
表观密度/(g/cm³)		≥2.50	JTG E42—2005 T0352
含水率/%		≤1	JTG 051—1993 T0103
通过率/%	<0.6mm	100	JTG E42—2005 T0351
	<0.15mm	90~100	
	<0.075mm	75~100	
亲水系数		<1	JTG E42—2005 T0353
塑性指数/%		≤4	JTG E42—2005 T0355

表5.2-10　　　　　　　集料规格技术要求

集料规格/mm	通过率/%				试 验 方 法
	13.2/mm	9.5/mm	4.75/mm	2.36/mm	
5~10	—	≥90	≤15	≤5	
3~5			≥90	≤15	
0~3				≥80	JTG E42—2005 T0327

浇筑式沥青混合料表面宜撒布5~10mm粒径的预拌碎石,需采用坚硬、耐磨石材加工而成,该项目采用辉绿岩,满足设计规定的集料的性能要求。浇筑式沥青混凝土GA-10的

级配应满足表5.2-11的要求；浇筑式沥青混凝土GA-10推荐油石比为7%～10%。

表5.2-11　　　　　　　改性沥青浇筑式混凝土GA-10性能要求

试 验 项 目	要　　求	试 验 方 法
流动性（240℃）/s	T≤20	《公路钢箱梁桥面铺装设计与施工技术规范》（JTG/T 3364-02—2019）
贯入度（60℃）/mm	1-≤4	
贯入度增量（60℃）/mm	≤0.4	
弯曲极限应变（-10℃）	$\geqslant 7\times 10^{-3}$	JTG E20—2011 T0715

在浇筑式沥青混合料施工过程中，纵、横向施工缝或与构造物连接处设置贴缝条，其性能指标需满足表5.2-12技术要求。

表5.2-12　　　　　　　　　贴缝条技术要求

试 验 项 目	要求	试 验 方 法
软化点（R&B）/℃	≥90	JTG E20—2011 T0606
低温柔性（-10℃，30min，$R=15$mm）	无裂纹	GB 18243—2000
弹性恢复（25℃）/%	≥10	JTG E20—2011 T0662

5.2.3　施工总体规划

根据施工范围、工程数量和工程内容，结合实地调查情况的基础上编制施工组织总体规划，并在总体规划的大框架内，细化各分项工程的施工组织安排，该项目经现场调查，目前钢桥面工作面基本完工，可随时组织进场进行施工。

1. 施工任务划分

（1）喷砂防水作业，主要设两个作业小组（喷砂防腐作业组、防水层作业组）。

（2）浇筑式施工，主要设三个作业小组（浇筑式摊铺组、拌和站生产组、混合料运输组）。

（3）人行道及锁区施工，主要设四个作业小组（摊铺组、碾压组、拌和站生产组、混合料运输组）。

2. 施工步骤及施工顺序

施工准备：①设备标定；②设备自检；③设备报验；④施工人员报验；⑤技术交底

第一步：工作面清理，清理钢桥面板焊渣、浮浆、油污等。

第二步：喷砂除锈，涂布防腐底漆。人工打磨角边检测合格以及滚涂底漆，主线机械喷砂除锈并报监理检测合格后进行滚涂底漆。底漆滚涂完毕后报监理检测拉拔试验（1000m^2检测3个点）合格后进入下一环节。

第三步：喷涂两层甲基丙烯酸树脂类防水层，待其固化后涂布胶黏剂。

两层防水材料喷涂、待防水层固化进行黏结剂滚涂，施工完成后报监理检测合格后进入下一个环节。

第四步：浇筑式混合料摊铺，摊铺过程中，撒布5～10mm预拌碎石并及时进行碾压。

第五步：浇筑式沥青混合料现场验收以及保护。

3. 施工工期安排

要完成该项目施工工作，需要完成三个步骤，即施工准备工作、施工实施工作及收尾工作。施工准备工作主要包括：原材料初步检测、工作面察看、技术资料准备等，进场前启动、工作面交验、原材料送样检测及部分材料进场、人员进场、各项交底、完成混合料配合比设计等，此阶段需40d。完成以上准备工作后进入正式施工，施工完成后进行现场生产垃圾、生活垃圾、拆除临时防护等收尾工作。各分项具体的施工计划如图5.2-1所示。

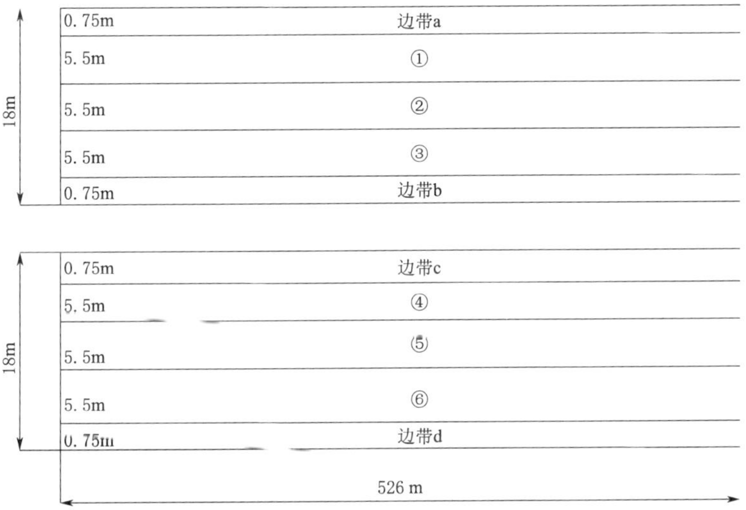

图 5.2-1 施工平面划分示意图

浇筑式施工采用分左右幅，并且跳幅施工，左幅施工顺序：①→③→②→边带施工；右幅施工顺序：⑥→④→⑤→边带施工。施工时可根据现场交接的先后，调整左右幅施工的顺序。总有效施工时间为60d，是指有效工作天数，施工过程如遇交叉施工或遇雨等不可抗力工期顺延。其他非主线行车道区域的抛丸除锈及2mm SafeTrack SC铺装层铺装等工作可在沥青混合料施工时同步进行。

5.2.4 施工方案

1. 钢桥面喷砂除锈

（1）喷砂前的处理。喷砂前，应首先检查钢桥面板的外观，确保表面无焊瘤、飞溅物、针孔、飞边和毛刺等，否则必须通过打磨加以清除，锋利的边角必须处理成圆角。用清洁剂或溶剂清洗钢桥面板表面的油脂、盐分及其他脏物。

（2）环境要求。遇下雨、结露等气候时，严禁除锈作业。钢板温度应高于露点3℃以上，相对湿度≤85%。

（3）磨料要求。磨料采用高性能耐磨钢丸。磨料必须保持干燥、清洁，不含有害物质，如油脂、盐分。

（4）喷砂质量要求。喷砂除锈后的钢桥面板表面应达到防锈等级Sa2.5的要求。粗糙度的要求必须达到Rz：60~140μm。

（5）喷砂设备采用带吸尘装置的自动无尘打砂机。

(6) 边界处理：与行车道钢桥面面板相衔接的构造物有钢路缘、泄水孔槽等，自动无尘打砂机所不能施工的区域和边缘，采用角磨机人工打磨处理。角区域除锈处理因空间限制，自动无尘打砂机无进入其中进行作业。故采用人工使用打边机进行打磨处理。

(7) 控制性检验内容

应检测：清洁度达到 Sa2.5 级；粗糙度为 60～140μm。

检测频度：清洁度为 9 点/1000m²；粗糙度为 9 点/1000m²。

检测方法：清洁度对比 GB/T 8923.1—2011 相关图片，用放大镜观测；粗糙度用塑胶帖纸法测量。

2. 甲基丙烯酸树脂防水结构层施工

(1) 环境要求。喷涂的基面必须干燥、洁净、无油污、无异物、无灰尘。遇下雨、下雪、结露等气候条件时，严禁涂布作业。环境温度-10～50℃，相对湿度≤85%。钢板温度高于露点 3℃以上。

(2) 涂布操作。

1) 甲基丙烯酸防腐底漆的施工。喷砂除锈检验合格后，尽快实施防腐底漆，如图 5.2-2 所示。采用滚涂方式施工，用量不小于 200g/m²。底漆的干燥时间视现场环境而定，温度 10℃的固化时间约为 60min，其他温度固化时间参考产品说明书。

图 5.2-2 防腐底漆现场施工

2) 甲基丙烯酸树脂防水层的施工。待丙烯酸防腐底漆固化后（通常 1h 以上），喷涂甲基丙烯酸树脂防水材料，总用量不小于 3000g/m²。甲基丙烯酸树脂防水材料含两种树脂组分（A 和 B）和一种催化剂，施工前先将催化剂加入 B 组分充分搅拌均匀后，再与 A 组分搅拌喷涂，如图 5.2-3 所示。具体掺配比例及喷涂时间控制参考材料供应商的产品说明书。甲基丙烯酸树脂防水膜喷涂施工前，应对周边护栏等构造物进行包裹保护。

图 5.2-3 防水层现场施工

3）丙烯酸黏结剂的施工。

甲基丙烯酸树脂防水层喷涂结束并完全固化后（一般 1h 左右），应立即施工丙烯酸黏结剂，可采用滚涂的方法施工黏结，如图 5.2-4 所示。施工时，应用直尺或其他工具将黏结剂与短期接头和搭接区分隔。胶黏剂的用量不小于 200g/m²，待其固化后，搁置或进行下一道工序施工。

图 5.2-4 黏结剂现场施工

(3) 控制性检验内容。

检测内容。外观：要求平整、均匀，无气泡、裂纹、脱落、漏涂现象；用量：底涂层为 100～200g/m²；甲基丙烯酸甲酯树脂为 2500～3500g/m²；黏结剂为 150～200g/m²。

检测频度。外观：随时；用量：3点/1000m²；底漆与钢板黏结强度：3点/1000m²。

检测方法。外观：目测；用量：按用量和施工面积计算。黏结强度：按《公路钢桥面铺装设计与施工技术规范》（JTG/T 3364-02—2019）附录 B 试验方法进行。

检测后，如发现不能满足要求的部位，在附近加测 3 点，如证实施工质量达不到要求，应返工。

3. 浇筑式混合料 GA-10 施工

(1) 施工前准备。

在浇筑式摊铺之前，应保持防水层清洁；对油迹的污染，应及时擦洗，绝对不允许有油污的存在。由于浇筑式摊铺根据垫块和侧限挡板高度控制铺装层的平整度，因此应进行精确测量，准确定位侧限挡板的高度。运输车在进入施工现场前，应对其轮胎及底板进行清洗，防止运输车污染桥面。现场施工人员应穿上鞋套，以保证施工现场清洁。应保证材料及时供应，加强对施工机械的检查以及人员的调配，防止因材料、人员或机械产生的人为冷接缝。浇筑式沥青混合料摊铺，因为其劳动强度大，环境温度高，应充分做好安全防护工作，配备必要的劳保用品。浇筑式沥青混合料摊铺时，要保持防水层无明水或积水，否则应用干拖把、棉被或吹风机等清除防水层表面明水，故浇筑式沥青混合料摊铺尽量选择在晴天或阴天施工。

(2) 浇筑式沥青混合料的拌和。

浇筑式沥青混合料所用的聚合物改性沥青的加热温度为 165～180℃。

由于浇筑式沥青混合料拌和温度高，搅拌时间长，因此对拌和楼的拌和能力和耐高温能力有很高的要求。同时，浇筑式沥青混合料所用的沥青黏度大，而且沥青含量比较高，混合料容易粘附在设备上，每次生产完毕后，待设备还没完全冷却时，应对粘附的混合料进行彻底清理，在生产前应对运料小车、储罐或卸料斗清理并涂刷隔离剂。

混合料拌和温度控制：如果矿粉未加热，则石料加热温度应为320℃左右，混合料拌和后出料温度按220～250℃目标控制。由于混合料中矿粉含量很大，因此混合料的拌和时间比较长，拌和时间为干拌15s，湿拌90s，并在湿拌过程中加入适量的改善流动性的降黏剂，上述工艺均需现场试拌后确定。

拌和过程中应充分注意矿粉掺加、改性沥青用量及出料温度的控制。同时，冷料仓上料速度的设置应充分考虑到加热鼓风中细集料的粉料（粒径小于0.3mm）损失。

如发现任何异常情况，立即停机处理，通知摊铺现场，在未找到发生异常的原因并解决前，不得恢复施工。

（3）浇筑式沥青混合料的运输。

从拌和楼生产出来的浇筑式沥青混合料还需不断搅拌和加温，因此，浇筑式沥青混合料使用专门的运输设备（国外称为Cooker车），如图5.2-5所示。在Cooker车初次进料之前，应将其温度预热至130℃以上，装入Cooker车中的混合料应保持不停地搅拌，同时应让混合料升温至220～240℃。

同时应尽量避免浇筑式沥青混合料在高温的Cooker车中停留太长时间，温度越高应尽快安排摊铺。但在Cooker车中的搅拌时间至少应多于45min。在从运输混合料的Cooker车中出料时必须对加热温度进行调节，以避免结合料硬结。同时还须减慢搅拌速度，不让空气中的氧气进入浇筑式沥青中，以减少结合料的氧化。

（4）浇筑式沥青混合料的摊铺。

浇筑式沥青混合料是自流成型无须碾压的沥青混合料，浇筑式沥青混合料摊铺需要使用浇筑式专用摊铺机。浇筑式沥青混凝土采用通用摊铺方式，即摊铺方案采用摊铺机从桥梁一端（北岸）至另一端（南岸）连续摊铺。

浇筑式是自流成型无须碾压的沥青混合料，GA-10浇筑式沥青混合料摊铺需要使用浇筑式专用摊铺机，如图5.2-6所示。

图5.2-5 Cooker车　　　　图5.2-6 浇筑式沥青专用摊铺机

具体施工工艺如下：

1) 边侧限制及厚度控制。

浇筑式沥青混凝土在220～240℃摊铺时具有流动性，需设置边侧限制，防止混合料侧向流动。边侧限制采用40mm的方钢管作为模板，设在车道连接处的边缘。根据钢板表面平整度的情况，用不同厚度的铁片或木片调节，以达到铺装表面平整的目的。

2) 浇筑式摊铺。

浇筑式摊铺采用专用摊铺机。浇筑式混合料摊铺时Cooker车倒行至摊铺机前方，把混合料通过其后面的卸料槽直接卸在桥面板上。摊铺机的整平板的正前方布料板左右移动，把浇筑式沥青混合料铺开。摊铺机按1～2m/min的速度向前移动，把沥青混合料整平到控制厚度。施工时对现场混合料温度进行实时监测。

3) 预拌碎石的撒布。

为了提高浇筑式沥青混凝土与上部铺装层之间的结合力和整体抗剪强度，在完成浇筑式沥青混凝土施工后，撒布5～10mm的预拌沥青碎石，用量为4～7kg/m^2。

等摊铺的浇筑式沥青混凝土降到合适的温度（约190～200℃），人工撒布5～10mm预拌0.3%～0.5%沥青的碎石，并用人工滚筒将碎石压入浇筑式沥青混凝土中。预拌沥青碎石撒布过程中，将派专人负责检查碎石撒布情况，对撒布堆积的部位及时清扫处理，对漏撒的应及时补撒到位。成型后浇筑式混凝土表面的预拌沥青碎石应均匀分布，预拌沥青碎石的1/2～2/3嵌入浇筑式混凝土中。

4) 气泡的处治。

浇筑式沥青混凝土施工中容易出现气泡，属普遍现象，及时采用人工观察刺破气泡的方式处理后，无任何影响；若不处理，将导致桥面铺装层病害的产生。

在浇筑式沥青混凝土摊铺过程中，将派专人对浇筑式施工质量实时检测，对可能产生的气泡，采用带尖头的工具刺破，排出内部空气，使其充分致密，消除质量隐患。

5) 拆除边侧。

拆除边侧限制之前，让铺装层充分冷却，留下一个轮廓清晰的边侧连接。

6) 控制性检验内容。

应检测：摊铺温度为220～240℃；混合料抽检检测（贯入度、贯入度增量等关键指标）。

检测频率：摊铺温度为1次/车；混合料性能检测为1次/施工日。

检测方法：出料温度按数显温度计；混合料性能按附录相关试验方法进行。

(5) 人工边带施工。

在项目GA-10浇筑式沥青混凝土机械施工过程中，受浇筑式摊铺机设备行走轮影响，在钢桥面左右边侧75cm位置无法进行机械铺筑，仅可采用人工摊铺方式进行施工。

首先进行工作面清洁、胶黏层修补、贴封条施工及人员与任务分工等（包括斗车转运工、铁锹操作工、抹平操作工、Cooker车引导员、浇筑式混合料放料工、工作面及运输车轮胎清洁工、碎石撒布工、滚筒工）。

施工准备工作→GA-10混合料生产→GA-10混合料运输→GA-10混合料放料进入斗车→GA-10混合料转运至施工区域→GA-10混合料倾倒至施工位置→将倾倒GA-10

混合料人工用铁锹摊平、整平→人工采用木抹子揉搓接缝使之密实平顺→人工撒布预拌碎石→用滚筒将碎石压入→接缝边界处理。

在施工前，需沿施工缝纵向进行贴封条施工，若粘贴不牢，采用喷火枪加热后进行，使之紧贴已施工完成的浇筑式立面。施工前人员分工必须明确，准确至每道工序、每个人，比如具体至某个人分别负责卸料、运输、整平、抹平、撒碎石等。在进行 GA-10 混合料卸料时，应在已施工完成的工作面垫木板，防止污染或破坏成品工作面。GA-10 混合料卸入斗车后，防止温度散失严重，应立即转运至施工位置并倾倒至工作面内，并立即人工用铁锹铲平并整平，其铺装厚度应与相邻摊铺工作面位于同一高度，如图 5.2-7 所示。采用铁锹大体整平后，专人负责采用木抹子对新旧接缝位置以及局部坑洼区域进行揉搓、修补、整平处理，使之紧密结合与平整，保证外观、黏结及防水效果。人工整平后，立即撒布碎石，后面紧跟滚筒进行碾压。

（6）接缝及边界处理。

铺装过程中，除桥梁伸缩缝处外，尽量不在其他部位设置横向施工缝。如需设置施工缝，按如下方法设置横向施工接缝。

使用边侧限制的钢制或木制挡板，切割成浇筑式摊铺宽度相同长度，放置于设置施工接缝的位置，将摊铺机升起少许，从横向挡板上移出，抵住横向挡板，手持人工抹板将混合料抹至紧贴挡板，并抹平敲打击实。固定横向挡板，待混合料冷却后，方可拆除挡板。最后应使混凝土具有垂直的横向截面，并敲掉松散混合料。

在接缝处铺筑浇筑式混合料之前，沿接缝贴一条贴缝条，将摊铺机高度调至铺装层相同高度，待布料板将混合料均匀铺开后，便可开动摊铺机进行正常摊铺，应观察接缝处新铺的混合料，如出现松散麻面情况，应立即人工进行处理。

在进行纵向接缝的施工前，应检查原沥青混凝土接缝界面，及时除去出现麻面、松散以及下层发生脱落的浇筑式沥青混凝土，清除完成后，在纵向边缝处贴一条贴缝条，同时对接缝应进行预热处理，保证整个铺装的密实性和整体性。在摊铺机后，应安排专门人员对接缝出现漏铺以及麻面的地方及时处理，如有需要另进行喷枪加热使原铺装软化，并用工具搓揉，使其表面平整，并压入预拌碎石，如图 5.2-8 所示。

图 5.2-7 人工边带现场施工　　　　图 5.2-8 铺装完成

因行车道铺装所有边界要进行防水施工作业，而防水胶黏层与高温浇筑式之间有较好的连接效果，故浇筑式的施工边界无需特殊处理。施工过程中，应注意浇筑式边界的密实性。

本章参考文献

[1] 冯国平. 钢桥面铺装环氧沥青的开发及混合料性能研究[D]. 西安：长安大学，2019.
[2] 王嘉伟. 内蒙古地区桥面铺装损坏类型调查与原因分析[J]. 公路交通科技（应用技术版），2016，12（12）：79-80.
[3] 公路钢桥面铺装设计与施工技术规范：JTG/T 3364-02—2019[S]. 北京：人民交通出版社，2019.
[4] 城镇钢桥面沥青混合料铺装技术标准：DB22/T 5048—2020[S]. 吉林省工程建设地方标准，2020.
[5] 王建伟，于力，罗桑. 南京长江第二大桥环氧沥青混凝土铺装服役13年回顾[J]. 公路，2015，60（8）：37-40.
[6] 王泽勇，袁可兰. 不同施工工艺下环氧沥青混合料性能研究[J]. 中外公路，2017，37（2）：268-271.

第6章 多塔斜拉桥斜拉索施工技术及振动控制

多塔斜拉桥以其结构造型美观，对通航、地形和地质状况适应性强，抗扭和抗风性能好等优点越来越受到青睐。以往多塔斜拉桥的研究主要集中在多塔斜拉桥的结构体系、刚度提高措施和结构设计等方面，而在其斜拉索施工技术与振动控制方面的研究相对较少，尚有不少问题值得深入研究和完善。本章以西安沣邑大桥为工程背景，围绕多塔斜拉桥的索力优化和斜拉索振动控制等方面的问题开展了一系列研究。

6.1 多塔斜拉桥索力优化

西安沣邑大桥为高次超静定结构，斜拉索是其主要承重和传力构件。在大跨度多塔斜拉桥的设计过程中，合理成桥状态的确定是最重要的任务之一。合理成桥状态是指忽略施工阶段因素的影响，在恒载作用下对一次成桥的最终桥梁结构受力进行分析，使结构构件满足某种优化目标的受力状态。对于斜拉桥而言，可以通过操作斜拉索来改变结构的受力状态。一般通过分析主梁线形及内力、主塔弯矩及位移来衡量合理成桥状态。

斜拉桥是一种复杂的结构体系，成桥状态下力学性能受多个因素影响，而斜拉桥体系的多样化更是令索力优化问题结果的研究大相径庭，因此并没有完全统一的标准来评定某一状态是最合理的成桥状态，需要具体情况具体分析。

6.1.1 索力优化原则

在进行索力优化设计时需要满足如下原则：

（1）索力分布。索力应分布均匀，一般应满足"短索索力小、长索索力大"的原则，在个别情况下允许局部出现索力突变。由于尾索起到锚固作用，为提高刚度，其索力通常取值较大。

（2）主梁弯矩。主梁弯矩的控制通常是斜拉桥设计计算中一项重大难题，在成桥状态下，主梁弯矩应合理控制在可行域范围内。

（3）主塔弯矩。主塔作为受压构件，为充分发挥其承压作用，在恒载状态下，应确保主塔不能出现过大弯矩，允许主梁出现较大弯矩，同时也应适当考虑活载作用和收缩徐变对主塔的影响。

（4）边墩和辅助墩支承反力。在恒载作用下应确保边墩和辅助墩支承反力具有足够的压力储备，在活载作用下不出现负反力。这种受力通常由配重或拉力支座来实现。

6.1.2 索力优化方法

对于斜拉桥成桥索力优化的方法，国内外很多学者已对此进行了深入研究。目前确定斜拉桥成桥最优索力的方法主要有以下几种：刚性支承连续梁法、零位移法、最小弯曲应变能法（弯曲能量最小法）、内力（应力）平衡法、弯矩最小法（用索量最小法）和影响矩阵法等。

1. 刚性支撑连续梁法

德国著名桥梁专家 F. Leonhardit 提出刚性支撑连续梁法，是斜拉桥结构优化计算中较早开始使用的方法。其原理是把斜拉索对主梁在索梁节点处提供的竖直方向的弹性支承转化为刚性支撑，即在主梁上拉索锚点处施加固定约束，形成一刚性支承连续梁体系，以此减小超静定次数，从而将斜拉桥视为普通连续梁结构体系，接着以斜拉桥在恒载作用下的主梁弯矩与刚性支撑连续梁状态下的弯矩一致为目标，通过求解得到这些刚性支撑的反力，进而计算出斜拉索力。其优点是计算简单，力学思路清晰，且成桥状态接近"稳定张拉力"，对于预应力混凝土斜拉桥而言，该方法可以在一定程度上消除徐变二次应力的影响，然而此方法由于侧重控制主梁弯矩，而没有考虑斜拉索水平分力的影响，忽略了索塔变形。这对于左右不对称的斜拉桥来说，若索力控制不当，将导致主塔出现较大弯矩，从而求解得到的斜拉索力往往差异较大。

2. 零位移法

该方法是通过调整得到一组合理拉索索力，使桥梁结构在成桥状态下主梁上各拉索锚点的竖向位移为零。对于采用一次落架法进行施工的斜拉桥，通过该方法所获得的结果与刚性支承连续梁法所得结果基本一致。然而该方法也存在局部索力不合理的现象，同时由于索塔周边一定区域梁段无斜拉索作用，这样使得第一对斜拉索的索力将很大，而第二对斜拉索的索力很小，甚至出现索力为零的情况。此方法同样对于不对称斜拉桥，塔的弯曲内力难以照顾，所得结果不甚合理，而难以应用。而相比于刚性支撑连续梁法仅通过计算得出索梁节点处竖向反力，忽略了水平分力的影响，零位移法得到的索力优化结果较为合理。

3. 最小弯曲应变能法（弯曲能量最小法）

在一些工程中，索力优化旨在使结构总应变能最小化，从而获得恒载作用下整个桥梁的弯矩分布，这种方法即为最小弯曲应变能法。最小弯曲应变能法一开始是以实现全桥经济最优为目的，结构弯曲应变能越小，结构尺寸就越小，用料就更加节约，全桥就更具经济性。最小弯曲应变能法的目标函数是结构、塔梁位移或内力的弯曲应变能，不考虑活载和预应力，并以塔梁位移或内力作为约束条件，索力为未知量建立方程，求解得到一组索力值即为满足约束条件下的合理成桥索力。

4. 内力（应力）平衡法

该方法的基本原理是：选择一组合理的斜拉索张拉力，使桥梁结构在恒载、活载作用下，指定关键控制截面上、下翼缘的最大应力和材料容许应力之比相等。该方法以控制截面内力为目标，通过合理选择拉索张拉力来实现这一目标，控制截面位置可包括主梁和索塔，因此，主梁和塔的内力均可照顾到。这种方法使结构内力在主要荷载作用时，各截面的承受能力相协调,从而可以达到经济设计的目的,但该方法所得结果同样存在索力不均匀的问题。

5. 弯矩最小法（用索量最小法）

该方法是以结构（包括梁、塔、墩）的弯矩平方和最小值为目标函数。其计算与弯曲能量最小法近似,但是以结构弯矩平方和作为目标函数,而没有考虑到构件柔度对弯曲能量吸收的权,所以一般不如弯曲能量最小法的结果合理。

6. 影响矩阵法

与上述其他方法不同的是,影响矩阵法没有直接包含索力优化目标,即不局限于单一目标函数,而是利用广义影响矩阵的概念,将调索向量和广义影响矩阵的乘积表示成多个目标函数。

线性理论是影响矩阵法的基础,虽然斜拉桥是非线性结构,但是当斜拉索有一定的索力时,斜拉索垂度效应很小可以忽略不计,荷载结果满足线性叠加,因此可以采用影响矩阵法对索力进行调整。

下面将结构控制截面中 i 个独立元素组成的向量 $\{d_1, d_2, d_3, \cdots, d_i\}^T$ 定义为受调向量,记作 $\{D\}$,受调向量可以表示结构控制截面应力、内力或位移等；将 $\{x_1, x_2, x_3, \cdots, x_i\}^T$ 与受调向量中元素对应的施调元素组成的向量定义为施调向量,记作 $\{X\}$。施调向量顾名思义通过改变施调向量中元素可以调整受调向量,施调向量可以表示为斜拉索索力。将 i 个施调向量发生单位变化形成的 j 个影响向量组成的矩阵称为影响矩阵,记作 $[C]$：

$$[C]=[C_1,C_2,C_3,\cdots,C_j]=\begin{bmatrix} c_{11} & c_{12} & \cdots & c_{1j} \\ c_{21} & c_{22} & \cdots & c_{2j} \\ \vdots & \vdots & \vdots & \vdots \\ c_{i1} & c_{i2} & \cdots & c_{ij} \end{bmatrix} \quad (6.1-1)$$

三者形成线性方程组 $[C]\{X\}=\{D\}$,求解该方程组可以求得施调向量（索力）$\{X\}$。若仅仅构造一个普通的线性方程组往往求得的施调向量是没有意义的,一般需要加入一些约束项来构造一个线性方程变量。下面以弯曲能量为目标函数进行最优索力的推导为例,结构弯曲应变能表示为

$$U=\int_s \frac{M^2(s)}{2EI}\mathrm{d}s \quad (6.1-2)$$

对于离散杆系结构,式（6.1-2）可以写成：

$$U=\sum_{i=1}^m \frac{l_i}{4E_iI_i}({}^LM_i^2+{}^RM_i^2) \quad (6.1-3)$$

式中 m——离散结构单元总数；
l_i、E_iI_i——i 单元的长度、抗弯刚度；
${}^LM_i$、${}^RM_i$——i 单元左、右两端弯矩。

式（6.1-3）的矩阵形式为

$$U=\{{}^LM\}^T[B]\{{}^LM\}+\{{}^RM\}^T[B]\{{}^RM\} \quad (6.1-4)$$

式中 $\{{}^LM\}$、$\{{}^RM\}$——i 单元左、右两端弯矩向量；

$[B]$——对角元素为 $b_{ii}=\dfrac{l_i}{4E_iI_i}$ $(i=1, 2, \cdots, m)$ 的对角矩阵。

令 $\{^LM_0\}$、$\{^RM_0\}$ 分别为调索前单元左右两端弯矩向量，$\{T\}$ 为施调向量，则调索后单元左右两端弯矩向量可以整理为

$$\begin{cases} \{^LM\}=\{^LM_0\}+[C_L]\{T\} \\ \{^RM\}=\{^RM_0\}+[C_R]\{T\} \end{cases} \quad (6.1-5)$$

式中 $[C_L]$、$[C_R]$——分别为索力对结构两端弯矩的影响矩阵。

将式（6.1-5）代入式（6.1-4）中，则弯曲应变能可表达为

$$U=C_0+\{^LM_0\}^T[B][C_L]\{T\}+$$
$$\{T\}^T[C_L]^T[B]\{^LM_0\}+\{T\}^T[C_L]^T[B][C_L]\{T\}$$
$$+\{^RM_0\}[B][C_R]\{T\}+\{T\}^T[C_R]^T[B]\{^RM_0\}+\{T\}^T[C_R]^T[B][C_R]\{T\}$$

$$(6.1-6)$$

式中 C_0——与 $\{T\}$ 无关常数。

求 U 的偏导，得到调整索力后结构最小弯曲应变能：

$$\frac{\partial U}{\partial T_i}=0 \quad (i=1,2,\cdots,l) \quad (6.1-7)$$

将式（6.1-6）代入式（6.1-7）中，整理得到以下矩阵形式：

$$[C_L]^T[B][C_L]+[C_R]^T[B][C_R])\{T\}=-[C_L]^T[B]\{^LM_0\}-[C_R]^T[B]\{^RM_0\}$$

$$(6.1-8)$$

求解上述 l 阶线性方程组即可得到最优索力。

6.1.3 合理施工调控方法

多塔斜拉桥，区别于普通双塔斜拉桥，因具有 3 座或以上主塔而得名，是一种跨径布置有广泛的适用性、经济性的桥型。斜拉桥的施工，一般可分为基础、墩塔、梁、索等四部分，其中基础施工与其他类型的桥梁没有什么两样，斜拉桥作为一个整体，它的塔、梁、索的施工必须互相配合，服从工程设计意图，下面分别就塔、主梁、斜拉索的施工方法做简要的介绍。

1. 塔的施工

索塔是斜拉桥的一个重要组成部分，在施工中有着重要的地位，按建筑材料的不同，索塔主要有混凝土索塔和钢索塔。由于采用的材料不同，从而在施工方法和工艺要求上也有较大的差异。总体来说，不论是混凝土索塔，还是钢索塔，其结构形式均要比一般的桥墩结构要复杂得多，塔柱可以有垂直和倾斜的不同形式，横梁也是斜拉桥塔柱上必要的构造设施，此外还包括检修道、观光电梯和航空标志灯及避雷设施等。因此索塔的施工必须根据设计、构造要求及环境条件统筹兼顾。

2. 主梁的施工

斜拉桥主梁与梁式桥的施工方法基本相同，大致上可以分为支架法、顶推法、平转法

和悬臂法四种形式。悬臂法和支架法是目前斜拉桥主梁施工的主要方法，前者适用于净高较大或河流上的大跨径斜拉桥主梁的施工；后者适用于城市立交或净高较低的岸跨主梁施工。

(1) 支架法。支架法分为在支架上现浇、在临时支墩间设托架现浇、在临时支墩上架设预制梁段等几种施工方法。其最突出的优点是施工简单方便，能够确保结构的线型满足设计要求，但仅适用于桥下净空低、搭设支架不影响桥下的交通情况。

(2) 悬臂法。悬臂施工法分为悬臂拼装法和悬臂浇筑法。悬臂拼装法是先在塔柱区现浇一段起始梁段，主要是用于放置起吊设备，然后再用起吊设备从塔柱的两侧依次对称地拼装梁体节段。悬臂浇筑法则是在塔柱两侧用挂篮逐段对称地浇筑混凝土。

(3) 顶推法。顶推法是指将梁段在桥头逐段地进行浇筑或拼装，然后用千斤顶纵向地向前顶推，通过各墩顶的临时滑动支座面使梁体就位的施工方法。

(4) 平转法。平转法施工与拱桥施工中所采用的转体法相似，首先将上部结构分为两半，分别在河流两岸的支架上制作，然后以索塔为圆心旋转到桥位处合龙。

3. 斜拉索的施工

斜拉索是斜拉桥成桥的关键材料。斜拉索由两端的锚具、中间的拉索传力件及防护材料三部分组成，称为拉索组装件。斜拉桥施工张拉索力的确定和斜拉索的张拉调整方式、主梁的施工方法、受力特点、收缩徐变和几何非线性影响因素等密切相关。斜拉索施工张拉索力的方法主要有零弯矩悬拼法、倒拆分析法、正装迭代法、倒拆-正装迭代法、无应力状态法等。

(1) 零弯矩悬拼法。

零弯矩悬拼法基本原理：每一阶段新安装的预制构件的重力要与此阶段新安装的斜拉索的垂直竖向分力相等。与此同时在纵向上也要保证拼装面上的弯矩为零，此种情况可以通过在主梁内施加纵向预应力得以实现。于是新安装的预制构件只向已经拼装的主梁传递轴向力，而不传递剪力和弯矩，因此在理论上已经拼装好的主梁并不因为新安装的预制构件而产生任何的位移。这样就使一个复杂的施工控制问题简单化了。此种方法对于预制悬拼施工的对称斜拉桥比较适用，但极少应用于悬臂现浇斜拉桥。

(2) 倒拆分析法。

由于桥梁正装施工计算中结构节点坐标的迁移，即使按照严格的施工步骤进行每个施工阶段内力分析，最终结构的线型也会与设计线型有一定的偏差，此种问题可以通过倒拆计算来解决。此方法是目前斜拉桥分析中普遍采用的一种方法，但是也存在一些缺点：收缩徐变影响难以计算；且在大跨度斜拉桥的计算中，必须考虑斜拉索垂度效应等几何非线性的影响，而倒拆计算时每次增量迭代时的内力和位移都是从后向前的施工顺序计算得到的，与实际由前向后的工序进行计算有一定的误差。

(3) 正装迭代法。

正装迭代法基本原理：预先假定一组初拉力，进行正装计算得到一个成桥状态，然后将该成桥状态与设计给定的合理成桥状态相比较，按最小二乘法原理使两个成桥状态相差最小时得出的初始张拉力即为斜拉索的初始张拉力。该方法的优点是：只需作正装计算，且通过最小二乘法原理将不闭合原因造成的影响减小到最低限度。

(4) 倒拆-正装迭代法。

倒拆-正装迭代法的前身为倒拆法，但倒拆-正装迭代法又克服了倒拆法的不足，基本思路为：先不考虑收缩徐变的影响，对结构进行倒拆分析，然后根据倒拆结果再进行正装计算，计算时计入混凝土收缩徐变和非线性的影响，重复以上步骤，直到计算结果达到收敛。

斜拉索垂度非线性影响的处理方法为表观模量法。第一轮计算斜拉索的弹性模量用 $i-1$ 阶段的索力对拉索弹性模量进行 Ernst 公式修正后作为第 i 阶段的模量，以后各轮迭代，利用上一轮正装计算的相应阶段索力，用于该阶段弹性模量的修正计算。徐变迭代计算：混凝土徐变与结构形成过程中构件应力历史有关，所以倒拆分析在理论上无法计算徐变的影响。但在正装-倒拆迭代计算中，第一轮分析可不计收缩、徐变，然后以第一轮正装计算记录的应力历史作为第二轮倒拆分析时收缩、徐变计算的依据，逐阶段计入它们的影响，如此反复直至收敛。具体过程如下：

1) 确定理想成桥状态和斜拉索合理成桥索力。

2) 制定合理的施工过程。

3) 从理想成桥状态开始，沿着桥梁实际施工顺序的逆顺序，逐步拆除相应阶段的结构、荷载和边界条件，对结构关键截面进行内力和位移及索力计算。

4) 将第三步的倒拆结果重新代入斜拉桥正装计算中，逐阶段计算混凝土收缩、徐变的影响，并将其影响（如塔、梁内力、位移和索力）数据保存。

5) 显然上述计算结果并不是理想的状态，所以需要进行再一次倒拆计算，但需注意计算时要计入第四步算得的相应阶段的收缩、徐变值。

6) 以上一步计算结果为基础进行第二次正装计算，重复步骤 1)～6)，直至计算结果与第一步计算的理想状态误差在可以接受的范围为止。

7) 考虑斜拉索的垂度非线性用 Ernst 公式计算其得到斜拉索等效弹性模量，计算公式见式 (6.1-9)：

$$E_1 = \frac{E_0}{1+\frac{(rl)^2}{12\sigma^3}E_0} \quad (6.1-9)$$

式中 σ——拉索初始应力。

E_1 称为切线弹性模量。当第一轮计算只知道初始索力 σ_0，代入 (6.1-9) 可算出 E_1，以后各轮计算时，就可以利用上一轮计算中每施工步骤完成前、后的索力 σ_0 和 σ_1 用式 (6.1-10) 计算：

$$E_2 = \frac{E_0}{1+\frac{(rl)^2}{24\sigma_0^2\sigma_1^2}(\sigma_0+\sigma_1)E_0} \quad (6.1-10)$$

E_2 称为割线弹性模量，考虑了索力 $\sigma_0 \rightarrow \sigma_1$ 变化的影响。

采用了上述计入收缩、徐变的方法和计算拉索 E_2 的方法之后，能够加速收敛，提高闭合到最初确定的理想成桥状态的速度。

(5) 无应力状态法。

单元的有应力长度是指结构体系内任意构件单元在受荷载变形后单元两节点之间的几

何距离,假设在卸除了该单元的轴向力之后单元轴向变形能够完全恢复,那么此时单元上两节点间的几何距离称之为构件单元的无应力长度。

桥梁结构分析中,如果单元长度分的足够细,则计算时可以忽略单元的弯曲扭转,只考虑单元的杆端力,此时单元的变形曲线为一个三次曲线。单元上任意截面的挠度曲线的曲率都可以利用结构受力变形后单元上两节点的水平、竖向位移及转角来计算,此曲率即单元的有应力曲率,假设在此基础上卸除了该单元的弯矩后单元的弯曲变形能够完全恢复,那么此时单元挠度曲线的曲率定义为单元的无应力曲率。

6.2 多塔斜拉桥拉索振动控制

6.2.1 常见斜拉索振动类型

斜拉索风振问题是制约斜拉桥发展的关键因素之一,根据发生振动原因的不同,斜拉索常见的振动类型主要分为风致振动和参数振动。其中风致振动是指由于拉索自身空气动力不稳定而引起的振动,也包括风雨共同作用引发的振动。风致振动包括抖振、尾流效应、涡激振动、风雨激振和驰振等形式,其中涡激振动、风雨激振和驰振对斜拉索产生的振动可造成严重危害。

1. 风致振动

(1) 抖振。在对实测风场的研究中发现,自然风可分解为风速不变的平均风和风速随机变化的脉动风,在脉动风的激励下产生的随机振动,称为斜拉索的抖振。一般来说,没有其他诱因的情况下拉索的抖振幅值不大,不具有发散性,并不是斜拉索的振动控制研究的重点。

(2) 尾流效应。尾流效应指的是风场在经过前方拉索后形成一个尾流场,后方的拉索正好处于这个尾流场中而发生的振动。斜拉桥拉索的形式决定了相邻拉索的属性和固有频率很接近,这就使得在特定的风速和风向条件下,后方的拉索会在前方的尾流激励下振动幅值越来越大,直到阻力与气动力平衡形成一个稳定的大振幅极限环。

(3) 涡激振动。涡激振动是斜拉索在无雨、较低风速的情况下产生的一种高频小幅振动现象,如图 6.2-1 所示,涡振具有频率锁定现象,较易发生于拉索的高阶模态。其产生与拉索自身的空气动力不稳定有关。当漩涡脱落频率和拉索某阶固有频率相等时,便发生涡激共振。涡脱频率 f_v 可表示为

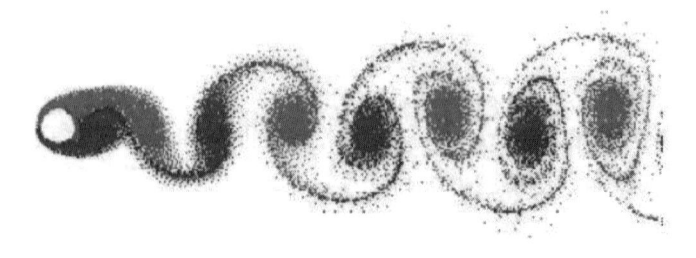

图 6.2-1 涡振原理示意图

6.2 多塔斜拉桥拉索振动控制

$$f_v = St \frac{U}{D} \tag{6.2-1}$$

式中 St——斜拉索的涡脱 Strouhal 数（斯特劳哈尔数），对圆形断面的二维柱体而言，其值为 0.2；

D——斜拉索的直径；

U——平均风速。

在涡激振动的作用影响下，拉索大幅振动常以基频或低频出现，而根据对实际拉索频率和斯特劳哈尔数的分析。拉索低频涡激振动的临界风速一般仅为 0.5～2m/s。如此低的风速所产生的涡激力将难以提供激起拉索的低频大幅振动的能量。

涡激共振引起的拉索振幅可由式（6.2-2）近似计算：

$$\frac{y_0}{D} \approx 0.008 C_L \left(\frac{m\xi}{\rho D^2}\right)^{-1} \left(\frac{U_{vc}}{f_k D}\right)^2 \tag{6.2-2}$$

式中 U——涡振风速；

f_k——拉索第 k 阶模态频率；

C_L——气动升力系数，与振动幅度和雷诺数有关，可取 $C_L \approx 0.3$；

m、ξ、ρ、D 意义同前。

由式（6.2-2）可知，增大拉索的质量和阻尼比可以降低拉索的振幅，斯特劳哈尔数越大涡激振动幅度越小。实际斜拉桥拉索的阻尼比在 0.001～0.005 之间，相应的斯特劳哈尔数为 7～12，按照式（6.2-2）计算得到的拉索涡激振动振幅很小，约为拉索直径的 1%。

(4) 风雨激振。风雨激振是指斜拉索在特定风速、风向和雨量等条件下产生的低频大幅振动现象，有时甚至还会激起桥面的振动，是目前已知的所有斜拉索风致振动中最为剧烈、对斜拉索危害最大的一种振动形式。斜拉索风雨激振可采用增加阻尼的方法抑制，且抑制拉索风雨激振所需的最小阻尼标准可依据 PTI-DC 45.1 规范，满足拉索截面斯特劳哈尔数不小于 10 的设计目标，即

$$S_c = \frac{m\xi}{\rho D^2} \geqslant 10 \tag{6.2-3}$$

式中 m、D、ξ——斜拉索的单位长度质量、直径、阻尼比；

ρ——空气密度。

如图 6.2-2 所示，当拉索发生风雨激振时，雨水会在拉索的表面形成两条规则的水线，并随着拉索的振动沿拉索界面周向振荡。该振荡的水流造成截面的风阻系数周期性的变化，进而加剧这种流固耦合效应。对于 200m 以上的拉索，在风雨共同作用下其振幅可达直径的 5～10 倍，必须进行振动控制。

迄今为止，国内外多座斜拉桥的拉索均发生过此种振动，后经学者分析研究，得出如下特征：

1）当风速达到 6～8m/s 时，拉索的上表面会在很短的时间内积聚雨水，形成一条上水线；而低于此风速

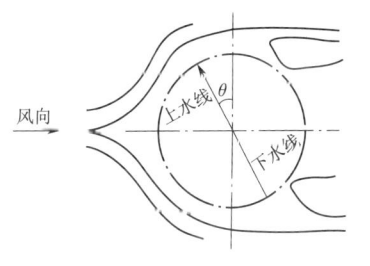

图 6.2-2 风雨激振原理示意图

时，仅有下表面水线存在，此时并不发生拉索风雨激振。

2）在风、雨共同作用下，从小雨到大雨都存在发生拉索风雨激振的可能性。但发生风雨激振时的风速存在限幅，一般为 8~15m/s。

3）外包裹为有着光滑表面的聚乙烯套管的拉索较容易发生拉索风雨激振。

4）振动频率成分较多，但以前几阶模态为主，频率较低，主要是对拉索低阶模态频率造成影响。

5）拉索风雨激振存在索面内振动和索面外振动，并以索面内振动为主。

（5）驰振。驰振是一种发散性的自激振动，主要包括尾流驰振和干索驰振，对拉索的影响也非常显著。近年来，随着对斜拉桥的风致振动问题进行了深入研究，尾流驰振和干索驰振成为研究的重点之一。如图 6.2-3 所示，尾流驰振是指风作用下，上风向拉索的尾流引起下风向拉索产生更大振动的现象，其影响因素包括索间距、风攻角和风偏角等。

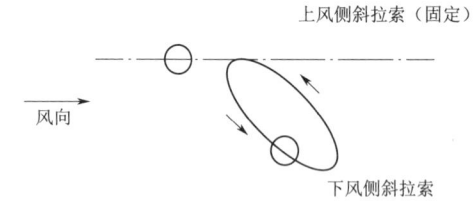

图 6.2-3 斜拉索尾流驰振示意图

发生尾流驰振的临界风速可近似表示为

$$U_{wc} = c f_k D \left(\frac{m\xi}{\rho D^2} \right)^{\frac{1}{2}} \tag{6.2-4}$$

式中 c——常数，当沿上下风向拉索间距为 2~6 倍拉索直径时，取 $c=25$；当沿上下风向拉索间距为 10~20 倍拉索直径时，取 $c=80$。

上式表明，发生尾流驰振的临界风速与模态频率成正比，与斯特劳哈尔数的平方也成正比。

干索驰振是指斜拉索在风的作用下产生的大幅度不稳定振动现象，其发生与拉索表面的粗糙度密切相关。

尾流驰振和干索驰振在斜拉桥的风致振动问题中具有重要的影响。通过风洞试验研究，研究人员深入探讨了尾流驰振和干索驰振的产生机理及影响因素，为斜拉桥的设计和施工提供了重要的理论支持和技术指导。这些研究成果为解决斜拉桥的风致振动问题提供了新的思路和方法，为斜拉桥的安全运行提供了重要的技术支持。

2. 参数振动

参数振动是指振动结构的参数随时间变化的振动，属于时变非线性、非保守系统的振动形式。拉索参数振动的产生机理复杂，受多种因素的影响，包括风、车辆或其他荷载的作用等。斜拉索两端连接着主塔和主梁，在风、车辆或其他荷载的作用下，若主塔、主梁对拉索造成频率为 f_b 的纵向激励，拉索则会以 $f_b/2$ 频率发生横向振动。而当激振频率接近拉索的某一阶固有频率时，拉索就会发生大幅振动，进而引起锚固连接部位的破坏，这就是拉索参数振动的机理。此类振动问题在设计阶段就需要充分考虑，并采取相应的控制措施，以保证斜拉桥的安全运营和使用寿命。我国的大跨度斜拉桥苏通长江公路大桥和沪苏通长江公铁大桥在设计阶段都考虑了拉索参数振动问题。

总的来说，斜拉桥斜拉索的振动问题是一个复杂而严峻的挑战，需要综合运用现场观测、风洞试验、理论分析和数值计算等手段，积极开展研究并不断改进振动控制技术。针对不同类型的振动问题，需要制定特定的振动控制方案，并在斜拉桥的设计和建造阶段就充分考虑振动控制的相关因素。通过科学的研究和技术创新，不断提升斜拉索的抗振能力，保障斜拉桥的安全稳定运行，同时也为全球大跨度桥梁的建设提供了宝贵的经验和技术支持。

6.2.2 斜拉索减振方法综述

斜拉索的振动控制一直是结构工程领域的重要课题，对于大跨度斜拉桥等柔性结构的振动抑制具有重要意义。斜拉索振动控制的方法主要包括空气动力学措施、辅助索措施、横向阻尼器措施及混合措施四大类（图 6.2-4）。空气动力学措施通过改变拉索表面形状和表面处理等方式来抑制风致振动，辅助索措施通过连接主索和辅助索来提高斜拉索固有频率，横向阻尼器措施通过在斜拉索端部布设横向抑振装置来提高斜拉索模态阻尼，混合措施则通过综合考虑空气动力学措施、辅助索措施和横向阻尼器措施的优势，将三种措施混合使用以满足斜拉索的减振需求。

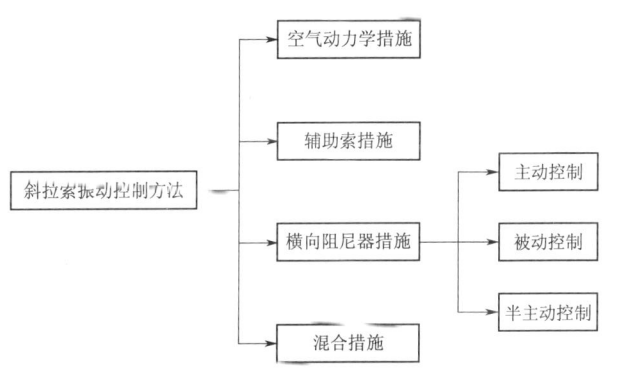

图 6.2-4 斜拉索振动控制方法

1. 空气动力学措施

在空气动力学措施中，改变拉索截面形状和表面处理或覆盖斥水性涂层，通过改善斜拉索的抗风性能，进而抑制拉索的各种振动。图 6.2-5 展示了斜拉索气动措施的三种表面处理方式：表面凹坑、缠绕螺旋线和凹坑与螺旋线相结合的处理方法。这些表面处理方式可以有效抑制拉索风雨激振与干索驰振，但此类处理措施对拉索发生的参数振动不能发挥作用。相关试验研究认为，气动措施需要针对不同风致振动模式，进行相应的优化设计，这极大限制了其实用性。在实际工程中，气动措施对于其他形成机理的振动控制效果有限，因此需要联合其他措施使用。

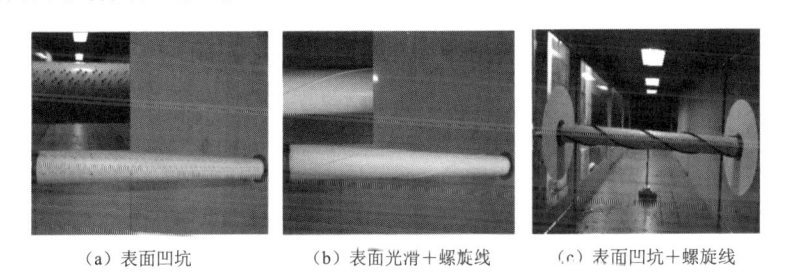

（a）表面凹坑　　（b）表面光滑+螺旋线　　（c）表面凹坑+螺旋线

图 6.2-5 斜拉索气动措施的三种表面处理方式

2. 辅助索措施

辅助索措施通过连接主索和辅助索来提高斜拉索各阶模态的固有频率，有效抑制斜拉索的振动。然而，辅助索存在疲劳问题且影响桥梁美观，因此在工程实践中并不是理想的选择。

辅助索通过改变索网体系的刚度、频率和阻尼等特性，可以有效抑制斜拉索的振动。然而，辅助索也存在一些缺点，如疲劳问题和影响桥梁美观等。这些研究成果为斜拉索-辅助索系统的设计和应用提供了重要的理论和技术支持，为解决斜拉桥的振动问题提供了新的思路和方法。

3. 横向阻尼器措施

横向阻尼器措施则是目前认可的最直接、最有效的斜拉索振动控制方法，可以通过在斜拉索端部布设横向抑振装置来提高斜拉索结构的自身阻尼，有效降低它在风致振动、参数振动和其他振动形式激励下的动力响应。

斜拉桥的阻尼器安装形式主要分为内置阻尼器和外置阻尼器。在工程实践中，常用的内置阻尼器是高阻尼橡胶（HDR）阻尼器，而外置阻尼器包括黏滞阻尼器（VD）、杠杆质量阻尼器（LMD）、磁流变（MR）阻尼器和摩擦阻尼器等。横向阻尼措施常用的阻尼器比较见表6.2-1。横向阻尼器措施具有安装简单、对桥梁美观性影响较小等优势，因此被公认为目前斜拉索振动控制中最直接、最有效且应用最为广泛的方法。图6.2-6所示为陕西汉中西二环大桥斜拉索横置安装的磁流变阻尼器振动控制系统。根据控制系统是否需要能源供给，斜拉索的横向阻尼器措施可分为被动控制、主动控制和半主动控制三种形式。

图6.2-6 汉中西二环大桥及其横置磁流变阻尼器振动控制系统

表6.2-1 横向阻尼措施常用的阻尼器比较

阻尼器类型	减振机理	优点	缺点	安装形式	已有应用
高阻尼橡胶阻尼器	高阻尼橡胶层间剪切阻尼耗能	安装便利且兼具美观性	安装高度比小，减振效果受限	内置式	日本多多罗大桥、中国苏通长江公路大桥等
黏滞流体阻尼器	流体阻尼材料通过小孔的黏滞阻尼耗能	耗能能力强	加工精度高，造价昂贵，需防止漏油	外置式	武汉天兴洲大桥等
黏弹性阻尼器	高分子材料层间剪切阻尼耗能	制造简单，耗能能力强	温度稳定性差，需防止漏料	外置式	法国Millau Viaduct大桥、中国苏通长江公路大桥等
磁流变阻尼器	磁化后的磁流变液产生的剪切和黏滞阻尼耗能	阻尼系数可调且调节范围大，响应快，温度稳定性好	加工精度高，需防止漏油	外置式	岳阳洞庭湖大桥、滨州黄河大桥等

续表

阻尼器类型	减振机理	优点	缺点	安装形式	已有应用
摩擦阻尼器	摩擦阻尼耗能	耗能能力强，造价低廉，性能稳定，构造简单	对小于位移阀值的振动无控制作用	外置式	瑞典 Sunningesund 桥和 Uddevalla 桥等
杠杆阻尼器	位移放大机制	耗能能力强，安装维修、管养方便	构造相对复杂	外置式	湖北荆岳长江大桥、九江长江公路大桥等

（1）主动控制。主动控制是在有外部能源供给条件下，根据特定的主动控制算法通过主动控制装置对拉索施加实时主动控制力。理论上主动控制的振动控制效果最好，但需要消耗大量的外部能源，而且在飓风、地震发生时很难保证能源的可靠性。此外，主动控制系统存在成本高、控制过程复杂等限制。国内外不少学者研究了基于主动控的斜拉索振动控制问题，但鲜有工程应用，典型装置如主动质量阻尼器（AMD）、主动斜撑（ABS）或主动锚索（ATS）等。虽然以 Soong 为首的众多美国学者进行了一系列 ABS、ATS 的试验研究，结果也体现出较好的控制效果，但受系统可靠性和能耗过大的制约，ABS、ATS 在实际工程中的应用尚未见到报道。而 1989 年日本 Kajima 公司完成了世界第一例 AMD 振动控制系统，用于控制建筑结构在风与中等地震作用下的动力响应。

（2）半主动控制。半主动振动控制方法是在可变装置如可调节摩擦阻尼器、电流变阻尼器、磁流变阻尼器等智能装置的基础上，搭配半主动控制算法而形成的减振方案。这类控制方法以极少能源供给的代价可发挥出类似主动控制方法的效果，并且在能源失效的情况下能够退化为被动控制系统继续工作，这一特点提高了控制系统的可靠性。装置主要有可调节型摩擦阻尼器和磁流变阻尼器等装置。目前实际工程应用主要采用磁流变阻尼器作为可调节装置的半主动控制，已成为斜拉索振动控制研究的热点，此类方案具有可实现性强、能耗小、出力大、响应快、阻尼力连续可调等优点，但仍存在控制系统复杂，涉及实时数据运算量大、成本较高等问题。

（3）被动控制。被动控制是不需要外部能源供给的斜拉索减振措施，以线性黏滞阻尼器、杠杆质量阻尼器和摩擦阻尼器为代表，可以为斜拉索提供一定的模态阻尼。由通用曲线估计，被动控制的最优阻尼系数和最大阻尼比：

$$c_{\text{opt},n} = \frac{\sqrt{Tm}}{n\pi(x_d/l)} \qquad (6.2-5)$$

$$\zeta_{\max,n} = 0.5\frac{x_d}{l} \qquad (6.2-6)$$

由上式可以看出，此种被动控制方法的最大阻尼比 $\zeta_{\max,n}$ 受限于阻尼器安装位置，并有明显的模态依赖性，最优阻尼系数 $c_{\text{opt},n}$ 随模态阶次的增加按比例下降。对于超过 500m 的超长斜拉索，阻尼器安装位置与拉索全长的比值势必更小，此种减振方案能达到的阻尼比上限也就更低。在此基础上的多模态控制实质上是在目标模态范围内进行妥协，若实际发生模态与目标模态不一致，那么减振效果将进一步减弱。

斜拉索的振动控制方法多种多样，各具特点，但横向阻尼器措施作为目前公认的最直接、最有效的斜拉索振动控制方法，具有较高的实用价值和应用前景。在未来的研究和工程实践中，可以进一步探索横向阻尼器措施的优化设计和实际应用，以更好地满足大跨度斜拉桥等柔性结构的振动抑制需求，提高结构的安全性和舒适度，推动斜拉索振动控制领域的发展。

4. 混合措施

目前，常见的混合措施主要有空气动力学措施和横向阻尼器措施混合、辅助索措施与横向阻尼器措施混合。

（1）空气动力学措施和横向阻尼器措施混合：由于空气动力学措施对斜拉索减振效果提升有限且其作用机理复杂，在实际工程中主要借鉴经验和试验结果。因此，实际工程中往往将空气动力学措施与横向阻尼器措施混合使用。

（2）辅助索措施与横向阻尼器措施混合：一方面外置式阻尼器对斜拉索的减振效果受安装高度比的制约，其为超长斜拉索提供的附加阻尼不足，一般难以满足斜拉索的多模态减振需求；另一方面外置式阻尼器接近高阶涡振产生时拉索振型的驻点，难以有效控制超长斜拉索的高阶涡振。鉴于辅助索措施对于斜拉索减振的优势，其往往和横向阻尼器措施混合使用。

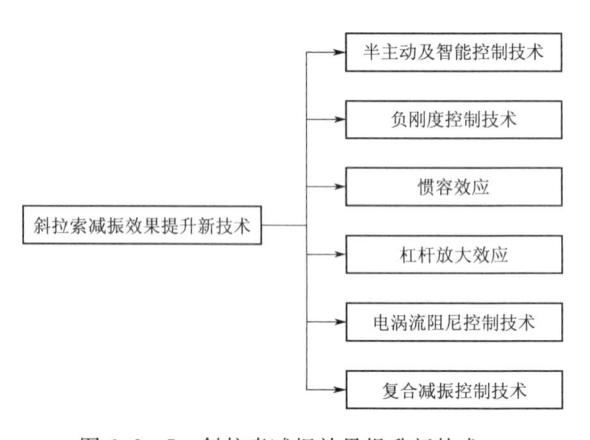

6.2.3 斜拉索减振效果提升新技术

随着斜拉桥进入千米级时代，超长斜拉索的高阶振动和多模态振动问题日益凸显，工程需求推动了斜拉索减振效果提升新方法与技术的迅速发展。如图6.2-7所示，斜拉索减振效果提升新技术主要包括：基于半主动及智能控制、负刚度控制、惯容效应、杠杆放大效应、电涡流阻尼控制技术及复合减振控制的技术。

针对实际工程需求与振动控制全新挑战，国内外学者提出了很多斜拉索振动控制措施，斜拉索减振技术得到了快速的发展，其典型成果如下。

图6.2-7 斜拉索减振效果提升新技术

1. 基于斜拉索半主动及智能控制的斜拉索减振效果提升

基于磁流变（MR）阻尼器的半主动及智能控制技术成为了提升斜拉索减振效果的重要手段。针对斜拉索振动控制面临的新挑战，一些解决方案也被提出，关新春等提出了自适应磁流变控制系统，并进行了对斜拉索减振的仿真计算研究。如图6.2-8所示，汪志昊等提出了自供电MR阻尼器复合减振系统，并进行了对斜拉索振动控制的试验研究。Xu等提出了基于磁流变伪负刚度（MR-PNS）控制系统的斜拉索减振新方法，并进行了MR-PNS控制系统对模型拉索的减振试验研究。这些研究表明，基于MR阻尼器的半主动控制效果提升主要归功于其负刚度特性实现了阻尼器耗能增效。

基于MR阻尼器的半主动及智能控制技术以其优良的智能控制特性逐渐成为提升斜拉

索减振效果的重要手段。新型的永磁式MR阻尼器和自供电MR阻尼器的研发也为解决斜拉索振动控制中的问题提供了新思路和可能性。这些成果对于解决大跨度超长斜拉索工程中的振动问题具有重要的理论意义和实践意义。

2. 基于负刚度控制的斜拉索减振效果提升

受半主动控制负刚度特性实现斜拉索减振增效的启发,基于负刚度控制原理的被动负刚度阻尼器在斜拉索振动控制领域得到了发展。Chen与Sun、Zhou与Li通过在黏滞阻尼器运动方向布置预压弹簧,研发了预压弹簧式负刚度阻尼器(NSD),如图6.2-9(a)所示;研究结果表明:相较于传统黏滞阻尼器(VD),预压弹簧式NSD可以在一定程度上减小斜拉索单模态和多模态振动;Shi等研发了磁致负刚度阻尼器(NSD),如图6.2-9(b)所示,研究结果表明:磁致NSD会通过放大拉索在阻尼器安装位置处的位移来实现其阻尼增效,且相对于VD,磁致NSD可以在为拉索提供更大附加模态阻尼比的前提下解决因安装位置过低而导致的嵌固效应;尹光照等耦合磁致负刚度单元与电涡流阻尼单元研发了磁致负刚度电涡流阻尼器(MNSED),如图6.2-9(c)所示,通过样机的力学性能试验研究发现:MNSED的负刚度系数表现出"准恒定"特征;MNSED的等效电涡流阻尼系数具有非线性特征,对斜拉索多模态减振具有潜在优势。上述研究结果表明:被动负刚度阻尼器可实现与半主动控制相近的振动控制效果,可在一定程度上改善传统被动阻尼器存在的嵌固效应。

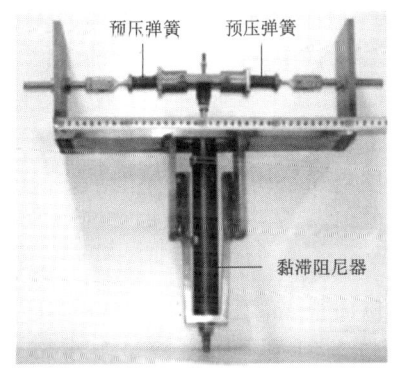

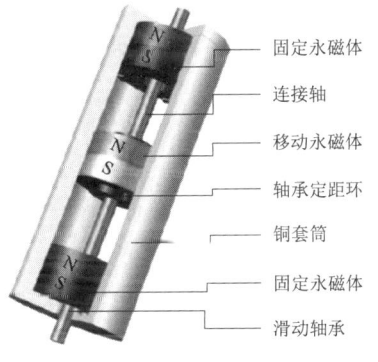

图6.2-8 自供电MR阻尼器复合减振系统

(a) 预压弹簧NSD   (b) 磁致NSD   (c) MNSED

图6.2-9 负刚度阻尼器

综上所述，基于负刚度控制的斜拉索减振效果提升技术在斜拉索振动控制领域取得了重要的进展，为解决斜拉索振动问题提供了新的思路和可能性。这些成果对于斜拉桥工程的设计和实践具有重要的理论意义和实践意义。

3. 基于惯容效应的斜拉索减振效果提升

"基于惯容效应的斜拉索减振效果提升"是近年来工程结构领域备受关注的研究方向之一。惯容元件的引入极大推动了斜拉索被动控制技术的发展，为工程结构用阻尼器的耗能增效提供了新的手段。

惯容的实现机制主要有滚珠丝杠式惯容、齿轮-齿条式惯容、液压式惯容和电磁式惯容等，其中由惯容元件并联阻尼元件组成的"惯容-阻尼"减振系统（PVMD）在斜拉索振动控制领域备受关注。Lu 等、Shi 等和李寿英等理论研究表明惯性质量黏滞阻尼器（VIMD）较 VD 对斜拉索振动控制效果提升显著；Wang 等和 Shen 等进一步开展了惯性质量电磁阻尼器（EIMD）对斜拉索减振的试验研究，Wang 等试验研究发现 EIMD 提供的斜拉索第 1 阶与 2 阶附加模态阻尼比最大试验值分别达到了 VD 相应理论值的 2.02 倍与 4.46 倍，Shen 等试验研究发现 EIMD 提供的斜拉索第 1 阶附加模态阻尼比最大试验值达到了 VD 相应理论值的 2.93 倍，且 EIMD 在斜拉索高阶模态减振方面具有一定的优势。

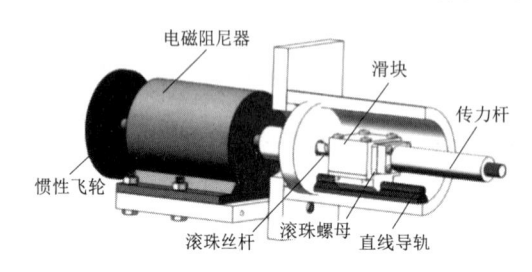

图 6.2-10 惯性质量电磁阻尼器（EIMD）构造示意

为进一步提升 PVMD 对斜拉索的减振效果，Lazar 等进一步提出了附加弹簧单元的调谐惯性质量阻尼器（TID）[图 6.2-11（a）]，并开展了 TID 对斜拉索减振效果的参数优化研究，研究表明通过优化 TID 的质量比、频率比和阻尼比等参数，TID 较 VD 可实现斜拉索单模态减振效果的显著提升；Luo 等、Huang 等和郜辉分别开展了惯容类阻尼器对斜拉索减振效果对比研究，研究表明串联式"惯容-阻尼"减振系统（SVMD）、PVMD、TID 和调谐黏滞惯性质量阻尼器（TVMD）[图 6.2-11（b）]对斜拉索单模态减振效果均优于 VD，PVMD 对斜拉索单模态减振效果优于 SVMD，TID 和 TVMD 可实现优于 SVMD 和 PVMD 对斜拉索的单模态减振效果，而 PVMD 可实现优于 VD 对斜拉索的多模态减振效果。

总的来说，基于惯容效应的斜拉索减振效果提升技术在工程结构领域具有重要的应用前景和研究价值。这些技术的引入和发展，为斜拉索的振动控制和结构稳定性提供了新的途径和手段，对工程结构的安全性和可靠性有着积极的促进作用。

4. 基于杠杆放大效应的斜拉索减振效果提升

大跨度超长斜拉索的工程应用导致阻尼器安装高度超出桥面很多，不仅会影响桥梁美观以及拉索面外减振效果，同时会给阻尼器的安装维护带来困难。杠杆质量阻尼器（LMD）的发展为上述问题提供了解决方案。汪正兴等首次提出了斜拉索 LMD 的概念，并进行了斜拉索-LMD 减振性能的理论分析和模型试验；胡勇等基于电涡流阻尼技术，提出一种新型电涡流杠杆质量阻尼器（ELMD），其对桥梁运营期拉索的减振效果也已得到

（a）TID

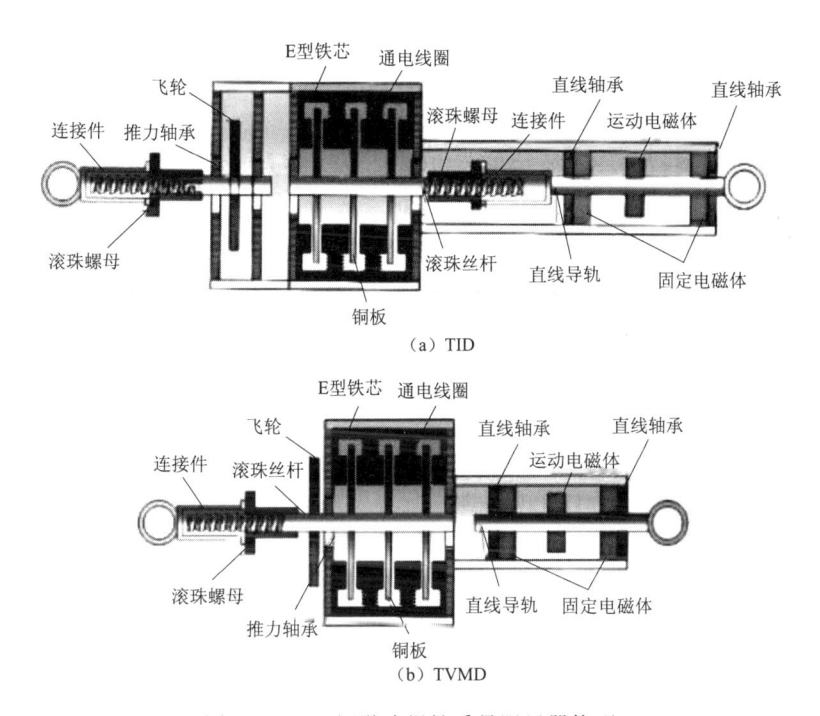

（b）TVMD

图 6.2-11 调谐式惯性质量阻尼器构型

实桥试验验证。理论和试验结果表明：杠杆机制可将阻尼器的相对位移放大为拉索振动的 n 倍（n 为杠杆放大倍数）；较传统阻尼器，ELMD、LMD 拉索面内、外振动均有更好的控制效果；LMD 主体构造位于栏杆高度以内，对桥梁景观的不良影响小且易于安装和维护。

5. 基于电涡流阻尼控制的斜拉索减振效果提升

较早之前，电涡流阻尼器（ECD）就被专家学者提出，它是基于导体在磁场中运动或在交变磁场中产生电涡流效应的原理来工作的，电涡流阻尼具有无接触、阻尼系数调节简单、安装维护方便、耐久性好与噪声小等优点。近年来电涡流阻尼得到较为广泛的研究与应用，主要涉及竖向永磁式电涡流谐调质量阻尼器（TMD）、摆式被动与半主动永磁式电涡流 TMD，以及旋转式电涡流阻尼器等。ECD 主要分为板式和旋转式两大类，研究结果表明：板式 ECD 与旋转式 ECD 电涡流阻尼均体现出阻尼非线性特征。大量的研究表明，电涡流阻尼非线性与典型的非线性黏滞阻尼存在显著区别。

目前，描述电涡流阻尼非线性特征的 Wouterse 模型由于其物理意义明确而得到较为广泛应用，Liang 等采用有限元仿真、试验和 Wouterse 模型拟合等方法研究了 ECD 的非线性力-速度关系，研究结果表明：与传统黏滞阻尼器对比验证了 ECD 的可替代性；梁龙腾等通过割线弹性模量法对电涡流阻尼器进行线性简化分析，提出了平衡两种状态控制目标的阻尼器参数合理取值范围。Zhang 等研究了具有增强结构应用性能的大型旋转 ECD 的开发和动态表征，研究结果表明：旋转式 ECD 表现出良好的减震性能，可实现对典型黏滞阻尼等效取代；崔凯强等研发了一种旋转式电涡流阻尼器（RECD），提出了基于魔术公式的电涡流阻尼力学模型，并以单自由度结构为例阐明了 RECD 阻尼非线性对结构减震效果的影响规律，研究结果表明：RECD 电涡流阻尼呈现典型的非线性黏滞阻尼特征，相对传统线性黏滞阻尼器具有一定的减震优势。

6. 基于复合减振控制的斜拉索减振效果提升

复合减振技术在超长斜拉索的减振中得到了发展。Hoang 等提出在单根拉索的同侧或两侧安装双阻尼器减振的设想，并开展了双 VDs 对斜拉索阻尼增效的理论研究，研究表明两侧双 VDs 对斜拉索单模态减振效果约等于双 VDs 对斜拉索各自减振效果之和。Cu 等提出在单根斜拉索同时安装 VD 与 TMD 的复合减振措施，研究表明该措施可以克服单一类型阻尼器的缺点，且有助于提高斜拉索减振系统的稳定性和鲁棒性。Wang 等开展了双惯性质量阻尼器（IMDs）对斜拉索振动控制理论研究，研究表明两侧双 IMDs 对斜拉索单模态减振效果约等于双 IMDs 对斜拉索各自减振效果之和。岳方方基于研制的电涡流惯质阻尼器（ECIMD）开展了两侧和同侧双 ECIMD 对斜拉索复合减振的理论和试验研究，研究结果表明斜拉索两侧双 ECIMD 对斜拉索单模态减振效果近似等于两个 ECIMD 各自减振效果之和，而参数匹配合理的斜拉索同侧双 ECIMD 对斜拉索单模态减振效果不仅可实现优于远端的单个 ECIMD，甚至优于两个 ECIMD 各自减振效果之和。

综合来看，复合减振技术在解决超长斜拉索的减振问题上均具有重要意义。复合减振技术通过多种阻尼器的组合，提高了斜拉索的振动控制效果。未来，更多的研究和实践将进一步完善这些技术，并为超长斜拉索的减振提供更多的解决方案和技术支持。

本 章 参 考 文 献

[1] 张玉平. 多塔空间索斜拉桥施工控制关键技术研究 [D]. 长沙：长沙理工大学, 2014.
[2] 梁鹏, 肖汝诚, 张雪松. 斜拉桥索力优化实用方法 [J]. 同济大学学报：自然科学版, 2003, 31 (11): 1270-1274.
[3] 张建民, 肖汝诚. 预应力混凝土斜拉桥空间非线性恒载索力优化 [J]. 计算力学学报, 2008, 25 (1): 117-122.
[4] 张建民, 肖汝诚. 千米级斜拉桥空间非线性两阶段索力优化 [J]. 中国公路学报, 2006, 19 (3): 34-40.
[5] 杨升善. 斜拉桥成桥索力优化与合理施工状态研究 [D]. 南昌：南昌大学, 2012.
[6] 张鹏. 预应力混凝土斜拉桥调索设计新方法 [J]. 城市道桥与防洪, 2020, (4): 68-71+13.
[7] 张建民, 肖汝诚. 斜拉桥合理成桥状态确定的一阶分析法 [J]. 力学季刊, 2004, 25 (2): 297-303.
[8] 杨希尧, 杨树萍, 蔡敏. 弯曲能量最小法确定斜拉桥合理成桥索力 [J]. 安徽建筑, 2014 (2): 112-112.
[9] 王涛, 胡宇鹏, 张兴标, 等. 基于遗传算法的斜拉桥成桥索力优化应用研究 [J]. 重庆交通大学学报（自然科学版）, 2023, 42 (6): 9-17+23.
[10] 王依兰. 支架法现浇连续梁施工方法及工艺 [J]. 黑龙江交通科技, 2010, 33 (8): 143-145.
[11] 尹洪明, 李小东, 郭军. 大跨度钢筋混凝土拱桥斜拉扣挂法悬臂浇筑施工关键技术 [J]. 施工技术, 2016, 45 (4): 6.
[12] 王佳伟, 孙文博, 程有坤, 等. 顶推法施工技术简介 [J]. 黑龙江科技信息, 2013, 03-244.
[13] 张联燕. 拱桥转体施工方法 [J]. 土木工程学报, 1983 (2): 3-11.
[14] 张先蓉. 计入几何非线性影响的斜拉桥施工过程中张拉索力的确定 [D]. 武汉：武汉理工大

学，2004.
- [15] 颜东煌. 斜拉桥合理设计状态确定与施工控制[D]. 长沙：湖南大学，2001.
- [16] 刘晖，刘蓉，吉柏锋，等. 腐蚀海洋立管的涡激振动响应分析[J]. 振动与冲击，2024（16）.
- [17] 陶红梅，王晓琴. 斜拉桥斜拉索的风致振动形态及减震措施分析[J]. 中国水运（下半月），2012，12（11）：202-203.
- [18] 许艳伟. 斜拉索振动控制试验研究[D]. 郑州：华北水利水电大学，2017.
- [19] 程志鹏，汪志昊，郘辉，等. 负刚度非线性黏滞阻尼器对斜拉索振动控制研究[J]. 振动工程学报，2022，35（3）：652-662.
- [20] 郘辉，王浩，汪志昊，等. 黏滞阻尼器联合负刚度对斜拉索减振控制的增效研究[J]. 振动工程学报，2022，35（2）：255-263.
- [21] 汪志昊，郘辉，许艳伟，等. 惯性质量对斜拉索阻尼器减振增效作用试验研究[J]. 振动工程学报，2019，32（3）：377-385.
- [22] 汪志昊，程志鹏，王浩，等. 电涡流惯质阻尼器对斜拉索振动控制研究[J]. 土木工程学报，2021，54（12）：53-63+115.
- [23] 张瑞甫，吴明瑞，张璐琦. 转动半径可调的轭型惯容装置[P]. 上海市：CN202110797532.2，2022-05-13.
- [24] 郘辉，汪志昊，调谐惯容阻尼器对斜拉索振动控制的研究[J]. 华北水利水电大学学报（自然科学版），2020，41（1）：70-75.
- [25] 崔凯强，汪志昊，程志鹏，等. 旋转式电涡流阻尼器阻尼非线性模型及其结构减震分析[J]. 振动与冲击，2022，41（18）：134-142.